长白山学术文库
The Academic Library of
Changbai Mountain

第一辑

区域经济地理学

陈 才 著

吉林人民出版社

出 品 人：常　宏
选题策划：吴文阁　赵　岩
统　　筹：李相梅　孟广霞
责任编辑：王　丹　李　爽
装帧设计：尤　蕾

图书在版编目（CIP）数据

区域经济地理学 / 陈才著. -- 长春：吉林人民出
版社, 2022.8
　（长白山学术文库. 第一辑）
　ISBN 978-7-206-18168-9

　Ⅰ.①区… Ⅱ.①陈… Ⅲ.①区域经济地理—研究
Ⅳ.①F119.9

中国版本图书馆CIP数据核字(2021)第118025号

区域经济地理学

QUYU JINGJI DILIXUE

著　　者：陈　才
出版发行：吉林人民出版社
　　　　　（长春市人民大街7548号 邮政编码：130022）

咨询电话：0431-85378007
印　　刷：长春第二新华印刷有限责任公司
开　　本：710mm×1000mm　1/16
印　　张：26
字　　数：380千字
标准书号：ISBN 978-7-206-18168-9
版　　次：2022年8月第1版
印　　次：2022年8月第1次印刷
定　　价：98.80元

与大师们学海重逢

2020 年 7 月，雨后天凉、清风送爽的一天，我与其他专家学者应邀出席吉林人民出版社组织的座谈会，讨论编辑出版《长白山学术文库》事宜。短短一年后，《长白山学术文库》首批的书稿清样摆在案前：《哲学与主体自我意识》《中国奴隶社会史》《中国文学》等。这套书的作者包括高清海、金景芳、杨公骥等。承蒙错爱，吉林人民出版社总编辑吴文阁先生盛情邀请我，为《长白山学术文库》作序。寅夜秉笔，阅卷思人，心潮澎湃，思绪万千！

《长白山学术文库》的作者都是新中国成立 70 多年来吉林省人文社会科学研究的学术代表人物。他们在国内久负盛名，影响深远。高清海先生是国内首批博士生导师，首届国务院学位委员会学科评议组成员，我国著名哲学家，优秀的教育家。金景芳先生是吉林大学教授，国内首批博士生导师，国务院古籍整理出版规划小组顾问、著名历史学家、文献学家、易学大师、国学大师。杨公骥先生是东北师范大学教授，国内首批博士生导师，首届国务院学位委员会学科评议组成员。此外，其他作者也都是国内各领域知名学者、专家、大家。

首批书稿的作者分属新中国成立前后两代学人。金景芳、林志纯、杨公骥等先生出生于清末民初，在民国时代完成教育并开始学术研究，新中国成立后即成为吉林省中国古代思想史、世界史和文学研究的开拓者与代表性学者。邹化政、高清海等先生均生于民国，新中国成立后完成教育，改革开放后在全国产生学术影响，成为西方哲学史、马克思主义哲学等领域的开拓者或代表性专家学者。他们的学术轨迹，集中体现了吉林省人文社会科学从开拓开创、历经坎坷到繁荣发展的辉煌历程。

首批出版的这些著作，都是他们学术思想的代表作，研究领域涉及马克思主义理论、哲学、文学、历史学、经济学、地理学和民族学，研究视域从世界、中国到东北地方，研究对象从思想、历史到田野，充分展示了吉林学人博大的学术视野、精深的学术素养和脚踏实地的治学态度。高清海先生的《哲学与主体自我意识》，根据改革开放的时代变革，运用马克思主义哲学的精神，对哲学与人的主体自我意识的关系、内在逻辑与发展趋势、时代精神与思维方式变革进行了系统阐述，是国内研究哲学变革的开拓性与代表性著作。邹化政先生的《黑格尔哲学统观》，首次以人的存在和意识还原了绝对理念和绝对精神在黑格尔哲学中的本来含义，提出绝对理念作为黑格尔哲学的本体，是有关世界本质和规律的辩证法，是一个共相和精神活动性，其逻辑先在性就是黑格尔说明世界的原则，充分肯定了黑格尔的辩证法思想的深刻性。杨公骥先生的《中国文学》，运用马克思主义历史唯物主义和马克思主义文艺理论，研究了从中国原始社会到春秋战国时期的文学发展进程，探索了中国文学发生发展的规律和特点。

这些学者，或是我的授业恩师，或曾对我耳提面命，或曾学坛相会共同切磋，或久仰盛名与其传人为友。高清海先生是我的硕士生导师和博士生导师，我追随他求学治学凡26年。作为身边弟子，几近朝夕相处，情同父子。先生教诲，于今犹记："治学为人，其道一也！"从本科到研究生，一直聆听邹化政先生教授德国古典哲学。邹先生是山东海阳人，身材高大，头发蓬乱，不修边幅。他嗓音洪亮，一口浓浓的胶东话，把"人"读成"印"，把"黑格尔"读成"赫哥儿"。他讲课总是富有激情，讲到激动时，常常伴有板书，且十分用力，粉笔经常被折断。因其激动，难免字迹潦草，以至于难以分辨。放下粉笔，他又因激动，手臂不停地挥舞，以至于头上、襟前，挂满粉笔尘末，弄得灰头土脸。他是我所遇到的老师中，讲课最投入、最富激情的人。做学生时，曾听过金景芳先生的报告，金老治学严谨，记忆力超强，诸多古籍，如数家珍，信手拈来，一字不差。1997年金老九五寿辰时，我代表学校出席致贺。金老嗓音洪亮，高声宣布："我还要看到21世纪！"他真的看到了21世纪的来临。作为东北人，我对东北史感兴趣，拜读过张博泉先生的著作，并登门求教。张博泉先生一口浓重的辽宁口音，"嫩江在通古斯语族读音就是青噻儿（色）的河"。受他的中华一体论启发，我从文化社会学的角度提出了文化复合论的理论。

　　我曾长期担任吉林省社会科学院院长和吉林省社会科学联合会党组书记，与田子馥、林志纯、孙中田、陈才、富育光诸先生多有交往。1987年，吉林省召开专家咨询会议，时任省长王忠禹出席，我作为青年学者代表亦出席。就在那次会上，陈才先生建议，根据有关边界条约，中国拥有图们江通海航行权，应以此为契机，推动图们江流域及东北亚国际合作开发。他的建议引起吉林省委、省政府和国务院的高度重视。这些学者中，只有杨公骥先生无缘谋面。大三暑假，我因发表过短篇小说，参加了长春市作家协会组织的青年作家创作班，在班上结识了东北师大中文系78级的青年女作家杨若木，还是我的中学师姐。从此，我们成为常有联系的好朋友。她是杨公骥先生的女儿，所以，我与杨公骥先生也算间接有缘吧！

星光璀璨，往事如烟。斯人虽去，雁过留声。这些学者的音容笑貌，历历在目。彼此交往，恍如昨日。为作此序，重温名著，如晤其人，百感交集！感谢吉林人民出版社在庆祝中国共产党成立100周年的喜庆之际，支持学术，承传经典，编辑出版《长白山学术文库》，延续吉林文脉，弘扬学术精神。吉林人文荟萃，还有更多的学术著作有待汇集，期待第二批、第三批，乃至更多的著作入库出版。希望把吉林当今在世的学者，在哲学和社会科学领域更年轻、更有建树的专家作品出版面世，更体现时代意义和特征。

吉人有文，鸿著成林。

2021 年 6 月 28 日晨

陈　才

　　经济地理学家、地理教育家，中国区域经济地理学科和
研究事业的奠基人，东北师范大学荣誉教授、博士生导师。
主要著述有：《经济地理学基础》《区域经济地理学基本理
论问题研究》《区域经济地理学原理》《世界经济地理》《苏
联经济地理》等，曾获省部级科技成果一等奖两项、二等奖
两项、三等奖两项。

目 录

第一篇 基础理论

第二篇　经济地域

第三篇　经济地域系统

第一篇　基础理论

第一章　区域经济地理学的学科性质与任务

任何学科的研究，其开宗明义首先要阐明学科的研究客体，即研究对象；要明确其学科属性及与其他学科的关系，即首先要明确学科的发展定位。在当代科技迅猛发展，学科交叉渗透加速进行的形势下，找准学科的发展定位及处理好与诸多学科的关系，能在学科之林中发展与壮大自己，是学科发展的第一要务。

第一节　区域经济地理学是一门既古老而又年轻的学科

就学科分类而言，区域经济地理学属于地理科学体系中区域地理的重要部分和经济地理的重要分支。

一、区域地理是地理学中最古老、最核心的部分

地理学是世界上最古老的学科之一，形成于公元前3世纪，已有2300

多年的历史。这门学科从其诞生之日起，就自始至终把地球表层的区域作为研究客体，并以区域地理作为主要研究内容。

为了生存，人类需要了解其赖以生存的周围的地理环境，这样就产生了早期原始的区域地理。

早期的区域地理是对周围事物无所不包的原始地理描述，既包括自然，也包括经济，更包括许多人文社会现象。最早的是区域地理学，如古罗马地理学家斯特拉波所编著的17卷本的《地理学》和我国春秋时期的《禹贡》和《山海经》。持续两千多年的地理描述主要是以地方志、游记和区域地理的形式表现出来，而地方志又以中国最为典型。在国内外早期的区域地理著作中，如中国的《徐霞客游记》、意大利的《马可波罗游记》等最具有代表性。这些著作中含有大量的经济地理学的内容。

进入近代地理学阶段，地理学开始走向科学化道路，学科开始以区域为源进行新的分化，与地理无关的内容逐渐被分化出去；与此同时，学科围绕区域与地理环境诸问题开始理论探讨。近代区域地理主要围绕区域的人地关系、区域的综合性、差异性等理论问题进行不懈地探究。

第二次世界大战以后，地理学进入现代地理学发展阶段。在新的阶段，区域地理被赋予了许多新的特色。在新科技革命推动下，学科交叉渗透加速，地理学的区域性、综合性的特色更加突出。地理学面临诸多区域问题，区域地理，尤其区域经济地理的地位更加重要。

两千多年地理学的发展对区域经济地理学的主要启示是：地理学的发展始终离不开它赖以研究的区域，而对区域条件环境的研究更是它首要探讨的内容；地域性、综合性、地域综合思想是这门古老学科的灵魂，是区域经济地理学这门学科应该继承并加以发扬的。

二、区域经济地理学又是一门非常年轻的学科

区域经济地理学是地理科学体系中经济地理学的重要内容，而经济地理学从诞生之日起到现在，也不足两个世纪。

俄国学者罗蒙诺索夫于1760年首次提出"经济地理学"这一名词，而德国地理学家格茨于1882年发表《经济地理学的任务》一文宣布了经济地理学的诞生。经济地理学的诞生是资本主义市场经济的需要，并随着市场经济的不断发展和科技革命的不断深入而迅速向前发展。

经济地理学是一门新兴学科，在短短一个多世纪的时间里，学科理论不断创新，学科的研究内容不断拓展和深化，学科的方法论也在不断革新。

区域经济地理学是经济地理学的重要分支学科。随着世界经济的不断发展，涌现出诸多的区域问题，如世界经济一体化与区域集团化问题，世界能源、粮食、人口、生态环境诸问题，区域发展不平衡与城乡二元结构问题等，使区域经济地理学面临诸多的新问题，为学科广泛参与社会经济实践和发展学科理论，提供了十分广阔的空间。

第二节　区域经济地理学是地理学与经济学两者的交叉学科

经济地理学，顾名思义，即经济的地理，研究的主要是经济内容，地理是经济的地域表现形式，区域经济地理也是如此。

区域经济地理学是在地理科学体系内与经济学进行交叉的学科，地理规律与经济规律共同作用于区域经济地理学科。其交叉学科的属性，为学科建设提出了特殊使命。

一、经济规律对学科内容具有指导意义

区域经济地理学所研究的内容多为经济内容，经济自身的发展主要受

经济规律支配，如生产力发展变化规律、四次产业演进规律、经济运行规律等，无一不是经济规律。因此，在区域经济地理学学科建设中，必须要熟悉经济事物，要了解、掌握和运用经济规律，用以阐释经济地理事物，促进学科发展。

二、区域经济地理学最终要探求的是地理规律

经济地理学与区域经济地理学主要是研究产业分布与经济地域组织形式的学科，与以研究经济运行为主旨的经济学有很大不同。了解与掌握经济规律不是目的，而是要在此基础上，把区域经济地理学改造为地理规律，如经济地域运动规律与地域分工规律是区域经济地理学所遵循的主要规律，条件论、区域产业结构论、地域系统类型论与地域关系论等，都是在吸收经济学理论的基础上进一步完善形成的地理理论与规律。

三、学科交叉不是学科的全面融合

在当今新科技革命不断深化与世界经济联系日益密切的形势下，学科的交叉渗透十分活跃，乃至形成许多新的学科，各个学科都在相互借鉴过程中努力发展自己。这明显地表现在经济地理学积极汲取经济学的理论与方法，努力把自己发展成为基础理论坚实、应用广泛而富有活力的地理学的新兴学科；主流经济学也在努力汲取地理学的优长，试图使其理论与方法论研究能够符合客观的社会经济实际，目前提出的"新经济地理学"就是有力的证明。

目前，有一种观点认为在学科交叉渗透过程中，经济学与地理学（具体而言，即经济地理学与区域经济学）会走向学科全面融合，认为"新经济地理学"是学科融合的产物。一些经济地理学者盲目引进西方经济学的理论方法，引进有余，消化不够，创新更不够，没有将其变为经济地理学的东西，从而助长了学科融合风。

从学科建设的角度来看，各个学科都在努力发展自己，不断地完善其

理论体系与方法论体系，与时俱进地适应和推动社会经济发展。

在学科建设过程中，必须处理好以下几种关系：一是要处理好传统与创新的关系，任何学科均有自己的发展传统与根基，有自己特有的思维方式，这些优良的和特有的传统要发扬；与此同时，又要不断地吸收其他学科的优长来充实自己，要与时俱进，跟上时代的要求和社会经济发展。二是要处理好引进、消化与吸收的关系，当今在经济地理学界，对其他学科，尤其对经济学科的理论方法引进有余，消化不够，将其吸收变为地理学的理论方法更显得不足，十分不利于学科建设。三是要处理好学科建设和参与实践的关系，参与实践以学科建设为指导，二者相互促进，但彼此不能替代；学科建设要围绕理论主线展开并不断引申，而参与实践需要更广的知识面，有的可能与理论主线无关。因此，任务不能完全带动学科发展，参与实践必须与学科建设有机地结合起来。

第三节　区域经济地理学与区域经济学的
联系与区别

如前所述，学科的性质与属性，主要是在诸学科的关系与相互作用中表现出来。区域经济地理学与诸多学科发生密切联系，但主要是与经济学，具体是与区域经济学（以下均指经济方向的区域经济学）发生十分密切的关系。要明确区域经济地理学的学科性质和属性，必须要厘清区域经济地理学与区域经济学的共同点与主要区别。这样，才有利于区域经济地理学科的健康发展。

一、两个学科的共同点

1．经济是主要的研究内容，并受经济规律指导

两个学科所面临的是大量的经济问题，经济是二者共同研究的主要内容。既然是研究经济，必须遵循经济规律。因此，区域经济地理学必须要全面熟悉经济和经济规律，这样才能发挥经济地理学的学科优长。

2．共同面向全球复杂的经济问题

随着科技革命和世界经济的迅速发展，全球与地区性经济问题日益凸显。如一体化与集团化，区域发展不平衡，城乡差距拉大，经济发展与资源、人口、环境问题等，都是两个学科共同面临的问题。

二、两个学科的主要区别

1．传统与根基不同

区域经济地理学是地理学的传统，区域是其研究的核心，地域性与差异性是学科研究的基本思路，地域综合思想是学科的灵魂，学科的根基深深扎根于地理学的土壤之中。

区域经济学是经济学的传统，经济运行是其面对的主要客体，探讨规律与理论模式是其主要着眼点，其学科的根基是经济学。

2．学科的思维方式不同

区域经济地理学的思维方式是地理思维，其紧紧围绕地球表层的经济地域思索问题，通过地域综合分析，最终解决具体区域的经济发展问题。

区域经济学的思维方式是经济思维，其着眼点是理论建模，对一个区域经济运行的研究，最终是为了建立模型和检验其理论模型。

3．对区域的认识与态度不同

虽然区域经济地理学与区域经济学研究的共同领域都是区域经济，但是，对区域的认识和态度则完全不同。

区域经济地理学把区域作为实体和研究客体，实实在在地研究区域的整体性和差异性，区域是区域经济地理学研究的着眼点，也是研究的

落脚点。

区域经济学只是把区域作为研究框架，主要研究区域内的经济运行，注重区域的共同性，而不重视区域的差异性。

4.研究路线的根本差别

区域经济地理学研究经济地域与经济地域系统。它对区域的研究是以条件（或地理环境）为基础，以结构功能为主要内容，以系统类型为表现形式，以区域关系与协调为最终目的。遵循的是条件环境—结构功能—系统类型—区域关系与协调的研究路线。

区域经济学对区域的研究则由要素入手，研究要素组合、结构功能及其协调机制等。显然它与区域经济地理学的研究路线是不同的。

总之，两个学科的主要区别在于：一个是经济地理，一个是区域经济，两者的着眼点与落脚点有很大的不同。

关于区域经济地理学与区域经济学的联系与区别可参见表1-1。

表1-1 区域经济地理学与区域经济学的联系与区别

学科	共同点		不同点					
	理论指导	实践领域	传统与根基	思维方式	学科基础理论	对区域的认识与态度	主要研究内容	研究路线
区域经济地理学	经济主体研究内容，受经济规律指导	是经济研究的内容并受经济规律指导 共同面临区域问题	地理学	地理思维	劳动地域分工理论与经济地域运动理论	区域是研究核心 区域是研究的着眼点与落脚点	经济地域与经济地域系统形成发展机制、条件、结构、类型与区域关系	区域条件—区域产业结构—地域系统类型—区域关系与地域协调
			地理学与经济学的交叉学科					
区域经济学			经济学	经济思维	区位论供给需求论劳动价值论	区域只是研究的地域框架	研究区域发展、区域关系与区域政策等	要素—要素组合—经济结构—调控
			应用经济学					

第四节　学科性质研究与区域经济地理学科

学科的性质既是学科的本质属性，也是一个学科与其他学科关系与区别的根本标志，是任何学科立足于学科之林中始终面临的问题，地理科学也是如此。

两千多年以来，地理学始终是在不断探讨和明确学科性质的过程中向前发展的。

延续两千年来的地理描述，其内容无所不包，既包括自然，也包括经济，更包括许多人文社会现象。有许多东西不是地理内容，而是一个庞杂的对各个地域包罗万象的描述和记载。

18世纪末至19世纪初，由德国地理学家洪堡（1769~1859）和李特尔（1779~1859）开创的近代地理学，将与区域无关的内容并入其他学科或形成新的学科，如人口学、社会学、经济学、植物学、动物学、地质学等，地理学也陆续形成自然地理学与人文地理学的许多分支学科。把地理学定位在研究地球表层的区域，区域的整体性、差异性及地域综合思想是地理学的根本指导思想，也是地理学的根本属性。

随着地理学分支学科的不断发展和理论探索的不断深化，地理学形成了许多流派，其共同基础是什么？性质是什么？说法不一。德国地理学家阿尔夫雷德·赫特纳（1859~1941）在其《地理学——它的历史、性质与方法》一书中指出，地理学的任务在于了解区域，地理学的对象是人类和自然的区域性，地理学作为区域科学而在科学体系中占有特殊的重要地位，即地理学诸多分支学科的共同基础是区域。

进入20世纪，地理学的研究中心已经从德国、法国扩展到美国。在新的形势下，科学界与地理学界围绕地理学的性质又展开一场新的争论。主要争论问题有：地理学是不是一门科学，认为地理学不能成为用数学表达的精密科学；认为地理学是纯自然科学，否认人文地理学的存在；把地理学定义为研究行星地球的科学，而不是研究地球表层的科学；强调部门地理，忽视区域地理；等等。

针对上述争论与不同看法，美国著名地理学家理查德·哈特向于1946年出版了具有影响力的巨著《地理学的性质——当前地理学思想述评》，明确提出：地理学是研究地球表面空间现象联系的学科，可以最透彻地理解地理空间，即区域的性质；地理学是一门渗透到自然科学和社会科学中的学科，具有这两类学科的特点；地理学与其他学科有着密切联系，其他学科可分开研究的材料，地理学却必须按各种现象在世界各地的实际结合而把它们合而为一；地理学向着精确推理的方向发展，力求确定相同或不同地区在地区上联系着的现象间的关系原理。他强调部门地理（系统地理学）与区域地理学的密切关系，即系统地理学为区域地理提供一般概念和原理，而区域地理则用系统地理研究的成果，研究地球表面变化的独特性质，因此，地理学既需要系统方法，也需要区域方法。

第二次世界大战以后，地理学已经进入新阶段——现代地理学阶段，学科在进一步分化的过程中走向新的综合，在面向诸多的世界性与地域性的区域问题过程中，综合性区域地理的作用更加突出，区域经济地理学的地位与作用不断提高，与此同时，学科的研究方法也在不断革新。

在经济地理学向前发展的过程中，面临着区域经济学的不断推陈出新、快速发展和地理科技革命的挑战。20世纪70~80年代兴起的计量革命，设想使地理科学数学化和模型化，但是经过实践证明，作为复杂的、多因素的、综合的地理学科，只能走定性与定量相结合的研究方法之路。

以区位论作为理论基础的区域经济学，近些年来，其理论经久不衰，不断推陈出新。但是，长期以来主流经济学并不重视区位论，只是将它作为分支应用学科。

近年来，主流经济学开始注意地理、区位对经济的影响，以克鲁格曼为首的西方主流经济学家开始运用主流经济学建模手段来解释经济的区位问题，该经济学分支被克鲁格曼称之为"新经济地理学"。那么，"新经济地理学"新在哪里？与传统经济地理学有什么不同？新形势下经济地理学（包括区域经济地理学）的学科性质、属性如何定位？事关经济地理学进一步向前发展的重大理论问题，必须对其进行深入研讨和澄清。

第五节　经济地理学与"新经济地理学"

一、经济地理学的发展历程

经济地理学自1882年诞生起，就沿着两条道路向前发展：一是主流经济地理学，二是西方的经济地理学。主流经济地理学扎根于地理学的传统，区域是研究的核心，产业分布及其地域组织形式是研究的主要内容。西方的经济地理学则以区位论为其理论基础，多数遵循经济规律，形成经济地理学的经济学派。但也有相当一批经济地理学家，虽然以区位论为其理论基础，但是，他们强调运用地理规律，探讨经济地理问题。

关于主流经济地理学（包括区域经济地理学）与西方经济地理学（主要指区域经济学）两个学科的主要分歧，详见表1–1区域经济地理学与区域经济学的联系与区别，在此不再赘述。

二、对"新经济地理学"的评析

目前，我国地理学界对西方盛行的"新经济地理学"进行了大量引进，似乎"新经济地理学"就是经济地理学的新发展，但是对其理论与内容缺少认真消化，从经济地理学角度对其进行的深入评析很不够。

（1）"新经济地理学"是主流经济学的新发展。长期以来，主流经济学对经济的研究忽视空间和地理因素，把区域经济学视为其不重要的分支学科。随着科技和世界经济的发展，只就经济问题研究经济理论与方法已显得很不够，必须要研究地理因素和空间问题，"新经济地理学"由此而来。主流经济学家认为"新经济地理学"是区域经济学的新发展。

（2）"新经济地理学"不是传统经济地理学的新发展，不是地理科学领域里的经济地理学，而是经济学领域内区域经济学的新发展，正因如此，有些经济学家把"新经济地理学"称为地理经济学。一个是经济地理，一个是地理经济或区域经济，两者的学科属性是不同的。

（3）两个学科的属性不同，不等于两者不能相互借鉴，主流经济学借鉴地理学的内容方法即是很好的说明。

经济地理学主要研究经济内容，要遵循经济规律。主流经济学的报酬递增理论和不完全竞争理论等反映了世界经济运行的客观规律，对经济地理学具有理论指导意义。新经济地理学的两区域模型、国际专业化模型、全球化和产业扩散模型、区域专业化模型等理论模型，对经济地理学理论与方法论均具有重要的借鉴意义。

（4）经济地理学（包括区域经济地理学）是一个复杂的、多因素的综合性学科，既要研究区域条件与地理环境，又要研究区域内部与外部的社会经济；产业集聚与产业扩散是其始终研究的课题；研究地理离不开历史，区域发展过程与发展特点是学科始终关注的内容；对经济区域的分析离不开政策、体制、机制。而且，经济地理学与区域经济地理学对上述问题的研究有各自的研究路线与思维定式。

"新经济地理学"于近年来提出了一些新的理论概念，如路径依赖、外部经济、产业集群、制度转向、文化转向等，反映了经济学的一些新发展。这些理论概念已引进到经济地理学科中来，但是，如何依据经济地理学科的思维方式研究路线和已有的研究基础，正确吸收其合理内核，将其改造成为经济地理学的科学内容，实为当前紧迫的研究任务。引进的目的是发展经济地理学科，丰富经济地理内容，切忌盲目引进，造成思想上的混乱。

（5）什么是主流经济地理学？"新经济地理学"和西方的地理经济学是否是主流经济地理学？我国的经济地理学属于什么样的经济地理学？我国的经济地理学是否要一味地追随西方经济地理学？追随到何时为止？这些问题也是值得我们认真思考的。

我国的经济地理学古老而年轻，新中国成立以来，随着我国经济建设的迅猛发展，经济地理学科发展很快，成为我国地理科学体系中十分重要的分支学科。面向区域和社会经济重大实践任务、理论与实践结合、定性研究与定量研究相结合是我国经济地理学的重要特点。具有13亿人口、经济迅速发展的社会主义世界经济大国，应该成为经济地理学迅猛发展的源地，并对经济地理学科的发展作出贡献。但是，与区域经济学相比，学科的理论建设明显不足，轻理论、重实践的倾向还很严重，适合经济地理学的现代方法论体系还未形成。

我国经济地理学科建设的任务任重而道远，广泛参与社会经济实践是发展其理论与方法论的基础，积极汲取其他学科（首要是经济学）的理论方法，是发展我国经济地理学的必要条件，正确处理好传统与创新的关系是发展学科的关键。我国经济地理学有广阔的实践空间和理论创新的基础与条件，我们应该为发展我国经济地理和区域经济地理学科，形成我国的经济地理学派而不懈努力。

第六节　我国区域经济地理学科的建设任务

对区域经济地理学的理论研究，我国处于世界领先地位，但是面临着区域经济学的严峻挑战。国内外许多学者只知道区域经济学这门学科的存在，对区域经济地理学这门学科还不甚了解，甚至将区域经济地理学与区域经济学两个学科混为一谈。年轻的地理学者更热衷于追求经济学的理论与方法论，忽视从地理角度对它的消化、吸收与创新。因此，区域经济地理学的学科建设任务是十分艰巨的。

任何学科要想立足于世界科学之林，就需要不断地进行学科建设，并要随着时代的发展，与时俱进地把学科建设推向新的高度。区域经济地理学的学科建设，应该包括下述三个方面。

一、学科理论体系建设

学科理论体系建设是一个系统工程，包括学科的研究客体、学科的基础理论、学科的主要理论、学科研究的主要内容、与其他学科的关系、学科的思维定式与研究路线，以及学科的方法论等。目前，区域经济地理学科理论体系建设已初见成果，但是，还很不完备，有些问题研究还缺乏深度。

区域经济地理学科性质、属性及其与其他学科（主要与经济学和区域经济学）的关系，仍需要深入研究，以便进一步搞清与区域经济学的联系与主要区别，从而推动区域经济地理学不断地向前发展。

关于基础理论规律，即地域分工规律与经济地域运动规律的新形式、新特点及其对经济地域系统的影响，也是新时期应该深入研究的重要问题。

关于区域经济地理学研究的主要内容，对条件和系统类型研究是本学科研究的强项，也是区别于区域经济学的关键所在，但是对产业结构与区域关系的研究，还有待深化与加强，尤其对区域关系与协调的研究，更是贯彻科学发展观与建设和谐社会所必需的。

关于方法论问题，区域经济地理学应该发扬运用地理学的区域综合、分析对比、野外实践、地图应用等方法，与此同时，定量与模型运用等现代方法结合地理学的特点还运用不够，必须予以大力加强。

二、积极参与社会经济实践，增强区域经济地理学科的理论与实践基础

区域经济地理学是基础应用学科，既重视基础理论，又重视解决社会经济发展的重大问题，二者相互促进，推动区域经济地理学科的健康发展。

实践证明，区域经济地理学与区域经济学相比，在解决实践问题方面，前者具有明显优势。区域经济地理学所研究的是具体的区域问题，并对这些问题进行多因素的综合分析，能提出区域发展的具体对策；而区域经济学强调对区域进行一般规律的研究，去掉区域的具体条件，进行抽象的理论建模，因而，往往不符合区域具体实际。

区域经济地理学在实践领域具有十分广阔的发展空间，其实践性、可操作性和社会认知程度还将不断提高。但是，在区域经济地理学科领域内，重实践、轻理论总结的倾向还十分严重，这不仅不利于学科理论水平的提高，也不利于提高实践能力和研究质量。

区域经济地理学科的实践性是具有中国特色的社会主义学科建设的一大优长，与西方经济学和区域经济学就经济谈经济、就理论谈理论相比，具有明显的目的性与社会服务性，它在解决社会经济重大问题上的作用将不断增强。

三、肩负着提高全民族文化素质与培养人才的任务

地理学与历史学肩负着科学普及任务，本国经济地理与世界经济地理在全球与各国家地区经济迅速发展的形势下，其普及任务更直接。但是区

域地理还没有摆脱描述的框架，仍然忽视理论分析。

区域经济地理学这门学科，就是要用理论来武装本国经济地理和世界经济地理以及区域地理，为它们提供理论支撑，以便提高区域地理学科的地位和水平。

区域经济地理学肩负着其他学科在人才培养方面所不能替代的作用。我国急需区域开发与区域管理人才，尤其缺少能够统领区域全局，进行宏观决策的人才。学习与掌握区域经济地理学原理并广泛参与实践，是培养从事区域开发与区域管理人才的有效途径。

第二章　区域经济地理学科的理论体系

学科的理论体系建设是学科建设的核心，是一个复杂的系统工程，包括学科地位、学科研究对象与主要内容、学科的基础理论与相关理论和学科的方法论等。目前，区域经济地理学已经形成较为完整的理论体系，但是，学科的建设任务仍然十分繁重。

第一节　区域经济地理学在地理科学体系中的地位

一、地理学是一个庞大的科学体系

对地理科学体系的认识有一个发展过程。早期的地理学是一个庞杂的、几乎无所不包的地理描述体系，在人类文明史上占有重要地位。进入近代地理学阶段，地理学已经发展成为一门科学，由于学科的不断分化，使地理学的研究范围不断缩小，从而逐渐缩小地理科学的研究对象范围与实践领域的认识范围。但是，第二次世界大战以后，随着地理学科交叉渗透的加强，形成了许多新学科（图2-1）、新理论、新方法和新技术，因此，人们对地理学科的研究对象及其实践领域的认识，又提高到一个新的水平。

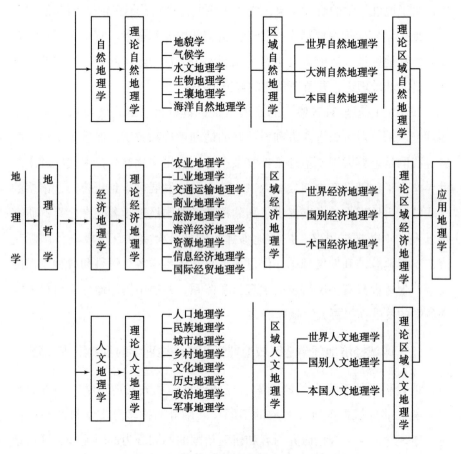

图2-1　区域经济地理学的学科地位

自1986年以来，我国著名科学家钱学森教授，对地理科学如何发展问题曾多次发表了很有建树的意见（钱学森等，1994）。他认为，地理科学是一个庞大的科学体系，应该成为世界十大学科门类之一。地理科学的研究对象应很广阔，它是研究地球表层的科学，是自然科学和社会科学的汇合。地理科学应广泛参与解决社会经济的一系列重大问题，要为社会作出

19

重大贡献。

上述见解开阔了我们的视野，告诫我们应该用全新的观念去认识地理科学体系，克服狭隘观念和科学偏见，要把地理科学的研究范围看得广一些，对于地理科学的研究对象，要在实践中去检验，不宜较早下结论。

地理学家应把主要精力投身于社会实践中，积极参与解决全球性、跨地区性和地区性、影响人类生存和发展的重大社会经济问题，在实践中发展学科的基础理论，并革新学科的研究方法。

我国的地理学有着悠久的发展历史，具有自己的发展特点。近一个多世纪以来，通过引进西方和原苏联的地理理论和方法，促进了学科的发展。我国是世界大国，地理条件复杂多样，历史文化悠久，古代地理学对世界作出了贡献。新中国成立以来，社会经济发展进入到新阶段，诸多的实践领域为地理学的发展提供了新的机遇。我国地理学者应在已有的研究基础上，不断拓展思路，广泛地参加我国的社会实践，积极进行国际交流，不断地总结和发展理论，促进地理科学体系中各个学科和各种学派的发展，为建设具有中国特色的地理科学体系，并使中国的地理学对世界地理科学的发展作出更大贡献而努力。

二、区域经济地理学是区域地理学和经济地理学的重要组成部分

地理科学体系由自然地理学、经济地理学和人文地理学三大部分组成，各大部分依据其研究对象的不同，又细分为许多分支学科。与此同时，地理学科又可根据研究内容和研究角度的不同分为部门地理、区域地理、理论地理和应用地理等几大部分。统领地理学的总体理论还有地理哲学。区域经济地理学在地理科学体系中，既属于经济地理学的重要组成部分，也是区域地理学的重要分支学科。对区域经济地理学原理而言，它又属于理论地理学的一部分（图2-1）。

随着现代科学技术的发展和对许多部门研究的深入，在地理科学体系中，有些部门的地理作用在减弱，如水文地理与气候学逐渐被水科学和

大气科学所取代，但其地域综合部分仍不失重要作用。在新形势下，地域性与综合性的学科特点得到进一步发扬，地域综合分析成为地理思维的主线，区域地理，尤其是区域经济地理在学科体系与科学之林中的作用不断增强。

区域经济地理学首先是经济地理学科的组成部分，是部门经济地理研究的归宿，也是经济地理研究的区域总结与落实。区域经济地理学又属于区域地理的重要组成部分，经济地域是所有地域中最富有活力的部分，也是内容丰富和变化万千的部分。区域经济地理学在地理科学体系中居于重要地位，是地理科学体系中最活跃和最富有生命力的学科。

第二节　区域经济地理学的研究对象

研究对象，即一个学科的研究客体，也是一个学科区别于其他学科的关键所在，直接制约学科的基础理论、主要理论和方法论。

任何学科的研究对象都不是一成不变的，而是随着社会经济的不断发展、科学技术的不断进步和人们认识能力的不断提高而不断变化的。作为经济地理学主要分支的区域经济地理学的研究对象也是如此。

一、对经济地理学科对象的评述

对区域经济地理学研究对象的认识，是直接与对经济地理学研究对象的认识相联系的。由于对经济地理学研究对象的看法不尽一致，因而对区域经济地理学研究对象的看法也不尽相同。我国学者对经济地理学的研究对象主要有下述几种看法：

第一种看法认为，经济地理学是研究一定地域的人地关系的学科，这是一种传统的观点。对于一个区域的研究，主要分析人类活动与地理环境的关系，以此构成区域地理的理论描述体系。经济地理学对人地关系系统的研究已经有了新的进展（吴传钧等，1997）。其实，专门研究人地关系地域系统的，应属于区域人文地理的研究对象。

第二种看法认为，经济地理学是研究生产发展的条件和特点的学科（胡兆量等，1986）。这一观点是我国经济地理学界广为接受的看法，也是原苏联经济地理学界的传统观点，反映了地理科学的研究特点。但是，随着世界经济向深广方向迅速发展和科学的新进展，经济地理学只研究区域或产业发展的条件和特点已经显现出其局限性。因此，经济地理学必须要研究经济活动自身的内容，要研究其结构和系统。

第三种看法认为，经济地理学是研究生产分布（布局）的科学（曹廷藩等，1991；杨万钟，1992）。对生产分布或布局的研究是经济地理学的主要研究领域，对客观事物地理分布的研究是地理学的研究特色，因此，这一研究为国内外地理学家所公认。但是，如何研究分布和怎样研究分布？在新形势下，有的提出研究生产分布地域系统，有的提出研究生产分布网络结构或研究综合生产布局，把生产分布（布局）研究向前推进一步。如果只是研究生产分布（布局）规律，则主要属于部门经济地理的研究任务。

第四种看法认为，经济地理学是研究地域生产综合体的科学（李小建，1999）。地域生产综合体来自于原苏联经济地理学者，他们对地域生产综合体的理论研究和组建地域生产综合体的实践做了大量工作，对世界地理学界也有一定的影响。但是，地域生产综合体主要侧重于对区域内部要素与内部结构的研究，对外部系统涉及不多。

第五种看法认为，经济地理学是研究经济活动区位或是研究空间结构网络的科学。这些观点是以经济学的区位理论为理论基础，以经济活动的空间选择和结构网络效益分析为主要研究内容，西方经济学在这一领域的研究中起着重要的指导作用。这一研究领域及其理论体系实为经济地理研究的经济方向。

二、区域经济地理学的研究对象

当今世界经济已经联结成为统一整体，生产要素流动加速。在生产力迅速发展与地域分工不断深化的作用下，全世界的经济已不是零散分布状态，各个产业之间已形成错综复杂的经济地域巨系统。因此，对经济地理学科对象的表述，已经不能仅停留在条件、特点、分布与地域分异的层次上，而必须从地域系统、结构、网络等角度思索问题。

基于上述分析，笔者认为，区域经济地理学是研究经济地域及其系统的学科，也可以说，区域经济地理学是研究经济地域及其系统的发展机制、条件要素、结构网络、构造类型、系统调控及其运动规律的科学。

对于本学科的研究对象，可进行如下表述：

（1）经济地域是区域经济地理研究的基本出发点和基本地域单元。经济地域是综合性的经济地域，从产业角度分析，包括第一产业、第二产业和第三产业；就地域物质内容而言，包括中心城市、城镇、交通通信信息网络、农村与农村产业。经济地域则是由上述诸物质内容有机组合而成的，具有综合性、地域性、开放性和层次性的特点。

（2）经济地域系统是由众多的经济地域分化组合而形成的错综复杂的全世界范围的经济地域巨系统。任何经济地域的形成与发展，都是在经济地域系统的复杂作用影响下进行的。

（3）经济地域及其系统的形成与发展都是有规律的，其主要作用机制是劳动地域分工规律和经济地域运动规律。

（4）经济地域与经济地域系统的形成与发展，离不开其赖以存在的地理环境（区域经济地理学将其称为条件）。地域条件的不同组合特点，形成经济地域的不同类型。

（5）对经济地域及其系统的结构网络研究是区域经济地理学研究的

重点内容。区域经济地理学对结构的研究，重点放在产业部门结构和产业空间结构方面。

（6）对构造类型的研究是区域经济地理研究的归宿。构造类型是经济地域及其系统的地域表现形式，由于地域系统构造类型的多样性与复杂性，其开发模式与发展战略也必然多种多样。

（7）对经济地域与经济地域系统的区域关系和宏观调控研究是区域经济地理学科的重要实践领域。协调区域关系、对地域系统进行宏观调控，是贯彻科学发展观、建立和谐社会、建设具有中国特色社会主义的十分重要的区域发展任务。

关于区域经济地理学的研究对象，可以由图2-2加以概括。

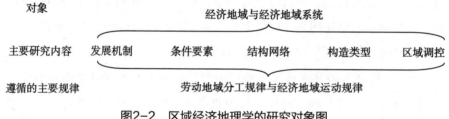

图2-2　区域经济地理学的研究对象图

第三节　区域经济地理学科的理论结构

一、区域经济地理与相邻学科的关系

在当今学科交叉渗透不断加强和知识更新不断加快的新形势下，任何一门科学的知识量和信息量都比过去有了很大的增强，都在向着深度和广度发展，区域经济地理学更是如此。

　　作为地理学与经济学交叉的区域经济地理学科所要求的知识面是很广阔的，它不仅要有地理学的基础，还要具有一定的经济学、社会学和技术科学的基础，也需要有一定的哲学基础。

　　自然地理学是区域经济地理学的地理基础，只有对自然地理学，尤其是综合自然地理学（理论自然地理学）有较深入的掌握，才能揭示经济地域系统形成、发展规律和经济地域空间差异的自然物质基础及其客观规律性，从而充分发挥地理科学的传统与优势。

　　在经济地理学科体系中，部门经济地理与区域经济地理有着十分密切的联系，两者互为补充，相辅相成。现代区域经济地理学是在诸部门经济地理研究基础上建立的大厦。部门经济地理研究的最新成果，将不断地充实区域经济地理的理论，并丰富其内容。部门经济地理学科的发展，尤其是工业地理学、农业地理学、交通运输地理学、城市地理学和企业与公司地理学等学科的发展，将不断地使区域经济地理学成为一门赋有最新内容并充满活力的地理分支学科。总之，在现代经济地理学科体系中，如果没有部门经济地理各分支学科的发展，区域经济地理的发展将成为无本之木，当然也就谈不上区域经济地理学科的发展。可见，在区域经济的研究中，一定要不断地汲取部门经济地理的研究成果，以促进自身的发展。

　　区域经济地理学与人文地理学有着十分密切的联系。区域经济地理学是由人文地理学逐渐分化出来的，两者同出于一源，目前在有些方面相互包容和相互交叉，往往还难以划分得十分清楚。区域经济地理学的发展，需要借助许多人文地理学科的研究成果，而人文地理学的发展则为区域经济地理学科提供了坚实的社会人文基础。

　　经济学为区域经济地理学提供重要的理论基础。在区域经济地理学科形成、发展的过程中，经济学的理论与方法，如区位论、资源与生产配置理论和劳动地域分工理论等，对区域经济地理学影响很大，它所研究的客体——经济地域及其系统是一种社会经济现象，主要受社会经济规律支配。因此，学科的理论主要受经济学理论指导，如政治经济学和西方经济学的基本理论，尤其是关于生产力与科技发展水平决定经济地域及其系统形成发展的理论和劳动地域分工理论等，对区域经济地理学的发展有着重要的理论指导意义。在实际工作中要用经济学的基本理论武装区域经济地理学科，才能使这一学科具有强大的生命力。第二次世界大战以来，西方许多经济学家开始重视按地理空间与网络结构探讨经济发展问题，宏观经济学、发展经济学和区域经济学迅速发展起来。虽然他们只是抽象地探讨经济（地理）空间与网络结构等问题，但他们所提出的关于部门结构、空间结构、经济网络、经济空间运动和经济发展模式等重大理论问题，对区域经济地理学有着重要的借鉴意义。不过，区域经济地理学引用与借鉴经济学理论，必须要经过消化、吸收的过程，使之变为地理学的理论内容，不能照搬，否则，它仍然是经济学的东西，而不属于地理学的理论内容。

经济地域及其系统是一种社会经济事物，社会因素对其影响作用将越来越大。因此本学科与社会学科有着密切关系。例如，体制、政策、法律、地缘政治与地缘经济，以及社会环境等，对经济地域及其系统的结构类型、发展模式，乃至发展速度、规模等，均有直接或间接的影响。因此，区域经济地理学的研究，一定要具有一定的社会学科基础，对社会学、人口学和政治学应有所了解。只有这样，才能增强这一学科参与解决社会实际问题的能力。

马克思的辩证唯物主义与历史唯物主义不只是世界观，也是科学的方法论，是区域经济地理学研究的方法论基础。系统论、控制论、信息论、耗散结构理论、趋同论与协同论等新的理论的出现，进一步证明了马克思主义哲学的正确性，同时，也进一步丰富了它的内容。马克思主义关于物质运动的观点、空间与时间统一的观点、事物矛盾对立统一和相互联系与互为制约的观点、事物的量变与质变的观点、发展的观点、共性与个性矛盾统一的观点，以及历史唯物主义的观点等，都是区域经济地理学研究的基本观点和重要的方法论。正确运用马克思主义哲学的基本观点和科学的方法论，对客观事物进行全面、综合的系统分析，才能揭示经济地域及其系统形成、发展、变化的内在规律。

经济地图学对区域经济地理具有重要意义。地图是地理学最形象的语言和最有效的表达形式。地理工作往往以地图工作开始，最后成果也要落实在地图上，不能表现在地图上的自然现象或社会经济现象，往往缺乏地理意义，因而也就不属于地理学科。经济地理学，尤其是区域经济地理学要善于运用经济地图来获取信息，并以多种多样的地图来表现自己的分析思想和认识结果。

随着地理信息技术的发展，电子计算机和遥感技术已开始运用于区域经济地理学研究之中，从而大大丰富了区域经济地理学的信息来源，也大大加快了资料信息的处理速度，亦使区域经济地理学的研究在方法手段上得到了变革，在成果形式上得到了极大的丰富。因此，区域地理研究不仅要有一定的数学基础，还要具有掌握新技术、新方法的手段和能力。这样，才能适应现代学科建设与发展的需要。

二、区域经济地理学科的理论框架

学科的理论框架是一个完整的概念，包括学科的基础理论、主要理论、旁侧理论、学科指导思想与指导性理论，以及学科的认识论与方法论等。关于区域经济地理学科的理论框架如图2-3所示。

1．关于学科的基础理论

区域经济地理学科的基础理论是劳动地域分工理论和经济地域运动理论。学科的基础理论是由区域经济地理学研究对象所决定的。

劳动地域分工是人类社会经济活动的固有现象，由于分工不断深化，社会生产不断向前发展，促使产业地域结构不断复杂化和高级化，乃至形成今天这样十分错综复杂的世界经济地域系统的局面。可见，劳动地域分工规律是经济地域及其系统形成、发展、变化的首要机制。

经济地域运动也是人类社会经济活动固有的现象，物质要素的流动贯穿于人类经济活动的始终，由于要素的流动组合，形成企业、城市，乃至经济地域及其系统。可见，物质要素的地域流动与组合，是经济地域及其系统形成、发展、变化的又一重要机制。

分工与联系是一个矛盾的统一体。劳动地域分工与经济地域运动反映人类社会经济活动分工与联系的两个方面，它们从经济发展的纵向和经济活动的横向，即从时空统一角度，阐述了经济地域及其系统形成、发展的客观性。因此，劳动地域分工与经济地域运动规律和理论像一条红线一样，贯穿于区域经济地理学科研究的始终。

相关地理科学思想：		相关地理科学理论：
·地域综合思想 ·可持续发展思想 ·其他地理科学思想		·人地关系理论 ·生产配置分布理论 ·地域生产综合体理论 ·其他地理科学理论
相关认识论： 　·马克思主义哲学理论 　·现代系统科学理论（老三论、新三论、超循环论、混沌论、生命系统理论等） 　·中国传统哲学理论	经济地理学科理论框架的核心内容： 　·研究对象：经济地域与经济地域系统 　·理论主线：劳动地域分工理论、经济地域运动理论 　·主要研究内容（主要分支理论）：条件论、要素论、结构功能论、经济地域类型论、经济地域系统论、区域关系协调论	相邻学科的理论： 　·经济科学理论（区位、资源配置论、产业结构论、区域开发论、经济增长论） 　·社会科学理论（社会结构功能论等） 　·自然科学理论
相应的方法技术领域： 　·传统经济地理方法（野外调研法、地图法、对比分析法等） 　·现代经济地理方法（综合集成法等） 　·现代科学技术手段（信息技术手段） 　·其他方法与技术		对应的实践应用领域： 　·区域辨识与区域问题诊断 　·区域结构调整与功能优化 　·区域关系分析与系统调控 　·区域发展模式选择 　·区域规划与设计等

图2-3　区域经济地理学科的理论框架

2．关于学科的主要理论

学科的主要理论是围绕区域经济地理学的主要研究内容而展开的。其主要理论有条件论、要素论、结构论、地域系统论、地域类型论和地域关系协调论等。

（1）条件论。对条件（地理环境）的研究是地理学的永恒研究主题，也是地理学，包括区域经济地理学的优势研究领域。条件是经济地域及其系统赖以形成发展必不可少的地理环境。在区域经济地理研究中，诸条件（自然、经济、社会）共同作用于经济地域的理论、主要条件与次要条件的理论、条件地域组合理论、条件演进理论以及条件地域类型理论等，构成条件论的重要理论，在对经济地域及其系统的研究中占有重要地位。

（2）要素论。在对经济地域及其系统研究中，条件可以直接投入到经济运行的那一部分则构成要素。要素在市场与宏观政策拉动和地理环境的作用下产生要素流动，由于要素流动组合，形成企业、城镇、网络、区域和地域系统。因此，要素流动与组合的理论在区域经济地理研究中也占有重要地位，为研究区域网络结构提供了前提和基础。

（3）结构论。产业及产业结构是经济地域①的核心内容，经济地域及其系统的发育程度直接与其产业结构的发展水平呈正相关。因此，对经济地域及其系统产业结构的研究则构成区域经济地理研究的核心内容。区域经济地理学对产业结构的研究，主要有产业部门结构、产业空间结构和区域网络结构三项内容。因此，有关产业关联与地域组合的理论、产业部门结构发展与不断高级化的理论、产业结构类型及其演变的理论、产业空间结构理论以及产业网络结构与区域关联的理论等，对区域经济地理关于产业与产业结构的研究有着重要的理论意义。

（4）地域系统论。当今世界，在世界经济一体化的推动下，劳动地域分工和经济地域运动的不断深入发展，促使全世界已经形成错综复杂的复合地域系统。就世界范围而言，存在着经济地带系统、经济区系统、城市地域系统、规划区系统和地缘经济地域系统，各自的形成发展机制、结构与功能以及地域组织形式等均不相同。因此，对经济地带理论、经济区

---

① 本书所指的地域是一种泛意的区域，所指的区域则更为具体，两者含义基本相同。

及其地域系统理论、城市地域系统理论、规划区理论，以及对地缘政治、地缘经济及其地域系统的理论的研究，对于经济地带划分、经济区划、城镇体系规划与城市总体规划，区域规划以及多国合作地域规划，乃至制定地域总体发展战略等，都具有十分重要的理论意义与实践意义。

（5）地域类型论。当今世界，无论就自然领域、社会领域和经济领域，都以无数的群体和类型表现出来，相同的类型则具有共同的特征、结构和功能。因此，类型研究则是认识地理事物的重要研究方法，也是认识区域的重要手段。地理现象千差万别，条件因素复杂多样，如何认识与把握地理规律？实践证明，通过类型研究，按类型探讨规律成为地理学的重要研究方法。对经济地域系统的研究，也可以认为每个子系统是一个大的地域类型，各子系统内又存在多种地域类型。对类型的认识与划分主要是通过一系列指标体系来进行，不断地走向定量化则使类型的划分更为科学。对地域类型的研究不但丰富了区域经济地理的理论内容，而且具有重要的实践意义。针对不同的地域类型，才会选择不同的地域开发模式，进而采取相应的地域发展战略。

（6）地域关系协调论。区域经济地理学对经济地域系统的研究，其实质是研究与协调区域关系，使区域之间能形成协调有序的发展。但事实上，区域之间发展是不平衡的，我国历史上形成的行政区划管理体制，尤其是计划经济时期形成的部门管理体系，造成的区域封锁及区域（块块）与部门（条条）的矛盾，依然长期存在。研究区域关系现状、区域矛盾的实质，解决与协调区域关系的举措及其调控机制，是区域经济地理学的重要研究内容，也是面向社会经济领域的重要实践任务。

3．关于学科的旁侧理论

旁侧理论指对自身理论（基础理论与主要理论）的形成和发展有直接或间接影响的理论，不是区域经济地理自身的理论。旁侧理论包括来自地理学科与相邻学科的两部分理论。

（1）相关地理学科理论。①人地关系理论：人地关系理论是地理学和人文地理学的基础理论，对区域经济地理学科有直接指导意义。经济地域及其系统是在大的人地关系框架内形成的，其中心问题也是解决人类经济活动与环境的关系。因此，它是区域经济地理学科的指导性理论。②生产配置或生产布局理论：这是在原苏联经济地理理论影响下发展起来的经济地理理论，其实质是部门经济地理理论。这一理论对区域经济地理的产业结构研究有着理论指导意义。③地域生产综合体是原苏联经济地理学界提出的有影响的理论，对理论研究与实践领域均有一定建树，其理论也被西方学者所公认。地域生产综合体理论在产业结构和经济地域分析中，具有重要的参考价值。

（2）相关经济学科理论。①区位论：区位论是西方经济学著名的理论，一个多世纪以来，它推陈出新，不断发展，经久不衰，成为区域经济学和经济地理学经济方向研究的基础理论。区位论的抽象经济思维范式、模式与定量的研究方法，对区域经济地理研究有重要的借鉴意义。区位论的一些抽象理论对以经济地域及其系统为对象的区域经济地理学有重要的指导意义。②区域开发与区域发展理论：第二次世界大战以后，尤其是近些年来，区域开发与区域发展理论发展很快，一些著名经济学家为许多区域开发与区域发展理论及其模式的提出作出了贡献。区域经济地理学在区域研究中，须认真研究这些理论模式并创造性地予以应用。

4．学科的指导思想与指导性理论

学科的指导思想与指导性理论是指在学科研究过程中，自始至终应该遵循的指导性原则，包括以下几方面：

（1）地域综合思想。地域性与综合性是地理学的根本属性。地域综合思想是地理学的根本指导思想。地理学科在发展过程中，必须牢牢地把握这一属性并遵循这一根本指导思想，区域经济地理学更应如此。

（2）可持续发展思想。可持续发展思想是人类进入新千年进行社会经济发展的根本指导思想，是发展社会经济的新思路。为此，必须重视自然、经济、社会三者的协调发展，以利于人类赖以生存的环境的保护和改善。所有的学科在其发展中都必须遵循可持续发展的思想，而直接研究区域的区域经济地理学，就更应该遵循这一指导思想了。关于学科的认识论与方法问题前已述及，在此不再赘述。

总之，区域经济地理学的学科理论体系是一个庞杂的理论与知识系统，既有基础理论统帅全学科，也有主要理论对学科主要内容的支撑；辅助性理论是学科发展所不可缺少的，它用地理学、经济学和社会学的理论知识来丰富区域经济地理学科；学科的指导思想在于把握学科的正确发展方向；学科的认识论与方法论反映科学技术的发展水平，是促进区域经济地理学科不断向现代化迈进的重要武器。

第四节　区域经济地理学在社会经济发展中的作用

一、参与解决诸多社会经济问题的带头学科

当今世界存在着诸多的全球性和区域性问题，需要全球科学界、政界、实业界着力研究并积极解决。其中，涉及全球性和区域性的社会经济问题，是区域经济地理研究的主要领域。

全球性和区域性问题都十分复杂，涉及的问题方方面面，解决的难度都很大。许多问题需要全世界科学界与政界通力协作，以求得逐渐解决，如全球环境问题，宗教、民族与边界的矛盾和冲突问题等。有的是属于全球或地区性的社会经济发展问题，这类问题的研究与解决十分复杂和困难，需要许多学科协同攻关，才能求得较好的解决。在解决上述问题的过程中，设想由一门学科去解决所有问题，是根本做不到的，如区域科学曾

设想能解决所有区域发展问题，其结果事与愿违。

区域经济地理学是一门以区域研究为宗旨的学科，重点研究区域社会经济发展问题。从研究尺度上看，它重点解决区域宏观问题，为企业、政府的宏观决策服务。就地域范围而言，既包括企业与企业集团，也包括区域与区域系统。区域经济地理学以其地域性与综合性的学科优势，立足于具体的区域，运用地理思维能力，综合地分析与解决区域问题，在对区域社会经济发展问题研究方面，明显地表现出学科的优势与特长，在多学科的共同研究中，发挥着学科带头作用。

区域经济地理学科对全球性或区域性社会经济发展问题的研究领域十分广阔，例如，企业与企业集团的发展空间研究、城市与城市地域体系研究、区域产业结构与空间结构研究、区域空间网络与区域联系研究、区域类型研究、区域关系与调控机制研究、区域发展模式与战略研究、世界与各国经济地域格局研究、世界与各国经济地域系统研究，以及地缘政治、地缘经济及地缘经济地域系统研究等。其目的在于推进世界经济、自然、社会的协调发展，促进国家生产力合理布局与资源的合理配置以及经济的可持续发展。

区域经济地理学在解决上述问题的过程中，要与经济学（尤其是区域经济学）和社会学等学科进行密切合作，以求区域问题得到更好地解决。

二、探讨区域理论，促进地理学科发展

全球性或区域性的社会经济发展问题是一个实践领域和理论研究方面远未得到解决的重大课题。其解决的思路应该是通过实践总结理论，并同时通过理论指导实践。

目前，在这方面的研究状况是：经济学家提出一些理论与区域开发模式，如区位论、增长极理论、中心–外围理论、创新与扩散理论等。它们揭示了一些社会经济发展规律，但是在应用与验证方面还显得软弱无力，而且一些理论还带有局部性和局限性。经济地理学家参加了大量实践，为

社会经济发展作出一定贡献，但是，在总结理论和发展理论方面还显不足。由于理论指导不利，当然在实践工作中也往往缺乏深度。

本书设想提出一个理论框架，但仍是很初步的，有待于今后在实践过程中，不断地总结与丰富区域经济地理学的理论内容。

通过对国内外的分析，作者认为，在经济地理研究领域内确实存在着地理和经济两个方向。经济地理学的地理方向，主要强调与具体地域的条件、特点紧密结合，强调地域综合思想和地理思维对学科的指导作用。经济地理学的经济方向则强调抽象理论的研究，重视区位论与经济思维的指导作用，重视与区域经济学的紧密结合。两个研究方向各有优长，应该相互学习、借鉴，共同去解决诸多的全球性和区域性的社会经济问题。

本书主要立足于经济地理学的地理方向，同时借鉴经济学的有关理论模式。作者通过广泛参与社会经济实践，深入探讨地理规律，为发展我国的经济地理学科、形成具有中国特色的经济地理学的地理学派尽了微薄之力。

三、区域经济地理学在人才培养中的作用

1．区域经济地理学与基础教育

党中央反复强调对全民进行爱国主义和国际主义教育的重要性，而历史和地理这两门学科则是进行这一教育的重要学科。地理，尤其是区域地理，在提高全民素质方面将发挥不可替代的作用。

理论区域经济地理学（区域经济地理学原理）在提高中外区域地理和中外经济地理的理论水平、学科水平和教学水平方面，肩负着责无旁贷的指导作用。目前，我国的区域经济地理研究水平与教学水平均比较低，远未有摆脱地理描述的模式，缺乏理论分析。撰写本书的重要目的之一，就是提高我国区域地理（尤其是中外经济地理）的研究与教学水平，为我国的基础教育服务。

2．区域经济地理学与人才培养

我国需要一大批能够解决区域发展问题的专家和领导干部，而理论区

域经济地理学则是培养这类人才的骨干课程。

　　人文地理与区域地理的硕士生和博士生，通过理论区域经济地理学的专门训练，重点在于培养地理思维能力，掌握现代方法手段，运用地理学的理论与方法，并借助经济学、社会学的理论知识，可以解决诸多的区域社会经济发展问题。

　　有一定地理学和经济学基础的各级领导干部，经过理论区域经济地理学的全面训练，可提高领导水平的层次，能够用系统的观点、区域的观点和综合的观点分析问题和解决问题，能够遵循自然和社会经济等规律，从宏观上把握大局，进行科学决策。

第三章　劳动地域分工理论

第一节　概　　述

一、经典作家论劳动地域分工

分工是人类社会发展过程中一种固有的现象，也是一种十分重要的社会经济规律，在生产力的发展和社会进步中，发挥了巨大作用。但是，人们认识这条规律及其对社会经济发展的重要意义，还是近两个多世纪的事情。关于社会分工和地域分工问题，最早在古典经济学家的著作中已有所论述，之后，在许多经典作家的著作中，对劳动地域分工理论均有论述并不断发展。

对劳动地域分工理论最早进行阐述的，首推亚当·斯密。他是英国18世纪的古典经济学家，在其《国富论》一书中，对分工问题最早进行了精辟阐述。他认为分工（包括地域分工）会给整个社会带来巨大的经济利益。每一个生产者为了其自身利益，应根据其当地条件，集中生产在社会上绝对有利可图的产品，然后用销售所得购置所需的其他物品。推而广之，斯密认为地区之间或国家之间，也应形成这种以绝对利益为原则的地域分工。他认为分工是提高社会劳动生产率和增加社会财富的重要源泉。他的学说对解释当时国际和地区之间的地理分工，对促进国际与国内贸易，乃至解释生产力布局等问题，均起到了积极作用。人们称斯密的分工论为绝对利益学说。

大卫·李嘉图是继斯密之后的另一位英国古典经济学家，是劳动价值论的一位创始人。他在对地租和对外贸易的论述中，阐述了级差地租可以产生分工，在对外贸易中利用分工可以产生利润、分工会给社会带来巨大效益的思想。他认为，两个国家或两个地区之间，只要有一个能以较低的成本生产各种产品，那么，两国或两地区之间的地域分工也会产生，两国或两地区之间的贸易也会发生，也会为双方带来效益。他运用了比较利益原则，较好地解释了地域分工和国际贸易与区际贸易问题。

马克思主义经典作家对社会分工和地域分工则有更为深刻的阐述。

在资本主义上升阶段，马克思和恩格斯全面地考察了以商品经济为基础的资本主义社会。在《资本论》《德意志意识形态》《共产党宣言》《家庭、私有制和国家的起源》《自然辩证法》《反杜林论》和《费尔巴哈》等著作中，对分工，自然分工，尤其对社会分工这一社会经济现象，进行了全面地考察和分析。他们着重考察了自然分工与社会分工的历史发展进程，以及分工对人类社会进步的重大作用，对产业革命和大机器生产所带动的部门大分工进行了详细的论述。关于社会分工对提高社会劳动生产率和推动社会经济发展的作用也进行了精辟的阐述。

当资本主义发展到帝国主义阶段，列宁在《俄国资本主义的发展》《帝国主义是资本主义发展的最高阶段》和《关于农业中资本主义发展规律的新材料》等许多著作中，对资本主义的地域分工、地域专门化和资本主义经济区域的形成过程，资本主义商品经济的发展以及地域发展不平衡的规律等，都进行了深入的探讨。

马克思主义经典作家在其著作中所揭示的主要观点是：分工是人类社会发展的一种固有现象，是一条社会经济发展的客观规律；从原始社会的自然分工，发展到后来的社会大分工、部门大分工……以后的社会分工还要深化和发展；产业革命和大机器生产极大地推动了部门分工和地域分工，同时，分工又成为推动社会劳动生产率不断提高和商品经济不断发展的强大动力；分工推动了部门专业化和地域专门化的形成和发展，进而推动了经济区的形成和发展；资本主义社会分工具有掠夺、剥削的不平等性质，以宗主国与殖民地的关系表现得最为明显，等等。马克思主义经典作家在当时的历史条件下，重点考察了部门分工和企业内部分工，而对地域分工和地域组织形式等问题，还来不及深入系统地研究和探讨。

进入20世纪以来，一些经典作家对分工理论又有所发展，其代表性的人物是瑞典经济学家俄林，日本经济学家小岛清和原苏联经济地理学家巴朗斯基。

俄林是20世纪上半叶最为著名的瑞典经济学家。他在《区际贸易与国际贸易》一书中，把地域分工与贸易理论向前推进了一步。他认为地域是分工和贸易的基本单元，把各个地区看作为不同层次的地域体系，并认为国内各地区和国际各国间生产要素的差异是贸易理论的基石。他力图把区位理论引入到地域分工研究中，设想土地、劳动力、资本三个要素为不能流动的要素，由于生产要素分布不平衡，必然引起相对价格差异，导致区际与国际贸易的产生，从而创立了以一般均衡规律为基础，侧重于研究中观生产力布局的一般区位论，以区别于已有的研究微观和中观生产力布局的特殊区位论。也可以说，俄林是用一般均衡的理论研究劳动地域分工。

小岛清是日本著名经济学家，他提出了规模经济也可以产生地域分工的论点。他认为一国一地区或一个企业，在现代经济中，使生产形成规模，运用现代管理，降低产品成本，提高竞争力，也会产生地域分工效益，并提出了协议性国际分工原则（小岛清，1996）。

从地理学角度首次对劳动地域分工理论进行阐述的是原苏联著名经济地理学家巴朗斯基（巴朗斯基，1958）。他运用马克思主义观点，提出地理分工（劳动地域分工）是社会分工的空间形式，是一个地区为另一个地区生产产品，各个地区间相互交换其产品的著名论点，为劳动地域分工这一概念下了一个明确的定义。进而，提出了经济利益是地理分工的发展动力和运输与关税等对地理分工有重要作用的论点。并给出了地理分工的公式，即用C_r表示商品在销售地的价格，C_p表示商品在生产地的价格，t表示运费，得出表示地理分工的经济效益公式为

$$C_r>C_p+t$$

原苏联经济地理学家萨乌什金（1987）对该式又进行了补充，设想d代表运费以外的其他支出，则其公式为

$$C_r>C_p+t+d$$

这些思想丰富了劳动地域分工理论。

纵观已有的劳动地域分工理论的研究，可以得出下面几点结论：

（1）古典经济学家和新古典经济学家（如俄林）是最早对劳动地域分工理论进行阐述的学者。他们发现劳动地域分工会给社会经济带来巨大好处，会提高社会劳动生产率，并将其作为国内与国际贸易的理论基础。俄林进而把劳动地域分工与区域体系联系起来，着手探讨国内与国际贸易体系。但是，他们是将劳动地域分工作为地区贸易的理论依据来研究的，对劳动地域分工自身形成发展的客观规律性，以及对劳动地域分工的地域表现形式及其地域体系等，还很少提及与研究。

（2）马克思主义经典作家在古典经济学的基础上，对社会分工（包括劳动地域分工）理论进行了深入研究和阐述，集中分析了社会分工发展过程，尤其对部门分工问题阐述全面而深入，同时，也为劳动地域分工问题的研究提供了理论基础。但是，马克思主义经典作家对分工和地域分工的研究，旨在阐述资本主义社会化大生产过程中，在分工方面表现的形式和特点，尽管对地域分工有所涉及，但其主要目的是为揭示社会矛盾服务的。对地理问题，即分工的地域形式、地域组织及其运动规律等，他们还涉及不多。

（3）巴朗斯基等经济地理学家首次将劳动地域分工理论引入到经济地理学中，并赋予了新的地理内容，把劳动地域分工理论与经济区和经济地域组织形式联系起来。但是，他们还未能从发生学和地域运动规律的角

度，深入探讨劳动地域分工形成发展的客观规律性和劳动地域分工的诸种地域表现形式及其结构类型。巴朗斯基等认为，劳动地域分工理论是经济地理学和区域经济地理学科的重要理论，但是，他们并不承认它是区域经济地理学科的基础理论。

二、关于劳动地域分工的概念

分工一词，在地理学、经济学和社会学以及日常生活中经常遇到。最为常见的有下列几组名词：一是自然分工；二是社会分工、劳动社会分工；三是部门分工、劳动部门分工、生产部门分工、产业部门分工；四是劳动地域分工、生产地域分工、产业地域分工、地域分工、地理分工等。虽然各组名词的提法不同，但其基本含义大致相同。以下是对各组名词基本含义的简要解释：

（1）自然分工。是指在早期的原始氏族社会阶段，人类以性别、年龄为基础的原始的分工。

（2）劳动社会分工。也简称为社会分工或劳动分工。劳动社会分工是指人类社会于自然分工之后以产品或商品交换为基础的分工。劳动社会分工一般包括企业内部分工、部门分工和地域分工三个部分。但是，从区域经济地理角度看，主要侧重于对部门分工和地域分工的研究。

（3）劳动部门分工。亦称部门分工、生产部门分工、产业部门分工，或者经济部门分工。劳动部门分工主要是指人类经济活动按产业部门所进行的分工。

（4）劳动地域分工。亦称生产地域分工、产业地域分工、经济地域分工、地域分工和地理分工等。劳动地域分工是指人类经济活动按地域（或地区）进行的分工，即各个地域依据各自的条件（自然、经济、社会诸条件）与优势，着重发展有利的产业部门，以其产品与外区交换，又从其他地区进口其所需要的产品。这种一个地区为另一个地区生产产品并相互交换其产品的现象，即劳动地域分工。

第二节 对劳动地域分工的基本认识

一、分工是人类社会经济发展的固有现象

回顾人类的发展史，由猿变为人并最终形成了人类社会，人类一开始劳动就是社会劳动，其本能地与分工紧密地联系在一起。人类为了生存，就需要劳动，而劳动需要依靠分工合作这一集体力量而进行。人类最早的分工是自然分工。在早期的原始氏族社会内部，"男子作战、打猎、捕鱼，获取食物的原料，并制作为此所必需的工具。妇女管家、制作食物和衣服——做饭、纺织、缝纫。男女分别是自己活动领域的主人；男子是森林中的主人，妇女是家里的主人"（马克思，1975）。这即是母系社会的分工。由于进行了原始的自然分工，人类才能在最低的生产力水平条件下，维持最低的生活，并促进了社会生产力的缓慢发展和早期社会分工的出现。

随着生产力的发展，各个原始部落开始有了某些相对剩余物，又由于各地区自然条件不同，有的地区以采集、狩猎为主，有的地区以捕捞的鱼类为食物的主要来源，这样，在不同公社之间便开始了原始的产品交换。马克思（1975）在谈到早期产品交换时曾指出："不同的公社在各自的自然环境中，找到不同的生产资料和不同的生活资料。因此，他们的生产方式、生活方式和产品，也就各不相同。这样的自然差别，在公社相互接触时引起了产品的相互交换，从而使这些产品逐渐变为商品。"从此，就出现了以产品交换为前提的早期部门分工与地域分工，人类社会逐渐地由自然分工进入到社会分工阶段。

这样，在原始氏族社会后期，开始陆续地实现了三次社会大分工。首先是畜牧业的分离和农业部门的形成，出现了畜牧业和农业两大部门，实现了第一次社会大分工。进而，又有手工业从农业大部门中分离出来，实现了第二次社会大分工。在原始氏族社会向奴隶社会过渡时期，又产生了

商业，出现了商人和高利贷者。与此同时，在商业和手工业比较集中的地方，开始形成早期的城市，这样，就实现了第三次社会大分工。

三次大分工推动了社会生产力的发展，随着社会生产的发展，又要求新的分工。到了资本主义萌芽阶段，手工业内部的分工日益明显。例如，在我国的封建社会后期，手工业部门已有"三百六十行"之说。以大机器生产为标志的产业革命，加剧了部门分工的进程。几次产业革命都促进了部门分工的大发展，乃至形成今天这样错综复杂的部门分工的局面。部门大分工推动了企业内部的分工和现代城市像雨后春笋般的发展，更带动了地域分工的不断深化。即便到了知识经济时代，部门分工与地域分工仍将不断深入下去，只不过其内容与形式有所变化而已。可见，分工是人类社会经济发展自始至终存在的永恒的重要现象，是一条重要的社会经济规律。正因如此，马克思在《资本论》中谈到："整个社会内的分工，不论是否以商品交换为媒介，都是各种社会经济形态所共有的……"

二、劳动地域分工是劳动部门分工在地域上的体现和落实

劳动社会分工主要由劳动部门分工和劳动地域分工两大部分组成[①]：劳动部门分工是劳动社会分工的基础，而劳动地域分工则是劳动社会分工（主要指劳动部门分工）在地域上的表现与落实。

劳动部门分工即人类经济活动按部门所进行的分工。马克思在《资本论》中把部门分工分为三个层次：把国民经济分为工业、农业、交通运输业三大部门的分工称之为一般分工；在三大部门基础上又细分为众多部门的分工称作特殊分工；把工厂内部的分工称为个别分工。目前，世界各国对众多产业部门的划分方法不一，一般分为第一产业（包括农业、林业、牧业、渔业等）、第二产业（包括采掘业、加工业、建筑业、电子工业等）、第三产业（包括交通运输业、商业贸易、科技文教、金融、通信信息、旅游、服务……），有的还提出第四产业（高科技领域）。今后，随

---

① 企业内部的分工应属于部门分工。

着科技革命的不断深入和生产力的进一步发展，部门分工还将进一步深化下去。

　　劳动地域分工是劳动社会分工的空间表现形式。产业的部门分工不是抽象的经济关系，而是与具体地域相结合的地理分工关系，产业的部门分工必然在不同尺度的空间关系中表现出来。在人类的社会物质生产过程中，并不是所有地区都生产相同产品（如果那样，当然也就谈不到分工了），而是依据各个地区不同的条件因素，遵循比较利益的原则，把各个产业部门和企业落实在各自有利的地域上，从而实现了地区之间的分工。因此，巴朗斯基（1958）提出，劳动地域分工（地理分工）是社会（劳动）分工的空间形式，表现为一个国家或地区为另一个国家和地区劳动，该劳动成果由一个地区转移到另一个地区，使生产地与消费地分离。形成地域分工有两种情况：一是由于自然条件限制，某一国家或地区不能生产某种产品，须由其他国家和地区输入；二是由于生产成本太高，由外区输入某种产品比在当地生产更为有利。这样，就实现了地区之间的分工。

　　那么，劳动地域分工与劳动部门之间是什么关系呢？

　　劳动部门分工是劳动地域分工的基础，没有劳动部门分工，也就不会有劳动地域分工，有了部门分工，就必然要把各个部门落实在具体地域上。随着生产力的不断发展，部门分工越分越细，地域分工将不断深化，从而进一步推动生产力不断向前发展。自然分工、劳动社会分工、劳动部门分工和劳动地域分工的关系，可参见图3-1。

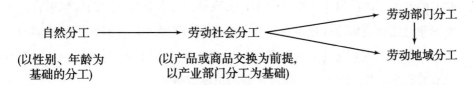

图3-1　自然分工、劳动社会分工、劳动部门分工和劳动地域分工的关系图

　　关于劳动地域分工问题，列宁（1984）在《俄国资本主义的发展》一书中谈到："同一般分工有直接联系的是地域分工，即各个地区专门生产

某种产品，有时是某一类产品，甚至是产品的某一部分。"

三、劳动地域分工是人类经济活动的内在因素

分工与人类经济活动（特别是产业活动）密不可分，生产需要分工，分工又推动生产和人类经济活动的发展，因此，分工是人类经济活动领域的重要内容。

人类经济活动包括多方面的内容，并从许多方面表现出来。它主要通过生产技术领域、管理领域和分工领域等方面促进社会生产力的不断提高和社会经济的不断发展。

人类经济活动的技术领域，主要是通过能源动力的不断变革，生产工具的不断创新和科学技术的不断进步来促进社会生产力的不断提高。技术领域是人类社会经济活动的首要领域，从而体现了科学技术是第一生产力的基本原理。人类主要依靠科技进步，带动能源动力和生产工具以及交通运输工具的不断变革，持续不断地把生产力发展水平从一个阶段推向另一个新的阶段。

人类经济活动的管理领域包括生产管理、经济管理、技术管理、环境管理、行政管理、部门管理和地域管理等诸多方面，通过不断提高管理水平及管理规范化和现代化的手段，来不断提高人类社会经济活动的社会、经济、生态效益和社会劳动生产率。

人类社会经济活动的分工领域也是一个十分重要的领域。人们通过企业内部分工、部门分工和地域分工，实现部门专业化与部门的优化组合、地域专门化和地域的优化组合相统一的合理的产业布局，最大限度地节约社会劳动，促进商品的流通与交换，加速世界经济的一体化进程，从而极大地提高社会劳动生产率，促进产业的迅速发展。

人类的经济活动是在地理空间上展开的，因此必然要与具体的地域相结合。合理的地域分工不仅能充分发挥各个地域的优势，促进商品经济的发展，同时也可以促进合理的地域网络结构与地域组织系统的形成，使生

产力布局更加科学合理。总之,合理的地域分工可以促进人力、物力、运力、财力和时间的最大节约,以达到取得最大的宏观经济效果的目的。

人类经济(产业)活动各领域之间的关系,如图3-2所示。

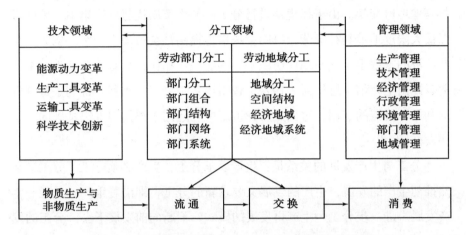

图3-2 人类经济(产业)活动各领域之间的关系图

图3-1和图3-2说明,劳动地域分工是人类社会经济活动内在的、固有的现象,是经济活动的重要组成部分。劳动地域分工的不断发展,促使流通、交换领域的不断扩大,加速商品经济的不断发展,进而推动社会劳动生产率的不断提高和社会经济的不断进步。劳动地域分工在人类社会经济生活中,占据着十分重要的地位,因此,进行劳动地域分工规律和理论的探讨,对国民经济建设和我国社会主义市场经济的发展,有着重要的理论意义与实践意义。

四、劳动地域分工是推动社会生产力向前发展的强大杠杆

如前所述,在人类社会经济(产业)活动中,提高社会生产力的途径是多方面的,而劳动地域分工则是其中的一个重要方面。

在前资本主义社会,自给自足的自然经济占主导地位,劳动部门分工和劳动地域分工都不发达,各个地域几乎都生产相同产品,即使生产不同产品,主要也是为了满足当地的需要,而地域之间的经济联系很薄弱,生

产力水平较为低下。到了资本主义时期，由于部门分工的大发展和地域分工的不断深化，部门专业化和地域专门化已成为社会经济的普遍现象，各个地区都可以充分发挥自己的优势，集中生产一种或几种产品，以其产品与其他地区交换。由于择优地进行分工，使生产向优势区位集中，因此可以最大限度地节约社会劳动时间，成倍地提高社会劳动生产率。例如，自然经济的家庭手工业与现代纺织中心的纺织业相比，后者的劳动生产率比前者高出上万倍。恩格斯（1972）曾指出："分工、水利、特别是蒸汽机的利用、机器的应用，这就是从18世纪中叶起用来摇撼旧世纪基础的三个伟大杠杆。"

分工与生产发展的关系是：生产要求分工，生产必须分工，分工又必然推动生产的发展，生产的发展又要求新的分工，即沿着生产→分工→生产发展→进一步分工→生产再发展的模式，不断向前发展下去。分工的发展水平必然反映在生产力的发展水平上。因此，马克思、恩格斯在《费尔巴哈》一文中谈到："一个民族的生产力发展水平最明显地表现在该民族分工的发展程度上。任何新的生产力，只要它不仅仅是表现在生产力量的扩大（例如，开垦新的土地），都会引起分工的进一步发展。"

五、劳动地域分工是世界经济一体化形成发展的动力

分工与联系是人类经济（产业）活动过程中的一对矛盾统一体。世界上如果没有分工，当然也就谈不到联系。有了部门分工，才有部门间的联系，有了地域分工，才有地域间的联系。劳动地域分工是不同层次、不同内容的部门分工在地域上的表现。分工越细，地域分工的形式越复杂，分工程度越高，地域分工的规模越大、水平越高。回顾世界各国各地区的经济发展过程，在劳动地域分工规律的作用下，在前资本主义后期，首先是在一国之内，形成"小地方市场之网"（列宁，1984），进而在资本主义上升时期，形成国内市场体系、城市体系、经济区体系，也就是国内分工体系。随着部门分工与地域分工伸向世界各个角落，便形成了世界市场体

系和全球的国际分工体系，并形成了错综复杂的世界经济地域系统。世界经济已经成为一个整体，各国经济只有在与世界广泛联系中，才能求得发展。

六、劳动地域分工的新形式与新特点

第二次世界大战以后，随着新科技革命的不断深入发展，部门分工与地域分工均不断地向纵深方向发展，出现了许多新形式，形成了许多新特点，主要表现在以下几方面：

部门分工越分越细，同时，综合集成趋势也在发展。部门分工不断深化主要表现在产业链不断延伸，形成了诸多的新部门，非物质生产部门，尤其是现代服务业，分工发展速度加快，形成了许多新兴产业部门。综合集成趋势，如制造业诸多零部件生产可以依靠电子与数控技术，使许多零部件由单独生产集中到一个工序，减少了生产与分工环节。随着电子通信技术的发展，新兴的现代物流业集物质生产与非物质生产领域于一体，实现多部门的联系与集成。

地域分工出现了许多新的地域组织形式，并具有许多新特点。跨国公司是新形势下出现的新事物，对国际地域分工与跨国公司总部所在国家的地域分工均有深远的影响。区域集团化的新发展，以欧洲联盟（以下简称欧盟）与东南亚国家联盟（以下简称东盟）的迅速发展最为典型。随着信息技术的发展和信息流动与产业的结合，网络地域系统将会成为经济地域系统中新的地域组织形式。

第三节　劳动地域分工的经济地理内涵

劳动地域分工不仅仅是马克思主义经典作家所揭示的整个人类社会，尤其是资本主义社会的重要社会经济现象，也不只是如古典经济学家和新古典经济学家所阐明的，是国内贸易和国际贸易的重要理论，它更揭示了当代产业分布、经济网络结构和经济地域系统形成发展的客观规律性，包含着十分丰富的经济地理内涵，并成为区域经济地理学的理论基础。

劳动地域分工有着自己的形成发展机制与客观规律性，一般可以表述为：劳动地域分工的形成发展机制是社会生产力，当今主要是科技创新；劳动地域分工形成发展的前提是各地区自然、经济、社会诸条件的差异；劳动地域分工的最终目的是获取更大的经济、社会、生态效益。分工的主要物质内容是产业、产业部门结构和产业空间结构；劳动地域分工形成的纽带和动力机制是经济地域运动（关于经济地域运动理论在第四章专门述及），劳动地域分工的表现形式是经济地域与经济地域系统。有关劳动地域分工的经济地理内涵可用图3-3进行表述。

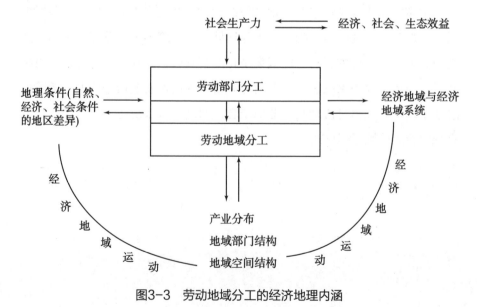

图3-3　劳动地域分工的经济地理内涵

一、劳动地域分工的原动力

关于劳动地域分工与社会生产力的关系前已述及，概括起来可以认为：社会生产力是劳动地域分工形成发展的根本动力；而劳动地域分工又反作用于社会生产力，两者相互联系、互为作用，共同促进社会经济的发展。而劳动地域分工的动因及其追求的目标，则是获取最大的经济社会效益与生态效益。

但是，在不同的社会经济形态条件下，劳动地域分工形成发展的动力机制和利益取向是不同的，见表3-1。

表3-1　不同的社会经济形态条件下劳动地域分工形成发展的动力机制和利益取向

社会经济形态		生产力发展阶段	分工形式	分工的利益取向
原始社会	氏族社会	渔猎、采集经济、火的发明	自然分工	为了维持最低生活
	氏族社会末期	向农业社会过渡，铜器的应用	三次社会大分工	通过部落间的交换实现最低生活需要
农业社会		铁器的应用，农业、手工业与工场手工业的发展	手工业与工场手工业的分工，形成初级的地域分工	通过商品贸易获取经济利益
工业社会	第一次科学技术革命（产业革命）	蒸汽机的应用，大机器生产、煤铁时代	工业部门的大分工，现代工业城市广泛出现，地域专门化的发展	通过大分工获取最大的工业利润
	第二次科学技术革命	电力的应用，石油与有色金属的应用，现代农业开发	众多新工业部门出现，农业分工的发展，国内市场的形成，国际分工的发展	全面获取产业（一、二、三产业）的经济效益
	第三次科学技术革命	核能与电子计算机的应用，石油时代	部门分工的细化与国际化，网络经济，国内与国际分工深化与世界经济一体化	追求规模经济效益，开始重视生态环境效益和社会效益
知识经济阶段		新能源与新材料，知识时代	世界新的分工格局	实现经济、社会、生态效益的三者统一

通过表3-1可以看到，人类社会分工的动力是生产力，其中最为主要的是发明与科技创新。在资本主义社会以前的人类社会发展的上百万年的过程中，由于生产工具变革十分缓慢和停滞不前，分工发展十分缓慢。火的发明改变了人类的生活条件，但对生产条件改善甚微。铜的应用初步改变了农业和手工业条件。铁器的应用是农业社会生产力发展的基础，在漫长的农业社会中，由于没有其他重大的技术创新，农业社会生产力长期停滞不前。蒸汽机的发明，电力的应用，核能的应用，由此而来的大机器生产和电子计算机的应用及交通运输工具的不断变革，使近300年的工业社会发生了天翻地覆的变化，从而实现了部门与地域的大分工。到了知识经济社会，这种分工还会以新的形式向前推进。

在生产力的带动下，人类社会的分工，不断地由简单到复杂，由低级到高级，分工的利益取向不断扩大，最后实现经济、社会、生态的协调发展。

二、关于部门分工

部门分工是社会分工的基础，也是劳动地域分工的基础，资源的开发和地理环境的变化与部门分工的发展状况直接相关。

回顾人类的发展史，就是一部部门分工的历史，从自然分工到三次社会大分工，进而到产业革命之后的部门大分化，直至形成当今世界错综复杂、五花八门的部门分工系统。

能源动力的变革、生产工具和交通工具的变革是部门分工的原动力，科技和生产力发展及其推动部门分工的发展状况，可见表3-2。

表3-2　科技革命与部门大分工

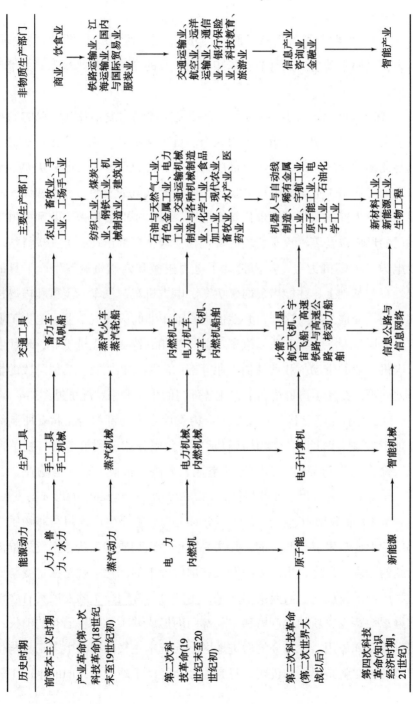

历史时期	能源动力	生产工具	交通工具	主要生产部门	非物质生产部门
前资本主义时期	人力、畜力、水力	手工工具、手工机械	畜力车、风帆船	农业、畜牧业、手工业、工场手工业	商业、饮食业
产业革命(第一次科技革命)(18世纪末至19世纪初)	蒸汽动力	蒸汽机械	蒸汽火车、蒸汽轮船	纺织工业、煤炭工业、钢铁工业、机械制造业、建筑业	铁路运输业、江海运输业、国内与国际贸易业、服装业
第二次科技革命(19世纪末至20世纪初)	电力、内燃机	电力机械、内燃机械	内燃机车、电力机车、汽车、飞机、内燃机与船舶	石油与天然气工业、电力工业、有色金属工业、交通运输机械制造业、食品加工业、化学工业、现代农业、畜牧业、水产业、医药业	交通运输业、航空业、运输业、银行业、旅游业、远洋运输业、通信业、保险业、科技教育业
第三次科技革命(第二次世界大战以后)	原子能	电子计算机	火箭、卫星、航天飞船、宇宙飞船、高速铁路、核动力船舶	机器人与自动线制造、稀有金属工业、宇航工业、原子能、电子工业、石油化学工业	信息产业、咨询业、金融业
第四次科技革命(知识经济时期，21世纪)	新能源	智能机械	信息公路与信息网络	新材料工业、新能源工业、生物工程	智能产业

表3-2充分说明：

（1）发明与科技创新是部门大分工的根本动力。能源动力变革是推动力，进而带动生产工具的变革和交通工具的变革，在此基础上，带动了部门分工。

（2）部门分工的内容与水平直接受能源动力变革及其状况的制约。如前资本主义时期，能源动力为人力、兽力和水力，除生产工具和交通工具与此相适应外，其主要生产部门为农业、畜牧业、手工业和主要以水力带动的工场手工业。第一次科技革命则以蒸汽机的发明与利用和煤铁的大规模开发为标志，带动了现代纺织工业、煤炭工业、钢铁工业和机械工业部门的形成以及蒸汽火车、轮船等现代交通工具的出现。第二次科技革命以电力、内燃机为主，从而带动了电力机械和内燃机械等生产工具的出现。在此基础上，才能出现内燃机车、电力机车、汽车、飞机和内燃机船舶等现代交通工具。这样，必然促进石油工业与天然气工业、电力工业、有色金属工业、化学工业、汽车工业、船舶制造业、飞机工业、现代农业（农机工业的带动）和食品加工业等部门的形成和发展。其他阶段的情况与此同理，在此不再赘述。工农业各部门的生产联系状况可见图3-4。

（3）第三产业状况直接受生产力发展水平与部门分工状况所制约。如前资本主义时期，只能形成商业与饮食服务业。到第二次科技革命时期，众多新生产部门必然促进航空业、公路运输业、远洋运输业、通信业、旅游业、金融保险业和科技教育等新的第三产业部门的形成与发展。

（4）能源动力、生产工具、交通工具、主要生产部门与非物质生产部门的形成与发展是渐进的，几次科技革命则是质的飞跃，把发展推向一个新的阶段。总之，生产力的发展和部门分工的深化，就是在量变与质变过程中向前发展的。需要指出的是，生产力与部门分工的发展具有叠加式和继承性特点，新的生产力和主要部门的形成并不意味着已有的消失，而是继续发挥作用。在当今的后进地区，前资本主义时期的生产工具与生产部门的存在就是很好的说明。只有在社会经济不断发展，旧的生产工具可能被逐渐淘汰的时候，老的生产部门才会不断地用新技术进行武装，并改变其面貌。

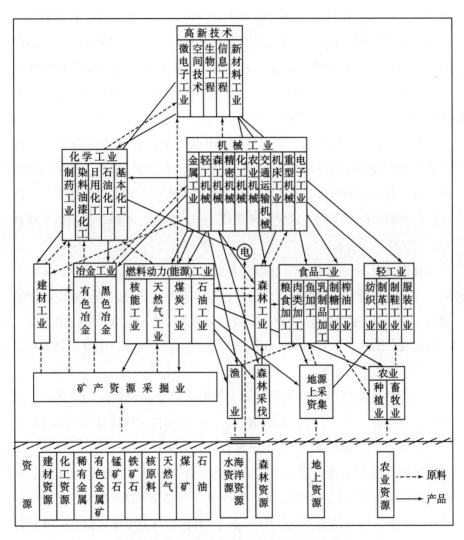

图3-4 工农业各部门的生产联系状况略图

三、地理条件与社会分工

地理条件包括自然条件、经济条件和社会条件，即社会分工的地理环境和资源环境。地理条件差异是社会分工（包括部门分工和地域分工）形成发展的基础。社会分工与地理条件两者同属社会历史范畴，是一个动态概念。如前所述，社会分工的水平和内容随着生产力的不断发展而不断提高和复杂化，而生产力的不断发展和部门分工的不断深化（新部门的不断形成），对地理条件又不断地提出新的要求，许多新的资源陆续投入到社会分工中去，地理条件（包括资源条件与地理环境）也在不断地被改变着。

在原始氏族社会末期，当人类社会由自然分工进入社会分工阶段，自然条件的地域差异则是早期地域分工的自然物质基础。那时，由于原始氏族部落各自所处的地理条件不同，有的以牧业为主，有的以农业为主，因而各自的剩余产品不同。这样，才实现了不同地域、不同产品的早期地域分工与交换。

在农业社会，社会分工的地理条件，主要是农业自然条件，其中土地、气候与水资源是地域分工的主要条件。此外，还投入了区际商品交换的铜、铁、金、盐等矿产资源。原始的交通条件和一定数量的人口条件，也为地域分工提供了前提。农业社会对自然环境的破坏，主要来自毁林开荒及其造成的水土流失。

工业社会是部门大分工和资源大开发的社会。以蒸汽动力变革为代表的产业革命，带动了煤、铁资源的广泛开发和棉花种植业与养羊业的发展；由于工业城市雨后春笋般的发展，带动了建材原料的开发。以电力和内燃机的广泛应用为代表的第二次科技革命，带动了石油、天然气、铜矿、铝矿和化工原料的开采，煤、铁、森林资源等的进一步开发。以原子能和计算机为代表的第三次科技革命，把有色和稀有金属矿的开采推到首要地位；由于经济的快速发展，上述工业资源的开采也有增无减，农业用地也在不断扩大。工业大发展和资源的过量开发，造成了全球性的环境、城市与资源问题。

第四次科技革命以信息技术革命为标志，将改变工业社会的生产方式，信息产业将成为首要的产业，新能源、新材料、生物工程与海洋工程等将会形成新的重要产业部门。

总之，人类进入工业社会以后，由于社会分工和商品经济的发展，工业资源对社会分工的影响不断扩大，而每次科技革命都使一些新的矿产资源投入到劳动地域分工中去。位置与交通信息条件，人口与劳动力条件，尤其是高素质的劳动力以及经济条件与社会条件等，对社会分工的影响日益增强，而自然资源的影响作用将会不断减弱并具有新特点。

社会分工不是一个纯抽象的经济学概念，而是一个与地理条件紧密结合，包含丰富地理内涵的、动态的物质实体。地理条件与社会分工的关系见表3-3。

表3-3　地理条件与社会分工的关系

历史时期		自然资源投入种类与程度	其他地理条件的作用	对地理环境的影响
原始社会	原始氏族社会	自然生活资源	人类群体的作用	
	原始氏族社会末期	农业土地与草原的作用	人口数量与低级劳动力	
农业社会		土地、水利的重大作用，铁、铜、金、盐的初步开发	农业劳动力的数量	森林砍伐与水土流失
工业社会	产业革命（第一次科技革命）	煤、铁资源的大量开发，土地大量开发	熟练的工业劳动力、区位条件的作用不断加强	局部的空气与水污染
	第二次科技革命	石油、天然气、有色金属、化工原料、森林资源的大量开发	区位条件、劳动力素质的作用不断增强	空气与水污染、农业生态条件在恶化
	第三次科技革命	在上述工业资源进一步开发的基础上，石油、天然气的大量开发，稀有金属开发	经济因素与社会因素作用不断加大，管理人才日益重要	全球性环境问题，工业资源锐减，人口问题
知识经济时期		新能源、新材料、海洋资源开发	知识人才的作用不断增强	按可持续发展模式发展，全球环境将好转

四、关于劳动地域分工

劳动地域分工是劳动社会分工在地域上的体现，是劳动部门分工在地域上的落实。地域分工与部门分工紧密相连，互为影响，但两者的发展过程则各有特点。在生产力的共同作用下，部门分工主要体现在产业部门的不断增多和部门联系的不断增强和日益密切上；而地域分工主要体现在地域专门化的不断加强，生产力的不断扩展和经济地域联系的不断密切与日益深化上。

1．前资本主义的地域分工

早期的地域分工是从原始氏族社会末期开始的，由于各部落所处的自然条件不同，位于森林地区的部落采集的野果有了相对剩余，临近河流、湖沼地区的部落猎获的鱼类有了剩余，地处草原地区的部落猎获的野生动物也有了剩余。这样，就在三者之间产生了原始的产品交换和地域分工（图3-5），从而为三次社会大分工提供了基础和条件。

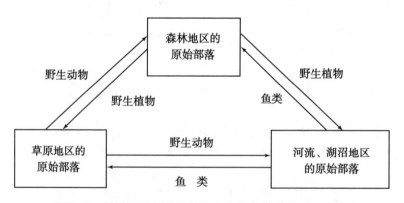

图3-5 早期原始部落间的产品交换和地域分工示意图

在奴隶社会时期，已经出现了农业、畜牧业和手工业三大部门和早期的城市。这一时期地域分工的特点主要体现在农业地区、牧业地区和手工业所在的城市三者之间的分工与地区交换方面，也反映在各地方（行省）向中央纳贡的地域分工关系上，这些贡品主要是手工业品。

封建社会是典型的农业社会，是一个以自然经济为主的自给自足的封闭的社会经济。由于很少实现技术创新和生产力的变革，其部门分工与地域分工进展十分缓慢。虽然早已出现了农业、畜牧业和手工业三大部门，但是后两者基本上依附于农业。手工业虽然早已分工为众多部门，但是向工场手工业过渡十分缓慢。由于封建社会的基本细胞为个体农户，一家一户为一个生产单位，男耕女织，绝大多数产品维持着人们低水平的自给自足生活；商品交换不发达，只有铁制农具、食盐等生产生活必需品才是广泛交换的商品。

封建社会的地域分工不发达。各个地域几乎都是由经济内容相同、封闭的经济单元所组成。各个单元主要是由城镇或乡镇、手工业作坊及其周围的广大农村所组成，各个单元之间很少有分工与联系。正如列宁所说的，封建社会是由众多的、内容相同的经济单元组成的，形成了众多的小地方市场之网。封建社会地域分工与地域联系状况如图3-6所示。

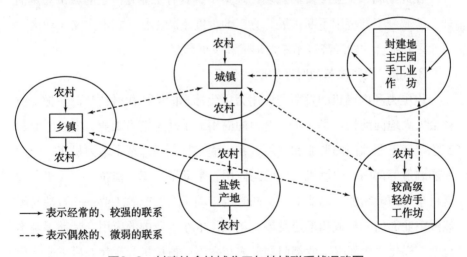

　　——→　表示经常的、较强的联系

　　----→　表示偶然的、微弱的联系

图3-6　封建社会地域分工与地域联系状况略图

2.产业革命（第一次科技革命）时期的地域分工

产业革命最早是由纺织机的变革引起的，蒸汽机的发明与应用和广泛应用大机器生产，开创了人类经济史的一个新时代。由于近代纺织工业、煤炭工业、钢铁工业、机器制造业、蒸汽火车与蒸汽轮船等部门以及近代工业城市的出现，从而把地域分工推向一个新阶段。这一阶段劳动地域分工的基本形态可参见图3-7。

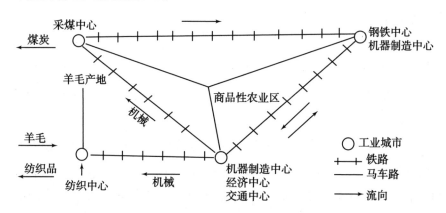

图3-7　产业革命时期劳动地域分工的基本形态示意图

在此期间，工业主要向煤炭产地集中，具有工业专门化的城市大量涌现。地域分工的范围不断扩展，分工的程度不断深化，资本主义工业区、农业区和综合性的经济区不断地形成和发展起来。

3．第二次科技革命时期的地域分工

以电力和内燃机的发明与应用为主要标志的第二次科技革命，把工业社会大大地向前推进了一步。电力的应用，带动了电力工业、电机工业和有色金属工业部门的形成和发展；在运输工具方面出现了电力机车、电力船舶制造等部门。内燃机的发明与应用，带动了汽车、拖拉机、飞机、内燃机车与内燃船舶等制造部门，同时也带动了新的能源工业——石油与天然气工业部门的形成和迅速发展。化工技术在工业中的应用，带动了基本化学、煤化学等新兴工业部门的形成与发展。拖拉机等现代农机工业、化肥工业和石油动力燃料则使农业实现了革命。

在上述部门分工的基础上，这一阶段地域分工的主要特点是：工业进一步向电力中心、资源产地和交通条件优越的地区集中，工业集聚是主要趋势，商品性农业发展很快，农业地域专门化迅速推进；综合性经济区发展很快，经济区系统在一些国家开始形成，由于地域分工的深入发展，在

一些特大城市及其周围地域开始出现城市群，如图3-8所示，特大城市与周围地域之间已经形成经济有机体。

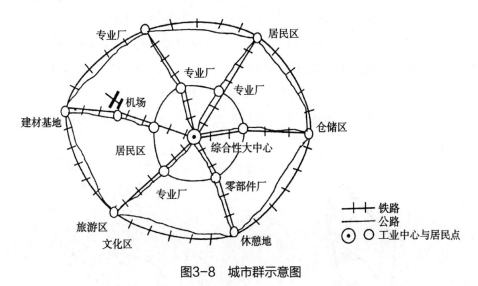

图3-8　城市群示意图

4．第三次科技革命时期的地域分工

以原子能和电子计算机的发明和应用为标志的第三次科技革命，带动了原子能工业、宇航工业、计算机、生产自动线、机器人、电子工业以及合成（树脂、塑料、纤维）化学工业等新兴工业部门的形成与发展。以信息产业为代表的，具有高技术含量的第三产业发展方兴未艾，从而把地域分工又推向一个新的阶段。

这一时期地域分工的主要特点有：

（1）在已有的能源动力基地与非能源动力基地之间、原材料基地与非材料基地之间和产品加工区与消费区之间的分工的基础上，半成品与零部件的地域分工发展十分迅速。尤其是高技术产业上游部门与下游部门在分布上的分工更为突出。这样，就进一步加强了世界经济联系，推动了世界经济一体化进程。

（2）跨国公司的出现和发展推进了国际地域分工的发展。跨国公司之间及其内部的地域分工加强了，在推动世界经济一体化方面，发挥着重要的作用。

（3）信息技术参与人类的经济活动，使地域分工呈网络化发展趋势，缩短了经济空间的距离，形成了网络结构的地域分工模式。

（4）第二次世界大战后，由于工业化和城市化进程的加速和高速铁路、高速公路和高速大型船舶的出现，在劳动地域分工组织形式方面，除经济区、城市群等进一步发展外，又出现了经济地带、城市地带和多国合作开发区（在西欧、北欧、东南亚与东北亚）等新的地域组织形式，见图3-9和图3-10。

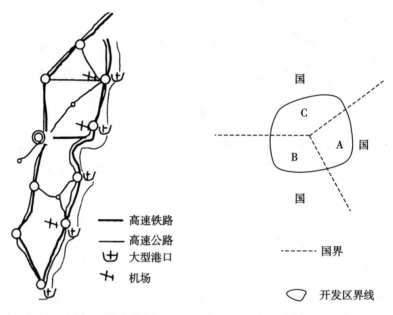

图3-9 经济地带示意图　　图3-10 多国合作开发区示意图
（城市地带包括在经济地带内）

在当今世界上，已经存在经济区系统、经济地带系统、城市地域系统、规划区系统和地缘经济地域系统在内的世界经济地域复合巨系统。

现将生产力的发展与劳动地域分工变化的关系概括列表如下（表3-4）。

表3-4 生产力的发展与劳动地域分工变化的关系

年代	生产力的变革	社会发展阶段	利用自然与开发资源程度	生产部分分工	地域分工与联系	生产分布与地区差异
距今200万～300万年到公元前3000年	石器（旧石器、新石器）；弓箭的发明；制陶部分出现；金属工具后期出现	原始社会	依赖原始自然条件；火的发现与利用	按性别、年龄的分工，符猎、捕鱼和采集发展始农业；第一次社会大分工——畜牧业同农业分离；第二次社会大分工——手工业同农业、畜牧业分离	在各部落的接触点上出现了小范围带有偶然性的产品与商品交换和初级的不稳定的地域分工	人类主要分布于旧大陆的热带、亚热带与温带地区，后扩散到各洲；地区生产内容受原始自然条件所限
亚洲、非洲公元前3000年后，欧洲公元前800～前600年后	铜器、铁器相继广泛使用；铁犁与铁斧时代	奴隶社会	大地使用奴隶制造的一系列伟大工程；灌溉系统的建造与发展；近海航海术的发展；铜、锡、铁等矿的开采与冶炼	第三次社会大分工——商业同手工业分离；农业的内部分工加强，手工业出现工艺专业化	地域间的分工和商品交换有所发展；在手工业、商业及防御中心形成早期城市；以古罗马为中心的地中海区域的经济联系较频繁	形成世界文明发源地：两河流域的古巴比伦、爱琴海地区、尼罗河流域的古埃及、印度河流域及中国黄河中下游；拉丁美洲形成三大古文明中心；古希腊、古罗马的手工业、商业、航海业均较发达；城市发展较快
亚洲、非洲公元前500年后，欧洲公元之5世纪之后	冶铁、纺织技术的改进；铁制农具、纺车广泛采用；役畜在农业中普遍使用，开始使用风车、水车	封建社会	农田水利事业的发展；对铁、金、银、铜的开采冶炼，对河、湖、海洋在航运上的利用程度有所提高	农业为主，且手工业紧密结合，以自给自足的自然经济为基础，但进展迟缓有发展，但进展迟缓	商品生产发展，地域经济联系加强，国内市场开始形成；在手工业和商业发展的基础上，城市有了进一步发展，但东西方城市功能特点各异；陆上"丝绸之路"的开辟，东西方贸易不断加强，丝绸、瓷器、金、银、盐、铁、茶叶、香料、药材以及其他贵重手工业品等为商品交换的主要内容	经济比较发达的地区有：中近东、南亚、东北欧、西北欧、中美洲及南美洲西北部；在亚洲、欧洲、非洲形成一批较大的中央集权国家；中国是封建经济发展水平最高的国家，四大发明对世界有着重大贡献

61

续表

年代	生产力的变革	社会发展阶段	利用自然与开发资源程度	生产部分分工	地域分工与联系	生产分布与地区差异
15世纪末至18世纪下半叶	以手工劳动为基础，实行分工协作的工场手工业普遍建立并向前发展；以水力为动力带动工场机械；以畜力为引力，用木炭炼铁	资本主义社会（资本原始积累阶段）	作坊与工场手工业对水力的利用；为资本积累加速开采金银矿；远洋航海事业和探险活动有很大发展	工场手工业内部及企业之间的分工与协作不断发展；商品性农业的产生	地理大发现使新、旧大陆连成一整体，扩大了经济联系的内容与范围，世界市场以掠夺金、白银为主，从事奴隶贸易；西欧主要国家对外殖民，美洲及南非洲两地区人口地理发生重大变化；世界主要航线由地中海移向北大西洋，主要贸易中心向里斯本、塞维尔、安特卫普、阿姆斯特丹、伦敦转移	地理大发现；西班牙、葡萄牙对拉美的殖民统治；荷兰的殖民掠夺；英国和法国对世界的争夺；英国资产阶级革命；典型的资本原始积累过程，开始形成资本主义的农业区域；西欧主要国家（英国、法国、荷兰等）资本主义经济发展较快
18世纪下半叶至19世纪70年代	纺织工具的一系列发明与改革，并组成成套的机器体系，成为产业革命的起点；以蒸汽机为动力，并广泛采用，进行大机器生产，第一次科技革命；蒸汽机车及蒸汽轮船的发明与应用；冶金业中用焦煤取代木炭	资本主义社会（产业革命，第一次科技革命）	煤、铁广泛应用于工业；铁路和蒸汽机车对陆上自然条件的征服；蒸汽轮船开辟了远洋航线	出现了现代工业：形成纺织、煤炭、冶金、机械及其他轻工业等部门；企业内部分工与联系不断加强；资本主义农业与农业门类化不断发展，仍以轻工业为主	世界上形成了少数宗主国和广大的殖民地；亚洲、非洲、拉丁美洲地区成为欧美工业中心区轻工业原料、农副产品的销售市场，生产地和工矿产品的销售市场；世界市场逐渐扩大，并最终形成；欧美工业国与亚、非、拉间国际分工开始形成，并初步发展	工场手工业被大机器生产的工厂制所代替，工业生产分布突破水力局限由分散趋向集中；现代工业城市的产生与发展，城市人口迅速增加；英国变成了"世界工厂"，英国对印度的掠夺，法国、美国、德国、俄罗斯、日本相继完成产业革命，主要国家资本主义经济的迅速形成

续表

年代	生产力的变革	社会发展阶段	利用自然与开发资源程度	生产部门分工	地域分工与联系	生产分布与地区差异
19世纪70年代至20世纪40年代	发电机和电动机出现，以电力为动力广泛进行现代化工业生产；第二次科技革命出现；新炼钢法出现；化学在工业中广为应用；农业普遍采用畜力牵引农具，开始使用化肥、拖拉机及施用化肥；农业耕作方法的改革	资本主义社会 社会主义社会	煤、铁资源的开采规模迅速扩大，石油、化工原料等有色金属应用于工业；由于大型舰船、汽车、电子内燃机车、飞机等的使用，人类征服自然的能力显著增强	形成一系列新的工业部门：电力、电器、化学、石油、有色金属开采与加工、汽车与飞机制造等；在主要工业国家中、重工业占主导地位铁路建设的热潮	资本主义已囊括全世界，最终形成统一的无所不包的世界市场和世界经济；国际分工不断扩大与加深；资本主义国家建立；帝国主义是世界工业品产地、半殖民地沦为帝国主义的原料地、销售市场和法国资本积累等的集中地，商品形成，单一经济的形成；英国和法国等国主宰世界，帝国主义列强对世界的领土瓜分与再瓜分非洲，帝国主义列强对世界的领土瓜分与再瓜分；俄国十月社会主义革命破坏帝国主义体系；两次世界大战削弱了帝国主义实力	德国煤化学工业及美国电力与石油工业的迅速发展，美国、德国赶上并超过英国；资本主义是世界工业地带——西欧两个工业地带区——美国西部，加拿大、澳大利亚、新西兰，阿根廷等地资本主义农业的迅速发展
20世纪50年代以后	以原子能、电子计算机、生物工程和空间技术应用为主要标志的第三次科技革命；电力仍为主要动力，石油、天然气、煤炭为主要能源，煤炭作用仍很重要；控制与自动化技术开始广泛应用；信息科技革命	资本主义社会 社会主义社会	对石油、天然气、有色金属和稀有金属矿以及新能源的广泛大力开采与应用；开发海洋、北极、南，进入太空	形成一批新兴工业部门：原子能、电子计算机、半导体、高分子合成、激光、航天、海洋工业等；石油采掘、石油及石油化学工业发展迅速，工业生产向大型化、联合化、集约化方向发展；农业生产向现代化、科学化方向发展；主要工业国家职业结构的新变化；城市人口比重的进一步增加	国际分工进入空间扩大和深化阶段；跨国公司的出现与发展；超级大国与发达国家及发达国家之间的经济联系密切、复杂；它们之间分争竞争激烈，对发达国家相互资源所的斗争日益激烈，对发达国家原料、燃料依赖更加严重；"经济共同体"发展成为"欧洲联盟"；世界经济"经互会"的建立；欧盟；世界区域经济集团化趋势加强；超级大国间经济差距扩大，发展中国家仍处于不平等地位；世界性及地区性的经济合作组织不断出现；在世界范围内，已经形成经济区系统、城市地域系统、规划区系统和城市地缘经济地域系统在内的经济地域系统、网络地域系统正在形成	世界上形成两个经济政治上的超级大国（美国、原苏联）；日本、原联邦德国经济迅速发展，欧洲、加拿大、澳大利亚、新西兰等经济发达地区，亚非拉发展中国家、多样化的发展趋势；世界四大工业带：北美、西欧、日本以及原东欧，工业生产分布的进一步集中，向有所加强；主要工业国家的进一步集中，工农业地域差异不断缩小，城乡、世界政治原苏联解体，世界格局发生变化，经济格局发生变化

第四节　劳动地域分工理论与现代区域经济地理学科

一、区域经济地理学科理论发展概述

任何科学所探讨的规律、理论和所研究的对象都不是一成不变的，而是随着社会经济的发展和人们认识能力的不断提高以及科技水平的不断进展，而不断地发展变化着，区域经济地理学也是如此。

回顾区域经济地理学科的发展历史，早期的原始地理描述和地方志都以周围的地理环境为描述对象，主要是从事庞杂的地理记载与描述工作，还谈不上探讨规律和理论问题。

进入到近代地理学阶段，地理学才成为一门科学，开始探讨人类所居住的地球的各个区域地理环境千差万别的原因。陆续形成了人地关系论、地域分异论和区域综合论等区域地理理论。这些理论的核心是探讨用人地之间的相互因果关系解释各个地区差异的原因。

18世纪下半叶，作为地理学重要分支的经济地理学已经诞生。它主要是研究生产分布、产业优势区位选择和地区生产发展条件等问题。因此，生产（产业）分布（配置、布局）理论、区位理论和人地关系理论等，不仅成为经济地理学的重要理论，而且也是当时区域经济地理学的重要理论。

第二次世界大战以后，地理学发展已经进入现代地理学阶段。由于生产力的迅猛发展、商品经济遍及世界和社会分工的急剧深化以及经济一体化进程的加快，全世界范围庞杂的经济地域系统正在形成和发展。经济地域与经济地域系统已经成为世界各国各地区社会经济的重要表现形式，与此相应的区域开发问题已提到了重要日程。在这样的社会经济条件下，经济地域与经济地域系统才成为区域经济地理学的研究对象，因此，制约其形成发展的劳动地域分工与经济地域运动规律和理论，就成为区域经济地理学科所探讨的基本规律和基础理论了。区域经济地理学科的理论发展状况如表3-5所示。

表3-5 区域经济地理学科的理论发展状况

学科发展阶段		学科研究对象	学科探讨的主要理论
早期地理描述阶段		记载与描述人类居住周围的地理环境	还未形成理论
近代地理学	一般地理学	研究人类活动与地理环境关系	人地关系论
	经济地理学	研究人类经济活动与地理环境关系	人地相关论
		研究生产分布（布局、配置）	生产分布（布局、配置）论
		产业区位选择	区位论
现代地理学	现代经济地理学	研究产业分布与经济地域系统	产业分布与地域分工论
	人文地理学	研究人文地域系统	人地关系论
	自然地理学	研究自然地域系统	自然地域分异论
	区域经济地理学	研究经济地域系统	地域分工论与经济地域运动论

劳动地域分工理论不只是区域经济地理学学科的理论基础，而且也是区际贸易与国际贸易的重要理论。但是，两个学科还是有区别的，前者主要研究劳动地域分工的内在规律及其表现形式，而后者则研究劳动地域分工的外部关系。

二、劳动地域分工理论是现代区域经济地理学科的理论主线

（1）劳动地域分工理论深刻地揭示了生产力的发展及其地域不断扩展的客观规律性，为区域经济地理学的发展提供了理论基础。区域经济地理学是一门研究生产力的学科，它侧重于研究生产力的分布、地域扩展与地域组织及其演变规律。而劳动地域分工理论则以能源动力、生产工具和运输工具的变革为主线，阐述人类利用资源、开发资源的历程，部门分工与部门分布的规律和地域分工与经济地域及其系统形成发展的客观性，从而为区域经济地理研究，包括对经济地域及其系统的条件机制、结构功能、构造类型和系统调控等的研究，提供了全部理论支撑。无论对宏观地域的分析和微观地域的研究，乃至对条件、部门、部门结构、网络结构和区域关系的分析，都离不开劳动地域分工理论的指导，否则，就不能把问

题解释清楚，也不能高屋建瓴地分析与解决问题。

（2）劳动地域分工理论是对已有的区域地理和区域经济地理理论的新的发展与概括。在区域地理和区域经济地理发展过程中，人地相关论、人地关系论、地域分异论、生产分布（布局）论和区位论等理论，都发挥了重要作用并各具特色，在现代地理学的发展过程中，也还将发挥其应有的作用。如人地关系理论是整个地理学科的指导性理论，当然也影响区域经济地理学科。区位理论对区域经济地理学科有重要的指导意义。但是，就现代区域经济地理学基础理论而言，劳动地域分工理论则比上述理论要高出一筹，它能够深刻地揭示经济地域与经济地域系统中的人地关系，能够科学地阐述人类经济活动地域分异的根本原因，能够全面阐述宏观产业布局和宏观区位发展变化的客观规律性。总之，劳动地域分工理论以生产力为一条主线，以资源与环境作为分工条件，以产业部门及其分工为基础，以地域结构与类型为主要着眼点，以区域关系与系统调控为主要实践领域，用理论统帅全局。这样，必将把经济地理（包括区域经济地理）的研究向前推进一步。

（3）劳动地域分工理论是区域经济地理学的认识论，也是其方法论。当今世界经济已经形成错综复杂的部门系统和地域系统，每一个企业和部门，每一个具体的地域都是巨系统中的一小部分，并与系统紧密相连。因此，对一个具体问题的分析，必须要用系统的观点和分工的观点，才能把问题认识透彻。研究方法离不开基础理论与认识论的指导，只有拥有正确的理论与认识，才会有为该学科服务的正确的方法论。

第四章　经济地域运动理论

第一节　概　　述

一、经济地域运动的内涵

分工与联系是客观事物存在的一个矛盾统一体，联系都是通过运动来实现的。这是哲学的基本原理，也是经济事物所遵循的重要规律。区域经济地理学所研究的对象——经济地域与经济地域系统，是劳动地域分工的结果，也是经济地域运动的结晶。劳动地域分工与经济地域运动是区域经济地理事物形成发展的两个相互联系的内在规律。地域分工与地域联系是通过地域运动来实现的，因此，经济地域运动现象与经济地域运动规律和理论是区域经济地理学科所遵循的又一主要规律和主要基础理论。

董锁成（1994）在《经济地域运动论》一书中，首次提出经济地域运动的概念。他指出："经济地域运动是指经济地域系统的成分（物质成分与非物质成分）、结构（部门结构与空间结构）、功能规模（经济实力与地域范围）、等级（经济发展水平和空间结构演变的层次）性质等在不可逆时间序列中有机的空间演变过程。"这一定义基本反映了经济地域运动的基本内涵和经济地域运动的基本轨迹。

以下是对经济地域运动内涵的概括与说明：

（1）经济地域运动与劳动地域分工是区域经济地理学的两个互为联系的基础理论，是经济地域与经济地域系统形成发展的根本原因和内在机制。

（2）劳动地域分工理论是从分工的角度阐述经济地域系统形成发展的客观规律性；而经济地域运动则是从地域运动的角度阐述经济地域与经济地域系统形成发展的客观规律性。也可以说，前者从纵向上，后者从横向上揭示了经济地域及其系统的时空变化的内在规律性。

（3）经济地域运动一词，首先是指经济的地域运动，其次是指经济地域的地域运动。前者所谈的经济的地域运动，内容十分广泛，包括经济运行的基础要素，地域运动的载体与轨迹，物质流动与组合，企业与部门组合，地域运动与空间结构等。后者指经济地域的整体运动，地域之间的物质运动，地域的分化与组合和地域系统的整体运动等。

总之，经济地域运动是指人类经济活动遵循一定轨迹，频繁地进行地域流动传输与组合的过程。

关于经济地域运动的基本内涵，可用图4-1进行表述。

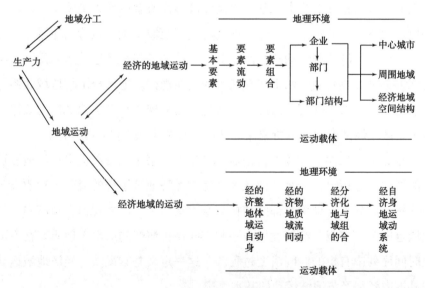

图4-1　经济地域运动的基本内涵示意图

通过图4-1可以看到：

（1）经济地域运动既包括要素的流动组合，也包括经济地域整体运动及其分化与组合，但其最基础的，还是从要素的流动开始，它贯穿于经济地域运动的始终。

（2）经济地域运动自始至终都受地理环境（包括自然、经济、社会人文环境）和运动载体（交通、通信与信息条件）的直接制约。

（3）经济地域运动过程，始终处于螺旋式上升态势。正因如此，才使运动的内容、载体、形式与地域组合形态，不断地由低级走向高级，从简单走向复杂，乃至形成今天这样错综复杂的经济地域系统的局面。

二、经济地域运动的基本要素

经济地域运动的基本要素是指人类社会经济活动所必需的物质要素，直接参与经济运行，促进社会经济发展。

前资本主义社会经济地域运动的基本要素主要是土地、人口与劳动力和简单的生产资料与生活资料，以及简单的交通运输线路与交通工具。

经历三次科技革命，人类进入当今世界，其经济地域运动的基本要素不只是种类增多了，而且其质量也大大提高了，其要素流动的载体复杂多样且快速便捷。

目前，经济地域运动的基本要素应包括基础要素（各种土地与建筑物）、人口与劳动力、生产资料与生活资料、资金、科技、信息与管理和文化观念等。其中，基础要素是不能流动的，但可以增值；其他要素均可以流动。

1．基础要素

基础要素包括土地与建筑物。土地包括农业用地、森林与林业用地、牧业用地、养殖水面、城市用地、矿业用地、工业用地和交通用地等。土地是经济地域运动的基础，人类的产业活动都须在土地上（包括一些水面）进行，通过诸要素的地域流动组合，有的土地上产业密集，有的则产业稀疏，形成不同价值和级差地租的局面（图4-2）。

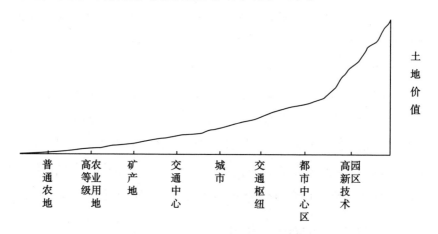

图4-2　土地在经济地域运动中的作用示意图

通过图4-2可以说明，土地虽然不能移动，但通过物质要素地域流动所形成的各种经济（产业）形式，随着其产业的不断密集，其所承载的土地价值也不断增值。

建筑物是不动产，其使用价值受可流动要素的组合状况所制约，房地产开发与价值的不断攀升则是强有力的说明。

2．人口与劳动力要素

人口是人类经济活动的主体，是生产力最活跃的因素，人口既体现经济活动的源头（生产），又体现其活动的结束（消费）。即经济活动由人进行，经济活动的最终目的还是为了人自身的消费。

在经济地域运动过程中，人口与劳动力也是最活跃的主导因素。人的流动，带动区域开发、区域成长与区域消费。人口劳动力集科技、观念、素质于一身，其流动不只体现在一般人口与劳动力的流动上，也体现在科学技术、文化、观念和人口素质与管理经验的流动方面上。

体现不同职业和水平的劳动力，在流动组合形成企业、部门或城市等过程中，起到劳动力、科技人才和管理人才的作用，随着科技要素在区域发展中作用的日益突出，人才的流入与流出对区域经济的影响日益加大。

3．生产资料与生活资料要素

生产资料要素与生活资料要素是经济地域运动中物质流动量最大的两个要素。生产资料体现在生产这一侧面，包括生产工具、设备、能源、原材料、生产资料产品以及农业中的种子、农机具、肥料和种畜等。生产资料的地域流动与组合是社会生产力发展的基本要素。工业企业只有靠设备、能源和原料才能维持正常的生产活动，农业需要依靠农机具、肥料等从事农业活动。

生活资料也是大宗物流，主要是为满足人类多方面的需要与消费。生活资料主要包括粮食、肉蛋奶、蔬菜与水果、衣物与鞋类、其他轻工电子产品、燃料、电力，以及文化娱乐产品等，总之，是为满足人类衣、食、住、行、娱等各方面需要的产品。生活资料在经济地域运动中，尤其为了达到人类的消费目的，而发挥着重要作用。

总之，生产资料与生活资料是经济地域运动中流动量最大的要素，也是构成人类经济生活的物质基础。

4．资金要素

人类的经济活动离不开资金，它是人类经济活动的保证条件。资金要素在人类社会经济生活中的作用与日俱增。农业社会土地与劳动力条件作用突出，资金要素数量有限，作用不大。到了工业社会，资金需求量迅速增加，其作用日益提到首要地位，发展高新技术产业更需要庞大的资金支撑。发达国家资金剩余，急需输出资金，使其增值，发展中国家为了进行经济建设，急需资金，需要国外投资。近些年来资金流动速度明显加快，成为左右世界经济的重要力量。东南亚金融危机和2008年的世界金融危机是资金流动负面作用的体现，直接影响世界经济。

在未来知识经济时代，资金将与科技一样，在经济地域运动中起主导作用。

5．科技要素

"科学技术是第一生产力"，在工业化后期和未来的知识经济时代体现得更为明显。科技要素的作用随时间的推移不断增强，在目前的经济地域运动中，科技要素代表社会经济的发展方向，成为区域创新的首要力量。

科技要素具有自己的特点，科技首先是与人的素质、文化水平联系在一起，科技体现在人才上；其次，体现在科技含量高的设备仪器上；最后，体现在科技信息方面。上述方面的流动均体现了科技要素的流动。人才的集聚、先进的生产设备和便达的科技信息则是区域创新的首要条件。科学技术在经济地域运动中的地位，反映在区域经济的发展速度与发展水平上。

6．信息与管理

信息与管理体现了新时代的特点，信息主要是通过计算机网络实现的。另外，还有许多其他通信手段。信息包括科技信息、商业信息、生产信息、流通信息、消费信息和金融信息等。这些信息都是由信息源流向信息需求地。信息流动十分快捷，它对产业、经济地域的成长起着重要的促进作用。

管理与信息和人才联系在一起，人才的流动与信息的流动反映管理经验的流动，管理水平的高低与经济活动质量的好坏呈正相关。

7．文化观念

文化观念受地理环境、民族状况和人的素质的直接影响。先进的文化观念和民族文化传统对区域经济影响很大；先进文化的流出对后进地区的开发起到带动促进作用，而后进文化观念对区域开发的阻碍与滞后作用不容低估。文化观念流动主要表现在人的流动和通信信息的传播上，文化交流与旅游活动的频繁则可加速文化观念的流动与交融。文化观念的不断进步则是社会经济不断发展和经济地域系统不断高级化的重要前提。

基本要素与经济地域运动的关系如图4-3所示。

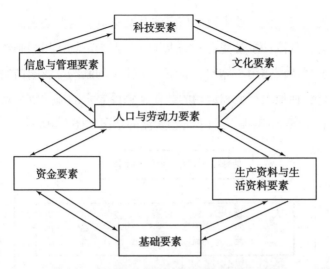

图4-3 基本要素与经济地域运动的关系图

通过图4-3可以看到，不流动的基础要素是诸流动要素地域组合的载体，地域流动的最为主要的内容是人口与劳动力、资金和生产资料与生活资料；科技、文化、信息与管理则通过人口与劳动力而参与经济地域运动，而人口劳动力则体现了运动主体的作用。

第二节 要素流动及其地域组合

单项的、静止的要素不能构成产业，要素只有经过流动并与其他要素组合才能形成产业并创造价值。

一、要素流

在经济地域运动中，基本要素可以概括为几个要素流，即人流、物质流、能源流、资金流、技术流、信息流和文化流。这些要素流均按一定轨迹进行流动，其流动主要受有效需求拉动，即受市场作用的制约，同时，也受政府宏观调控作用（体制、政策、法律）的制约。影响诸物质要素流动的因素，包括地理环境和运动的载体，物质要素的流动组合均要落实在具体土地上。在经济地域运动中，要素流的状况如图4-4所示。

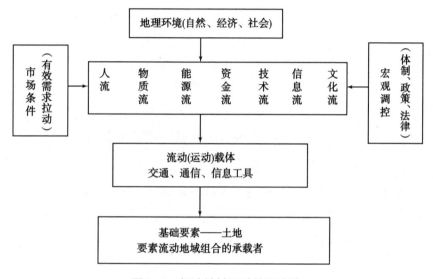

图4-4　经济地域运动的要素流

二、要素流动轨迹

人类活动的经济地域运动的内容、范围、程度是不断复杂、扩展与深化的。

在原始社会，地域流动的主要物质内容是原始生活资料，它实现了部落之间简单的产品交换，其运动的载体是人本身（肩扛、人挑），受自然条件的严格限制，人类活动的地域范围极其狭小。

自原始社会后期至封建社会后期，农业、手工业、城镇与商业是其社会经济的主要内容。地域流动的主要内容仍以生活资料为主，少量的农业生产工具、贵金属和奢侈品在一定地域范围内流动。畜力、车、船乃至

74

人力本身成为地域流动的载体，地域流动的范围比以前扩大了。地域流动的主要形式：一是农民和简单农具与土地的结合并从事家庭手工业，其经济活动的范围则在农户周围；二是游牧民族与广阔草原的结合，逐水草而生，其活动范围较前者要广阔；三是农民与手工业作坊和城市商业的结合，以获取必要的生产工具与手工业品，由于经济条件和交通条件限制，这种活动是有限的；四是少数商人乃至传教士的活动地域范围较广，成为传播文化、传授技术、推销产品的主要力量；五是战争成为人口大规模迁移的重要力量，对宗教文化的传播和生产方式的变化影响很大。这一时期，自然条件对经济地域运动的阻碍还是很大的。

工场手工业在人类经济史上开辟了水力时代。工场以水为动力，用水路运送原料和产品，工场分布在河流两岸，水路与近海成为运输的主要通道。经济地域运动的范围更加扩大了。

产业革命开辟了蒸汽动力时代，使经济地域运动的物质内容、载体和运动方式都发生很大变化。这一时期，经济地域运动轨迹的特点是：①蒸汽火车的出现带动了煤铁工业的发展，铁路修筑热潮带动了人口大规模迁移和新区开发以及诸多工业城市的出现；②蒸汽轮船的出现推动了远洋航运，促进了向新大陆移民高潮的形成，为工业国提供了棉花、羊毛与粮食生产基地；③诸要素流迅速向城镇流动，促进了工业的发展和人口的不断集中。

第二次科技革命进一步加快了经济地域运动的速度，主要是由电力和内燃机动力使地域内容增加和运动载体速度加快造成的。具体表现在：石油与有色金属的大规模开发带动了许多新的工业部门的形成与发展；工业开发的广度和深度都增强了，形成了一批企业，并使企业规模不断扩大；诸要素进一步向城镇、新的工矿开发区与农业开发区集中；出现了城市群、大的能源基地、原材料基地和农业基地。

第二次世界大战后，以原子能与电子信息应用为代表的第三次科技革命把经济地域运动推进到一个新阶段。

1．经济地域运动的内容日趋复杂化与多样化

首先，能源、原材料、粮食与矿建材料和木材等大宗物流，在数量上继续增加，流动更为频繁，仍不失其在物流中的基础作用。但是，技术含量高和高附加值的产品和零部件的流动更为频繁，质量不断提高，其产值增长十分迅速。

其次，金融资金的流动速度明显加快，其流动量大幅度增长，在世界经济和区域经济中发挥着主导作用。资金流动对发达国家和发展中国家都是非常需要的。

再次，科技、信息与管理经验的流动速度加快，其作用明显增强。技术更新、知识更新的速度明显加快，信息网络促进了其传播速度。它们已成为经济地域运动和区域发展的创新力量。文化观念的流动具有不可低估的作用。

最后，人口在地域流动中的作用明显增强。人口集科技、信息、管理经验和文化观念于一体。世界范围的旅游也加速了人的流动。人口的流动即生产力的流动，尤其人才流动，对各国经济影响很大。

2．经济地域运动的载体更加多样化

除传统的载体（各种运输工具包括管线）以外，网络传输在地域运动中的作用日益突出，主要体现在非物质要素在地域流动和经济地域系统形成发展中的作用明显增强。

人的载体作用增强了，如前所述，人的流动不只是生产者和消费者的移动，更主要的则是知识的流动和信息的流动。

3．要素流动地域组合形式的新特点

第二次世界大战以后，由于科技革命和社会经济的迅速发展，要素流动速度的不断加快，全世界已经形成十分复杂的经济地域巨系统。

就世界范围来看，已经形成经济地带系统、经济区系统、城市地域系统。城市地带与城市群迅速发展，产业集聚与人口集聚都在加强，与此同时，分散化也在发展。

　　地缘经济地域系统与网络地域系统是世界经济地域系统的新发展与新事物。以前，虽然也存在零星的跨国经贸区，但是，现在已形成一个世界地域系统，大的如欧盟与东盟，小的如两国之间的地缘经济区。网络地域系统还处在形成发展过程中，许多内容有待深入研究。

　　跨国公司与物流系统是经济地域运动的新形式，把物质生产领域与非物质生产领域集合于一体，进行全世界范围的资金、技术、信息、管理与设备流动，成为推动世界经济一体化的一股重要力量。

　　要素流动地域组合形式的发展过程见表4-1与图4-5。

表4-1　要素流动地域组合形成的发展过程

生产力发展阶段	地域运动主要内容	运动载体	地域运动主要组合形式
原始氏族社会	自然生活资源	人自身	部落交换型
原始氏族社会后期至封建社会后期	土地 劳动力 农具 手工业产品	木船 木轮车 畜力 人自身	农业自给型 小地方市场
封建社会后期工场手工业阶段	土地与工场手工业作坊 农业劳动力与手工业工人 铁、盐与手工业	大帆船 大车 畜力	水域工业
产业革命，蒸汽机时代	熟练工人 土地与厂房 煤、铁、棉花及其制品	铁路火车 蒸汽轮船 大车	煤铁结合型 轻纺工业型 综合工业中心型
第二次科技革命，内燃机与电力时代	熟练工人 各种能源、原材料 多种工业产品	内燃机车 内燃船舶 汽车、飞机 电力	联合企业型 城市群 工业类型：资源型、加工型
第三次科技革命，原子能、计算机时代	高素质的人才和劳动力、资金 大宗能源 原材料、高技术的零部件与工业产品、科技、信息、管理	高速公路 高速铁路 飞机 信息通信网络	临海型 临空型 公路铁路枢纽型 跨国公司型 科技园区型 地缘经济区 城市经济带

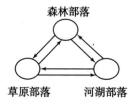

部落交换型

农业自给型

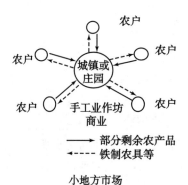

小地方市场

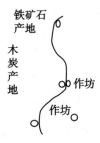

水域工业

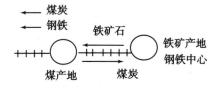

煤铁结合型

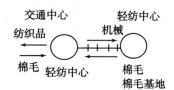

轻纺工业型

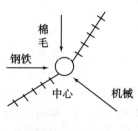

综合工业中心型

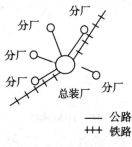

联合企业型

图4-5 经济地域组合图（1）

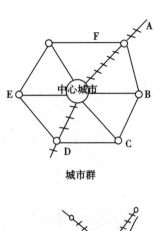

城市群

资源型

利用区内资源 → 加工 → 输出　能源原材料

加工型

输入 → 能源原材料 → 加工 → 输出加工品

工业类型

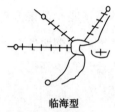

临海型

高新产业

服务业

临空型

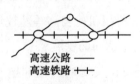

高速公路 ——
高速铁路 ╫

交通枢纽型

G国　A国
F国　研究开发公司
B国
E国　总装厂
C国
公司总部

D国　跨国公司型

高校群
⇕
科技园区
⇕
科研机构

科技园区型

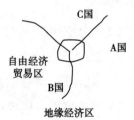

C国
A国
自由经济
贸易区
B国

地缘经济区

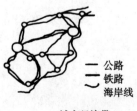

公路
铁路
海岸线

城市经济带

图4-5　经济地域组合图（2）

三、要素地域组合形式

1．地域组合形式的发展变化

要素流动是一个过程，某种要素只有与其他要素结合或到达消费者手中，才能形成产业或实现产业的目的。

要素地域组合的形式，随着生产力的不断发展由简单到复杂，类型多种多样。

2．地域组合的新形式与新特点

（1）随着科技革命的不断深入和生产力的迅速发展，要素流动速度的不断加快，其流动组合反映出许多新的特点：其一，非物质要素的流动速度明显加快；其二，物质要素与非物质要素的组合出现了新形式，如高技术园区、现代物流园区、跨国公司和循环经济园区等。

（2）高技术园区代表世界各国各地区科学技术新的发展方向，如美国的硅谷、我国的中关村。它将高新技术研发、科研机构与高等院校集聚于一体，相互密切联系，互为促进，推动生产力迅速向前发展。

（3）现代物流园区以通信信息产业为龙头，集交通运输、电子商务、中介、仓储、销售和加工包装等于一体，对区域经济的发展将起到越来越大的作用。

（4）跨国公司形成时间较早，还在不断地向前发展，既包括生产型，也包括非物质生产型，如商贸、科技等。其地域组织形式如总部、研发、生产、组装等，均随着经济、社会利益的变化而变化。

（5）产业集群一词应用广泛，而循环经济园区则是新形势下的新的产业集聚，其核心是在一定地域范围内不断延伸产业链，实现对资源产品的加工与深加工，最终做到零排放、零污染，实现循环经济。

第三节 经济地域运动的影响与制约因素

一、影响因素

（1）生产力是经济地域运动的总动力。生产力的发展与经济地域运动密切相连。有了早期的生产力的初步发展，才出现早期的分工与经济地域运动；随着生产力的发展，分工与地域运动的水平不断提高且日益复杂化。而分工与地域运动的发展反过来又促进生产力水平的不断提高。

（2）地域间的自然、社会、经济条件的差异以及由此而导致的地域分工，是产生经济地域运动的直接原因。

没有地区差异以及由此而导致的以产品和商品交换为前提的地域分工，就不可能产生生产力诸要素的地域流动，即经济地域运动。分工越深入，地域间的流动越频繁，流动的力度也就越大。

（3）区域引力与排斥力（即极化与扩散）是产生经济地域运动的具体原因。经济地域运动就是在两种力量的作用下产生的，并不断地向前发展。

（4）经济利益是经济地域运动的驱动力，如生产成本、运费和利润等，但是，随着社会经济的进一步发展，社会效益和生态效益将成为经济地域运动追求的重要目标。

二、制约与障碍因素

经济地域运动是按一定规律向前发展的，但在运行过程中要受许多因素的制约与阻碍。

1. 自然条件的阻碍

人类的社会经济活动与区域间的交往，从一开始就受到自然条件的严重阻碍，这种阻碍随着科技革命不断深入，能源动力、生产工具和交通工具的不断变革而不断被征服。但是，到目前为止，在经济地域运动中，自然条件的障碍仍然明显地存在着，主要表现在：

（1）影响地域运动的内容。大的能源基地、原材料基地、林业基地和粮食基地等，对世界大宗物流的流量、流向等有着重要影响；自然资源的地域组合状况直接影响要素流动组合形式，如资源型地域物流的状况与加工型地域的物流状况是迥然不同的。

（2）自然条件影响运动载体的种类和力度。例如，陆地和水域其交通运输工具的种类不同，平原与山区载体的运动速度与力度均不同，山地或沙漠地区流动的阻力是很大的。

2．生产力发展水平的影响与阻碍

生产力发展水平低的地域，其物质流动的内容往往是低层次的，多为初级产品和低层次的劳动力；发达地区地域运动的主要物质内容则是高水平、高质量的，如高附加值的机械与零部件、高素质的人才和劳动力、高频率科技信息流动等。由于生产力发展水平的限制，高水平的物质流流向后进地区往往受到阻碍，主要是由于后进地区还不具备接受高科技设备、先进管理人才和先进科技信息的经济基础和条件。因此，在不同的生产力发展水平的地域之间的物质流动将是一个渐进的过程，除个别有条件的地区有可能跳跃式的流动外，一般的将受生产力发展水平的限制。

3．流动载体的阻碍

载体是地域运动的保证，载体的状况与地域物质流状况呈正相关。有些地域资源十分丰富，但由于交通条件落后而得不到开发；有的是产品很丰富，但运不出去。由于交通、通信、信息条件落后，直接阻碍物质流动，严重影响区域开发。载体条件落后直接增加运输成本，使产品缺乏竞争力。

4．行政区划的限制

行政区划的限制主要反映在国界、区界、省界的限制，往往通过关税或其他限制的法规反映出来，从而阻挠一些人流、物流、技术流的正常流通，直接影响区域经济的正常发展。如我国的"诸侯经济"设置各种障碍，阻挠区际交流，即是一例。

5．体制、政策、法律等阻挠正常的物质流动

出于政治目的，一些发达国家严格限制高科技产品出口，从而阻碍了科技信息的全球流动。

第四节　经济地域运动规律

一、非均衡运动是经济地域运动的总规律

（1）纵观世界各国各地区的经济发展史和当今世界经济的发展态势，不平衡发展（非均衡发展）是其总态势和总规律。

奴隶社会的古埃及、古希腊和古罗马等强大的国家，以及封建社会强大的中央集权的中国，在各自的发展过程中都逐渐衰落下来，被一些后起的资本主义国家所超过；而在资本主义发展过程中，英国、德国、日本、美国的国力强盛度排名不断更替，充分说明世界经济始终是沿着不平衡规律向前发展的。

就一国的情况而言也是如此。例如，美国首先从东北部13个州开始发展，进而向西推进和向南发展；俄罗斯经济从其欧洲地域的中北部发端，不断地向南和向东推进；日本的太平洋沿岸地区（表日本）与日本海沿岸地区（里日本）存在明显的经济差距；我国的东、中、西三大经济地带也存在明显的经济差距等，都充分说明了经济地域运动不平衡（非均衡）的规律是客观存在的。

（2）经济地域运动的不平衡性主要是由自然条件、经济条件、社会

条件和技术条件的地域差异所造成的。自然、社会、经济、技术等条件梯度，导致了诸要素的流动，并促进各要素向条件好的地区流动。

自然条件是经济地域运动的自然物质基础和空间场所，自然条件有好有差，自然资源的赋存状况有优有劣，因此，要素的流动主要是向自然条件和资源赋存丰富的地区集聚。

经济条件是经济地域运动的经济基础，反映了生产力发展水平，主要包括基础设施状况、交通、通信、信息状况和已有的经济基础等。经济条件的差异集中反映在国内生产总值和人均收入的差别上。由于经济条件的差异产生物质的地域流动，一些物质要素总是向经济条件好的地区流动。

技术条件是生产力中最活跃的部分，技术创新是区域发展的动力源。技术状况在地区空间分布是不平衡的，它总是由技术源向外不断扩散，用技术流带动物质流、人流与信息流。

社会条件是经济地域运动的社会基础，国际环境优越和社会稳定以及社会文化开放的地域，也必然是诸物质要素流入的地区。

总之，只要有上述四者的区域差异就必然有要素的流动与组合，即产生经济地域运动，这种过程永无止息，推动着社会经济不断地向前发展。

（3）非均衡的经济地域运动的总规律是通过一些具体规律而表现出来。主要有集中与分散规律、梯度推移规律、区域整体演进规律和经济地域一体化规律等。对这些规律的认识与把握，有利于我们正确认识经济地域及其系统形成发展的客观规律性，并为我们自觉地参与区域开发活动提供科学依据。

二、集中与分散规律

集中与分散是经济地域运动中的基本规律，人类的经济活动始终沿着产业的不断集中与不断分散（扩散）的过程向前发展，使产业不断升级，使区域内容不断复杂化。

1．集中、集聚、极化三词基本是同义语，分散、扩散二者的意思大

致一样

集中与分散是一对矛盾统一体。在经济地域运动中，其所以产生集中与分散现象，是由离心力和向心力相互作用的结果。当一个地区有便捷的交通条件，或有动力中心，或有一个现代企业，如果要素向其集中，可减少成本（工资、运费、其他费用），增加产出和增加收入，在这种情况下，向心力则起主要作用。在这种力的作用下，经济运动与经济要素的运动则以集中为主导方向，产生集聚效应（亦称极化效应）。相反，在一定地域内，当离心力大于向心力时，经济运动与经济要素的运动就会以向外扩散作为其主导方向并产生扩散效应。集聚效应使一个城市或一个地域经济实力增强，集聚过程达到一定规模时，扩散过程则起主导作用；扩散效应则扩展经济地域范围，缩小地区差距，带动后进地域的发展。如此循环反复，推动经济地域运动不断地向前发展。

2．集中与分散的地域运动形式多种多样

首先，分析集中的运动形式：集中多以不同等级的城市为据点，尤其是以中心城市为核心，各种要素流通过各种载体向城市集聚，从而使城市的经济实力不断增强，地域范围不断扩大。高度集聚的核心城市也称为增长极。在一个比较后进的地区，如果处在地理环境有利和位置、交通信息条件优越的地方，通过政策导向和人们的培育，大力吸引人流、物流、资金流，培育新的经济增长点，也会发展成为区域经济发展的核心和支撑点，人们称之为新的增长极。在一个较大的地域范围内，也有集中与集聚现象，如一个地区经济基础较好，基础设施完备，地理位置优越，具有较好的资源环境，那么，它就可以从国内外吸引资金，从外区吸引劳动力和人才，吸引物流、能源流、科技信息流，从而迅速促进地区经济发展并不断地扩大地域范围。例如，我国东部沿海一些地方，尤其是上海和深圳地区，已成为我国经济发展的增长极。

分散即扩散的地域运动形式也多种多样。首先是沿着主要轴线扩散，也是扩散效果最好的运动形式，很快又形成集聚效果，因此，又称之为点轴集聚。

其次，扩散沿着各种交通线路来进行，其扩散形式如前人所提到的，有墨渍扩散（大城市的向外扩张）、等级扩散、跳跃扩散和随机扩散等形式。由于经济地域的扩散运动，使一些核心城市及其周围地域形成城市群，在一些城市连绵带形成城市经济带等。

最后，面上的扩散。在核心城市扩散、轴线扩散的基础上，则在一个区域里形成网络载体。在其作用下，使要素流动达到对全地域范围的覆盖，从而实现面上扩散。这样的扩散，只有在发达地域才能实现。

三、梯度推移规律

梯度推移是经济地域运动的另一规律，也是地域非均衡运动和集中与分散运动的另一表现形式，是区域经济发展不断推进的规律性认识和理论概括。

前已述及，世界各国各地区的经济发展都由点到面、不断铺开，从地域上不断向前推进。之所以如此，主要是由地理梯度、经济梯度和技术梯度所造成的。

地理梯度主要通过地理位置的远近和地理条件的好坏反映出来，如位置的临海、近海、内陆或沿江等所反映出的梯度和平原、高原、山地等所反映出的地貌梯度。我国的三大地形单元即为地理梯度的实例。人类的经济活动总是首先选择条件最好的地区，进而再向其他地区延伸。

经济梯度是经济发展水平的梯度差异，主要通过生产力发展水平和产业结构层次的高低而反映出来。例如，一国依据地理梯度条件，通过要素流动的集聚扩散作用，形成生产力水平与产业结构的高、中、低的经济梯度。我国所形成的东、中、西三个地带即是经济梯度的具体表现。

技术梯度反映科技水平的地区差异，是由科技源区与科技需求区之间形成的梯度。地理梯度与经济梯度最终反映在技术梯度上，表现在科技水平含量的高、中、低的档次上。

这种梯度也是遵循集中与分散的规律向前发展，首先是诸要素向第一梯度层次地域集聚，集聚到一定程度和规模时，则向第二、第三层次扩散和推移，形成技术推移的过程。

四、经济地域整体演进规律

把经济地域作为一个整体进行分析，其自身也有运动规律，主要有要素流动演替规律、产业结构不断高级化规律和区域发展阶段演进规律等。

1．要素流动演替规律

任何经济地域的发展都是要素地域流动与组合的结果，即诸条件、要素共同作用于经济地域。从经济地域形成发展过程进行分析，多数经济地域是从基础要素起步，依靠当地的自然资源和普通劳动力首先发展起来，进而，熟练的劳动力、资金要素与交通条件在区域发展中起主导作用。区域进一步发展，资金、科技、人才起着主导作用。到了区域发展的更高阶段，科技要素将成为主导因素。其演替的规律可以概括为：自然资源与基础要素（土地、能源、原材料）和一般劳动力→资金、熟练劳动力和区位与交通条件→资金、科技、人才→科技等这样一种发展模式。

2．产业结构不断高级化规律

经济地域的主要内容是产业结构。区域的产业结构有其自身的发展规律，与上述的要素流演替规律相配合，一般说来，在区域发展初期所形成的往往是低层次的资源型产业结构，属于资源型与劳动密集型产业，随着当地资源的逐渐枯竭和产业的发展，区域经济逐渐变成资源-加工混合型产业结构，此时加工工业有了进一步发展，已经发展成为劳动与资金密集型产业。区域经济进一步发展，由于资源枯竭和产业升级，其产业将发展成为加工型结构。

加工型经济地域的情况复杂，也有层次之分。除由资源型逐渐发展成加工型的地域外，有些地域是在没有工业资源的条件下，主要依靠较好的位置和交通条件而发展起来。初级的加工型经济地域是劳动、资金密集型产业，进而则发展成为资金、技术密集型，最后则发展成为技术、人才密集型高级的产业结构模式。产业结构发展的模式如图4-6所示。

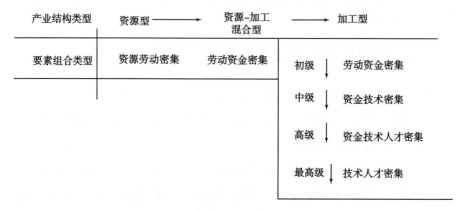

图4-6　产业结构发展的模式示意图

3. 区域发展阶段演进规律

经济地域是一个有机体，有其自身形成、发展与衰退过程，在不同的发展阶段，经济地域运动在速度、方向、形式和内容等方面均有不同表现。经济学家提出的"S"形曲线、倒"U"形理论和区域经济发展阶段理论，都说明了区域发展阶段的规律。

就一般情况而言，一个经济地域的发展初期，由于原有经济基础弱，要素流动处于一种缓慢状态，但总体看，经济还在持续增长，为区域的快速发展做好准备。

快速发展阶段：经过初始阶段，在基础设施建设、产业基础和劳动力等方面，已做好了准备。在此基础上各种要素流活跃，要素流集聚对周围地域引力加大，经济地域进入极化发展阶段，经济实力迅速增强，与外区的差距拉大，区域走向迅速发展阶段。

稳定发展阶段：由于区域已经具有相当实力，要素流动仍然处于活跃状态，经济地域开始进入极化后期阶段，经济地域的离心力开始大于向心力，虽然区域仍处在稳定发展过程，但是发展速度已减慢，周围地区经济开始发展起来，区域间的差距开始缩小。

慢速发展与衰落阶段：这时的区域经济已走入扩散阶段，由于要素的流动，在区域以外已经形成一些经济增长中心，对要素流动形成吸引力，对本区域发展构成威胁。这一阶段的经济地域，如果没有新的科技投入并使区域创新再持续下去，区域必将走向衰退过程。

经济地域的发展过程实质上是科技不断投入的过程，即区域创新的过程。区域经济发展到一个新的阶段，都不是量的简单累加，而是新技术的不断投入，新产品的不断开发，由于产业结构的升级，而使区域经济发生质的变化。如果一个经济地域长时期缺乏科技投入和设备的技术更新，则必将走向经济的停滞和衰退。

第二篇　经济地域

第五章　经济地域的基本特征

第一节　地理学的区域观

经济地域是地理学领域内的一种区域，因此，若想了解经济地域的真正内涵，首先需要明确地理学的区域观。

一、地理学对区域的理解

地理学是研究地球表层的科学，具体说是研究地球表层差异性与整体性的科学，而区域则是地球表层差异性与整体性最集中的体现。正如德国著名地理学家阿尔弗雷德·赫特纳所说："地理学的考察完全只能是区域的，正如历史学的考察只能是历史的，系统科学的考察只能是物的一样。只有当空间处于突出的地位并且构成科学考察的连接纽带时，地理的观点才会有决定意义，正如历史学要考察不同时代的特征一样，地理学则要考察各种不同的空间和地点的特征。"

但是，地理学对区域的认识，则是随时间的变化和科学的发展而不断发展变化的。

早期的原始地理描述，主要是对人类生活周围地域的无所不包的地理描述，其描述的界限只能是当时人类活动的范围或政治经济单元。

近代地理学诞生以后，长时期把区域看成是自然单元，认为任何区域都是土地、水圈、大气、动物、植物、人及其物质与精神文化的集合体。其统一性与整体性体现在诸自然要素组合的区域，其界限主要是自然界限。

进而产生的人文地理学，则把区域理解为人与自然的结合。"在每个区域里，几个世纪以来人与自然形成了一种密切的关系……每个区域都有它自己的土壤、大气、植物和人类方面表现出来的独特特征"（保尔·维达尔·德·拉·白兰士）。这种区域实质是人文区域。

随着产业革命和市场经济的发展，逐渐产生经济区域，经济地理学则把经济区域作为主要的研究内容。地理学对经济区域的认识，虽然仍以自然区域与人文区域为基础，但是区域的内容则以社会经济为主，区域的职能与作用则与上述区域有着很大的不同。

地理学认为区域是实实在在的物质内容，而且有明确的边界，虽然这些边界可能是过渡的或者较为模糊的，但却是客观存在的。为了研究的便捷性，人们往往用行政区划来取代区域界线，但是自然、人文与经济区域的界线都是客观存在的，各种区划则是人们对客观的各种区域的主观认识与划分。

二、地理区域的共同特征

区域是地理科学研究的核心，是地理学研究的着眼点，也是研究的落脚点和归宿。因此，没有区域的研究，也就没有地理学。地理学科所研究的区域，具备如下共同特征：

1. 系统性

任何区域都是地域系统的一部分，无论自然区域、人文区域或经济区域都是如此。地球是一个巨大的自然生态复杂系统，任何自然区域均属于这一复杂巨系统的一部分，只有在系统中研究，才能认识具体的自然区域。人文区域也是如此。由于地域分工与经济地域运动不断深化，全世界经济已经形成密不可分的统一整体，形成复杂的经济地域巨系统，任何经济地域都是这一巨系统的一部分。因此，只有在系统联系中研究经济区域，才能将一个区域研究清楚。

2．区域性

地理学所研究的区域都是实实在在的具体区域，不是虚拟的地理空间。每个区域的自然基础、人文基础与经济内容同其他地区是不一样的，即所处的地理环境不一样。虽然各个区域的发展有其共性规律，但是要认识区域，必须具体问题具体分析，共性赋存于个性之中。

其他学科的研究也可能涉及区域，但往往只是将其作为一个研究框架，在框架内填充其他内容，并不研究地理内容与地理问题。就此意义而言，可以认为区域性即是其地理性。

3．综合性

地理学所研究的内容，无论是自然的、人文的或是经济的，在一个区域里面的分布与组合都不是杂乱无序的，而是有规律可循的。各个要素都是相互联系，互为制约的。

自然区域内，地貌、气候、水文、土壤、植被和动植物等是相互联系、互为制约的，形成一个有机整体，构成一个自然区域。

在人文区域内，自然界与人类活动之间是相互联系的，形成一种错综复杂的关系。

任何一个经济区域，其地理环境、经济内容及其与外部区域之间，均形成密切的关系。部门之间、区域之间相互联系，密不可分，形成有机体和综合体。

总之，地理科学经历了漫长的发展过程，形成了自己的传统。在地域系统中认识具体区域，在诸要素相互联系、互为制约中研究区域，其重要目的是深入认识区域个性，并在复杂的个性中去探索总结区域的共性，从而形成有别于其他学科的地理思维能力，而地理思维的核心则是区域。

第二节 经济地域的基本内涵

经济地域是指人类经济活动与具体时空条件紧密结合而形成的相对完整的地理空间。它是区域经济地理学科的一个基本概念，也是认识区域和研究区域的根本出发点。在区域经济地理学科中所提到的经济地域或经济区域的含义基本是一致的，只是前者是泛义的经济地域，后者是具体的经济区域。

经济地域与人文地域和自然地域有着十分密切的联系，但是，三者就其各自所遵循的规律、包括的主要内容、物质运动的形式及其实践领域等方面，是有所区别的。经济地域主要研究人类经济活动领域的地域组织问题，主要遵循劳动地域分工规律和经济地域运动规律并直接为国民经济建设服务。人文地域是遵循人地关系规律而形成的地域，其主要功能是协调与解决人类社会经济活动与地理环境的关系。而自然地域则是遵循自然规律所形成的地域，主要是为自然条件与自然资源的合理开发、利用与保护服务的。

经济地域是指综合性的地域，充分体现了地域性、综合性和区域相对完整性的特点。显然经济地域不是指单项的部门经济地域，如工业地域、农业地域和交通运输网络等。在现实生活中，除了存在企业、单项的部门经济地域外，还存在着国民经济诸部门相互联系、紧密结合的综合性经济地域。在任何一个综合性的经济地域内，既分布有工业，也分布有农业、交通运输业和第三产业，还分布有中心城市和众多城镇，形成复杂的网络结构。这些产业部门和城镇在一定地域里，并非杂乱无章地分布，而是有规律地组合成相对完整的地域单元。

那么，区域与网络结构是什么关系？首先，两者关系十分密切并有机组合，区域以网络结构为主要内容，网络结构也必然落实在具体地域上，即使在当今和未来的信息化与知识经济时代，网络结构系统覆盖于全世界，也需要以区域特色表现出来。因此，只承认网络结构系统，忽视区域的存在，甚至否认区域界线的客观性，是片面的和不符合实际的；而研究区域，如不重视对网络结构的研究，那么，区域也就成为无本之木。总之，区域与网络结构之间是相辅相成和相互促进的关系。

经济地域是具有特定功能、结构和类型的经济有机体。任何经济地域在地域分工规律和经济地域运动规律的作用下，都要受诸地理条件的强烈影响，均有其自身的功能，主要表现为依据区域的优势和特点，不断深化分工与联系，以及整体增强区域的经济实力。任何经济地域都形成自己复杂的结构系统，其中，部门结构和空间结构成为更大范围的部门结构系统和空间结构系统的组成部分。经济地域与其他客观事物一样，均有其形成、发展、分化和组合等演进过程，任何一个经济地域如果不进行区域创新（不断的技术投入），就会走向衰退，乃至被其他经济地域所吞并。

经济地域不是孤立存在的，是在与其他经济地域相互联系与互为作用的过程中向前发展的。经济联系与地域运动是经济地域存在的形式。其相互联系与互为作用的纽带是交通、通信、信息和网络传输系统，其主要联系与流动的内容是物质流、能源流、人流、资金流、信息流、技术流和文化流等。通过经济联系与地域运动，把国民经济联结成为统一整体。

经济地域是经济地域系统的基本细胞，所有经济地域系统的各种地域组织形式都是由基本细胞分化组合而成的。当今世界已经形成包括经济区系统、经济地带系统、城市地域系统、规划区系统和地缘经济地域系统在内的错综复杂的复合地域系统。各种地域系统都有各自形成发展的机制和特点，其类型也很不一样。但是，各种经济地域系统最基层的地域组织均为经济地域。由于经济地域的类型不同，其地域组合的形式也不一样，上述诸种地域系统形成不同功能和特点的多层次地域系统。

经济地域是商品经济发展的产物，是劳动地域分工和经济地域运动的结果。前资本主义社会，由于生产力发展水平低和商品经济不发达，还不可能形成综合性的经济地域。在资本主义上升阶段，由于部门分工的迅猛发展，地域分工的不断深化，地域专门化的趋势不断增强，城市作为经济中心的作用不断加强，以及现代交通运输业的快速发展，促使商品经济更加活跃，部门间和地区间的经济联系不断加强。在这样的历史条件下，逐渐地形成了各种类型的综合性经济地域。

总之，经济地域是经济地域系统最基层的地域单元，是包括多种物质内容的综合性的经济地理空间，有自己的形成发展与运动规律，有自己的运行机制、结构功能和网络系统，并有明显的层次性和地域类型的多样性。

第三节　经济地域的组成要素

任何经济地域的形成与发展都离不开其赖以存在的条件和主要物质内容。

一、经济地域形成发展的条件

经济地域的形成发展离不开其赖以生存和发展的条件。犹如细胞和人体的成长离不开空气、水和营养物质一样，如果离开了条件，经济地域也就不复存在。

经济地域形成发展的条件，即经济地域形成发展的地理环境。那么，经济地域形成发展包括哪些条件？概括而言，包括自然、经济和社会人文三个方面。确切来说，包括自然条件与自然资源、人口与劳动力和科技条件、位置与交通信息条件、经济条件和社会条件五个方面。这五个条件共同作用于经济地域，缺一不可。任何经济地域的形成与发展都与该地域的具体条件即地理环境紧密相关，由于各个地域的具体条件及其组合特点不一样，必然会形成不同类型和特点的经济地域。经济地域与诸条件的关系见图5-1。

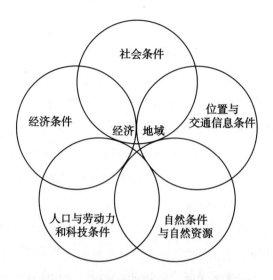

图5-1　经济地域与诸条件的关系图

　　自然条件与自然资源是经济地域形成发展的自然物质基础。任何经济地域的形成发展离不开自然条件与自然资源。在工业社会，一个地域内的工业、农业、交通运输业和第三产业都是直接、间接地在自然条件与自然资源的基础上形成发展起来的。有的区域完全是在当地资源基础上逐渐发展起来的；有的区域虽然利用区外的一些资源，但是归根结底离不开自然资源。自然资源与自然条件对产业部门种类、规模、形式，对区域的产业结构与空间结构，乃至区域的发展方向等，均有直接影响。到未来的知识经济时代，传统的自然资源在区域发展中的作用将明显减弱，而新能源与新材料的作用将会增强，尤其是自然条件对区域环境的作用将越来越大。

　　人口与劳动力和科技条件是经济地域形成发展的劳动力保障与动力源泉，也是区域消费的主体。任何一个经济地域，如果没有一定的人口和劳动力作保证，其经济是难以发展的。在当今世界，人口和劳动力的素质对区域产业结构的层次、水平及其经济效益均有十分重要的影响，它直接反映出区域的科技进步程度和经济发展水平。未来的知识经济时代，知识成为第一生产力，具有高科技能力的劳动力和管理人才，在区域发展中将起决定性作用。

位置与交通信息条件是经济地域形成发展的区位基础，同时也是区域发展的一种重要的社会经济资源。位置与交通信息条件优越的经济地域，即使资源短缺或严重短缺，也会成为发达的区域；相反，即使资源丰富，由于交通偏僻和运输困难，也难以开发利用。位置与交通信息条件对于促进区内与区际的劳动地域分工和加强地域间的要素流动，促进区域的快速发展，均具有十分重要的作用。位置与交通信息条件在未来的区域发展中，其作用将日益明显和重要。

经济条件是经济地域形成发展的经济基础，主要包括区域已有的经济基础和区域市场条件与金融条件。已有的经济基础反映区域经济发展现状与生产力发展水平，是区域经济进一步发展的基础。区域市场条件则是区域的地域分工条件，是发挥地区优势和发展商品经济的前提。金融条件对搞活区域经济，促进要素流动的作用越来越明显。经济条件是区域进一步开发的起跑点，经济条件优越的地域，其经济潜力大、发展速度快；否则，反之。

社会条件是经济地域形成发展的社会基础。社会条件包括管理体制、政策、计划、法律和国内外政治环境等。在当今社会经济发展的新时期，人类即将进入知识经济时代，社会条件对经济地域的影响日益增强，政府的干预、领导人的决策、公众的观念、地缘政治与地缘经济等，对经济地域发展方向、速度等的影响与日俱增。

区域投资环境是上述五个条件综合作用的反映，尤其是经济条件与社会条件的作用更为重要。

诸条件对经济地域影响并不是孤立地起作用，而是综合地共同作用于经济地域；同时，诸条件不是平均地作用于经济地域，而是依据不同经济地域的特点及其发展水平作用于经济地域。有的条件起主导作用，有的则起次要作用。由于区域的发展变化，影响区域的条件也在变化，主导条件可能变为次要条件，次要条件又可能变为主导条件。因此，各个经济地域由于所处的诸条件不同，尤其是诸条件地域组合的特点不同，其经济内容、产业结构特点和经济地域类型也各不相同。因此，对经济地域诸条件的研究，一定要具体问题具体分析。

二、经济地域的主要物质内容

经济地域不是一个抽象的概念，而是一个充满物质内容的经济实体。任何经济地域都是由工业、农业、交通运输业和第三产业诸多的企业和产业部门所组成，还包括中心城市、城镇与农村居民点及通信信息网络等，形成复杂的地域单元。在一个经济地域内，各项物质内容相互联系、互为制约，共同促进经济地域的发展。

工业是工业社会的主要产业部门，也是经济地域的主要物质部门和基本骨架。就此意义讲，没有现代工业，也就没有经济地域。经济地域是在形成现代工业之后，随着工业部门大分工并出现工业地域专门化之后而逐渐形成的。现代工业部门十分繁多，不可能每个经济地域都同样地发展所有工业部门，而是根据每个地域的具体条件，充分发挥各自优势，着重发展几个主要工业部门，重点发展一种或多种主要工业产品，以地域内现代工业的发展，促进农业、交通通信信息业和第三产业以及现代城镇的发展。经济地域的主要专门化部门往往多为工业部门，可见工业在经济地域中的骨干作用。工业也是城市的主要物质内容，许多现代城市都是在现代工业基础上形成和发展起来的，区域的主要专门化部门往往也是城市的主要专门化方向。在未来的知识经济时代，传统工业部门对区域的影响将逐渐减弱，高科技含量的新兴工业部门的作用将增强。

农业是国民经济的基础，也是经济地域的基础部门。任何经济地域的发展都离不开农业，有些现代工业是在农业发展的基础上形成并发展起来的，在少数地区虽然首先发展工业部门，但农业生产也将很快地发展起来。随着现代工业的发展，农业不断地用现代工业武装起来，不断地实现现代化。由于农业生产前和生产后的许多部门逐渐分离成为第二产业和第三产业部门，因此农业生产的范围在不断缩小。但是，农业在经济地域形成发展中的基础作用，仍然是十分明显的，是其他产业部门所不可替代的。即使到了知识经济时代，人们仍需要绿色食品和以天然作物为原料的服装，可见，农业仍不失为独立的物质生产部门。针对我国人多地少的国情和粮食作为战略物资在世界市场激烈竞争的实际情况，为了确保粮食安全，必须要重视农业发展。农业在经济地域中的作用主要表现为：满足区内城乡人民农副产品和食品的需要，并从事专门化生产以满足外区的需求；人口过多的区域通过发展劳动密集型农业可吸纳更多人口就业。

交通运输业和信息通信事业在实现劳动地域分工和实现区内外经济联系过程中，发挥着十分重要的作用。它是实现部门分工和地域分工的保证，也是进行经济联系的纽带和桥梁。在一个经济地域内，把国民经济诸部门联结成为以中心城市为核心的统一整体，主要依靠交通运输业把各个经济地域区别开来并实现各自的主要专门化。而把诸多经济地域紧密联系起来，更需要依靠交通运输业与通信信息产业的发展。一个经济地域的交通运输业状况与工农业和城镇的发展水平呈正相关并相互促进。经济地域的交通、通信信息网络密集，标志着经济的活跃和发达；否则，反之。交通、通信信息业通过各种线路和网、站、港、枢纽等，把城市与农村、工业与农业、区内与区际紧密地联系起来。因此，交通、通信信息产业是经济地域的网络与命脉。

第三产业又称服务业，是直接为工业、农业生产和人民的物质生活、经济生活和文化生活服务的。它在经济地域的形成发展过程中，是一个不可缺少的十分重要的产业。人类的经济活动包括生产、流通、交换、消费四个环节，后三个环节完全是靠第三产业实现的。因此，第三产业在经济地域里发挥着越来越重要的特殊作用，并随着经济地域的发展而不断增强。其中新兴第三产业的作用不断加大，传统第三产业的作用则不断减弱。但总体说来，第三产业产值的比例在不断增加。总之，第三产业在完善区域经济内容、活跃区域经济、促进各部门协调发展、形成合理的产业结构、加快经济地域发展等方面，均发挥着重要作用。第三产业的发展可积极促进工业、农业和区域经济的发展，但其发展水平又受制于经济地域内工业、农业的发展水平。但在工业化后期，发达国家和发达地区现代服务业的产值已跃升至诸产业的第一位，成为带动工业、农业和交通运输业的主导力量。

　　城市是一定地域的经济中心，中心城市在经济地域内发挥着组织、集散和传输等重要功能。城市又是一种特殊类型的经济地域，工业、交通运输业和第三产业主要集中于城市内，城市的发展离不开郊区经济。一个地域中心城市的发展水平和主要专门化部门，基本上反映诸经济地域的生产力发展水平及其主要专门化方向。因此，在经济地域形成发展过程中，中心城市发挥着重要的核心作用。城镇是作为与广大农村具有不同特点的经济实体而存在于经济地域内的，在地域分布上以大小不同的点状形式表现出来，经济与产业分布较为紧凑，与农村和农业分散分布的形式有所不同。随着农业现代化和城镇化的不断发展，城乡差距将不断缩小，但是，中心城市在经济地域中的组织核心作用将不会改变。

　　上述诸项物质内容共同存在于经济地域内并组合成不同的空间结构类型，这几项的关系可用图5-2来概括表示。

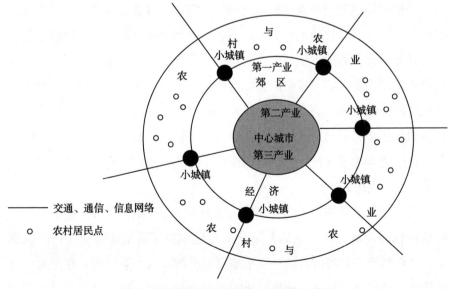

图5-2　经济地域诸物质内容的相互关系

第四节 经济地域的结构

经济地域是由诸多结构（如产业、空间、能源、人口、就业、消费、投资、金融、贸易、运输等结构）组成的结构网络系统。对经济地域的研究，要对诸结构系统有所了解，其中最为主要的是地域的产业结构和空间结构。两者的结构状况与区域生产力发展水平和劳动地域分工与经济地域运动的深度有着直接的关系，并对其他结构形式有重要影响。

一、经济地域的产业结构

经济地域的产业结构（产业的部门结构）是指在劳动地域分工与经济地域运动规律的直接作用下，受区域诸条件直接影响的国民经济诸部门的比例关系与组合形式。

区域产业结构的基础是众多的企业，由行业相同的企业组成产业部门，由性质相近或相同的部门组成大的部门系统，诸多部门又结合区域条件而有机地组合成区域的产业部门结构。

任何经济地域的产业结构都是国民经济中大产业结构系统的子系统。在当今世界，由于劳动地域分工的不断深化和经济地域运动速度的不断加快，以及交通、通信、信息网络遍布全球，全世界的产业已经形成一个有机整体，形成庞大的、复杂的世界产业结构系统。各个地域的产业结构都是在与其他经济地域的产业结构联系中存在和发展的，因此一个地域产业结构的变化必然引起其他地域产业结构的变化，而其他地域产业结构的变化，也迫使本地域进行产业结构的调整。因此，孤立的和封闭的区域产业结构是不存在的。

任何经济地域的产业结构都与该地域的条件（地理环境）紧密结合，形成各自的特点，使区域的部门分工与地域分工紧密地结合在一起。例如，在自然资源富集的地域往往形成资源型的重型产业结构；在位置、交通信息条件优越的地区，则易形成加工型产业结构；在人口劳动力密集的地区，发展劳动密集型产业可吸纳更多的人口就业；在科技比较发达和劳动力素质高的地域，利于发展高新技术产业；在多国交界地域，可以通过多国合作，形成新型产业结构的地缘经济区，等等。总之，任何经济地域的产业结构与类型，都是该地域地理条件地域组合的综合反映。

经济地域的产业结构具有特定的经济功能。一般来说，它具有两大功能：一是带动功能（或称之为发展功能），即一方面发挥地区优势，促进专业化与分工，发展优势产业与优势产品，带动区域经济发展；另一方面发展技术含量高的产业，促进区域创新并带动产业结构的不断升级。二是基础功能，主要是为区域发展提供基础，包括为主要专门化部门配套的部门，满足区内生产生活所必需的部门，以及推动区域可持续发展的环保、生态产业部门等。

经济地域的产业结构犹如在一定地域诸条件作用下建设起来的建筑物，而诸多部门好比是各种建筑材料，当这些建筑材料用于建筑物时，有的成为建筑物的四梁八柱，如支柱产业或主导产业部门，有的成为支撑与辅助四梁八柱的材料，如基础部门或辅助性部门，有的成为建筑物不可缺少的一般材料，对维护建筑物质量与环境有重要作用，如环保与生态产业等。可见，当诸产业部门未与具体地域结合时，还难以表现出它在区域中的具体功能与作用，只有当它与具体地域诸条件紧密结合并成为区域产业结构的一部分时，其功能与作用才会明显地显现出来。

产业结构属于社会历史范畴，有其形成、发展变化的历史过程，产业结构与经济地域的形成发展是同步进行的；前资本主义的部门分工不发达，部门间的经济联系很薄弱，还很难说已经形成产业结构，即使形成了产业结构，也是很简单的；产业革命之后，由于部门分工与联系的不断加强，各个地域的产业结构逐渐形成并发展起来。随着区域经济的不断发展，产业结构水平不断地由低级走向高级，经济地域的产业结构具有明显的层次性。发达的经济地域，其产业结构复杂且层次高；而不发达的经济地域，由于其生产力水平低，其产业结构较为简单且层次低。产业结构是动态的，区域的主要产业、产业部门间的联系状况、结构的层次都始终处在发展变化的过程中。

经济地域产业结构发展变化的动因，总的说来，来自生产力的发展变化。具体说来，主要来自两个方面：一方面是地域内诸地理条件的变化，如大型能源与原材料基地的发现与开发或减产与枯竭；人口的大规模迁移与劳动力的明显变化；位置与交通信息条件的明显变化，如交通枢纽的形成、高速公路的建设，以及区内外社会政治环境变化等，都影响产业结构和主要产业部门的变化。另一方面是与外区联系内容的变化，如能源流、物质流流入、流出的种类与数量，资金的流入、流出状况，人口与劳动力的流入、流出状况以及通信信息的流动状况等，还有政策、法律和制度等，都直接促使经济地域产业结构内容与水平的发展变化。

总之，各个经济地域产业结构的内容、层次、功能、开放程度与类型的形成与变化并不是杂乱无章的，而是有规律可循的。区域生产力发展水平及科技进步的状况直接决定产业结构层次的高低；经济地域形成发展条件直接制约产业结构的内容与类型；劳动地域分工与经济地域运动的深度直接决定经济地域产业结构的运行质量与开放速度。

二、经济地域的空间结构

经济地域的空间结构也称为地域结构，是与经济地域的部门结构相对应的。经济地域的空间结构是指经济地域内诸经济事物的地域组合关系，既包括中心城市与周围地域的关系，也包括中心城市与其他城镇的关系，还包括城乡与网络的关系和网络内部的关系。可以把经济地域内的空间结构概括为区域内点、线、面三者的关系，即空间结构包括核心、外围地域与网络三者的空间排列与组合关系。

核心即经济地域的中心城市，多由工业中心所组成，在经济地域内发挥着经济核心的作用。外围地域是指经济地域内中心城市以外的地域，包括广大农村和许多中小城镇。网络是指核心与外围地域和外区进行联系的交通运输、电力运输、管道运输、通信信息传输等有形或无形线路所组成的网络系统，网络是联结经济地域内外诸经济地理事物的纽带与桥梁。经济地域是一个经济有机体，中心城市犹如人的心脏和大脑，外围犹如人的躯体，网络则是人的血脉与神经系统，三者的有机组合则使经济有机体不断地运行。

任何经济地域都有自己的经济中心，成为经济地域的凝聚核心。区域核心多为多功能的城市，多以工业为主，但也有以交通运输枢纽、行政中心、商业金融中心，乃至以旅游业为主的核心，带动其他产业的发展。区域核心在经济地域里主要发挥组织、集散、传输和枢纽等功能，可概括为凝聚吸引作用和扩散作用。核心规模的大小和实力的强弱与其吸引的地域范围呈正相关。经济地域的核心一般为一个中心城市，但也有双核心和多核心的，即由两个或两个以上的中心城市组成的地域核心。

经济地域的网络犹如人体的神经、血管、脉络，在经济地域形成发展过程中发挥着输送物质、传输信息、沟通情况、组织人才流动、传播文化观念、联结核心与外围和外区的纽带和桥梁的作用。网络地域组合的多样性，直接影响经济地域空间类型的多样性。

在一个经济地域内，其外围地域的主要功能：一是向中心城市集聚人力、物力、财力；二是接受中心城市的辐射。具体来讲，一方面，外围地域向中心城市提供粮食、食品、轻工材料、零部件，有的还提供能源和原材料；为中心城市提供劳动力，与中心城市协作配套；为中心城市提供旅游休憩地、建材基地、基础设施基地和后备用地等。另一方面，外围地域接受城市的辐射扩散，如城市产品的扩散、吸纳城市的过多人口、工厂设备的扩散以及文化观念的传播等。

上面谈到的是空间结构的共同内容、主要功能和共同特点。但是，在现实生活中，由于区域条件的复杂性和多样性，在经济地域内，核心、外围、网络三者的地域组合（地域空间结构）形式与水平则是多种多样的。有的地域形成理想的轴带，有利于带动区域经济的发展；有的中心城市实力强大，有利于城市群的发展；有的中心城市不发达，空间结构松散，经济发展缓慢；有的地处矿区，工矿城镇分散，但网络联系密切；等等。其所以如此，原因是多方面的，主要有：经济地域所处的位置；区域自然条件与自然资源的组合特点；交通网络的分布状况；区域的生产力发展水平与历史发展特点；经济中心发展的强弱等。这些因素综合作用的结果，则形成各不相同的地域空间结构。对各个地域空间结构的科学认识，有助于选择正确的区域开发模式，制定正确的地域战略并进行合理的生产力布局。

第五节　经济地域的共同属性

综观经济地域的内涵、条件、内容、结构，其共同的属性可以概括为以下几个方面：

1．社会经济属性

顾名思义，经济地域是指经济的地域。经济是其内容，地域是其空间表现形式。经济地域是由诸多经济内容组合而成的地域，与人文地域和自然地域有所不同，在其形成发展过程中，主要遵循经济规律。经济地域是以社会经济为主要内容的地理实体，其发展变化远比自然地域迅速而复杂。

2．经济地域的时空统一性

经济地域是一个相对完整的地理单元，并随时间而发生变化。其时空统一性，首先表现为经济地域形成发展条件在一个地域里通过有机结合共同作用于经济地域；其次表现为主要物质内容，即工业、农业、交通运输业、第三产业、城镇与农村的有机结合、协调发展、互为制约；再次表现为经济地域的部门结构与空间结构的有机结合与相辅相成；最后所有的区域物质内容都处于时空的运动状况，始终处于发展变化和分化与组合的过程中。四个方面有机组合于经济地域内，使其具有明显的个性与区域性，并与其他经济地域紧密地联系在一起。经济地域与条件、内容、结构的统一性如图5-3所示。

图5-3　经济地域与条件、内容、结构的统一性示意图

3．经济地域的系统性

任何经济地域都是劳动地域分工大系统中的一个有机环节，是经济地域系统中的一个细胞。经济地域不能脱离经济地域系统而孤立存在。同时，在当今世界，已不存在完全封闭的自给自足的自然经济地域。因此，对经济地域的研究必须运用系统科学的思想和辩证唯物主义观点，在系统联系运动中分析区域。否则，对经济地域的认识不可能是科学的和全面的。

4．经济地域的层次性

一方面，经济地域在劳动地域分工规律的作用下，始终处于形成、发展、变化的过程中。因此，各个经济地域的生产力发展水平，商品经济发展程度明显不同，表现出高、中、低的不同层次。另一方面，各个经济地域在经济地域系统中，由于其实力的强弱、规模大小的差别，也必然分属于不同层次，占据不同的位置。

5．经济地域的开放性

经济地域的系统性与开放性是一致的。经济地域与前资本主义封闭的自然经济地域截然不同，是开放的商品经济的地域。任何经济地域与其他地域都发生着十分密切的经济联系，复杂的网络系统成为经济地域开放的重要手段和渠道，而物质流、能量流、人流、资金流、信息流和文化流等，则成为开放联系的主要内容。因此，只有对网络系统与传输内容进行深入分析，才能对经济地域的实质内容有更为深入的了解。

6．经济地域发展的周期性

经济地域是一个生命有机体，有其自然形成、发展、成长、衰退的发展过程。经济学家对经济地域的发展阶段进行了各种划分与表述，而承认其发展的阶段性是各位学者的共识。因此，在经济地域研究中，首先要搞清区域的发展阶段，以此为出发点，探讨区域进一步发展的对策。

7．经济地域类型的多样性

经济地域有其共同的发展规律，但是，由于世界各国各地区的地理条件很不一样，必然形成各具特色且具有不同的主要专门化和产业结构的经济地域。由于经济地域类型的多样性，经济地域间进行广泛的经济联系成为可能。经济地域是以鲜明的个性表现出来的，共性寓于个性之中。因此，区域经济地理学不仅要研究经济地域的共性规律，而且更重要的是要研究经济地域的个性规律，对具体问题进行具体分析，才能使区域经济地理学成为应用性很强的学科。

第六章 经济地域形成发展的条件

第一节 条件与区域经济地理学

前已述及对经济地理条件的分析与研究，这是经济地理学理论的重要组成部分，是区域经济地理学已形成的"条件—结构—类型—系统—区域关系"理论框架的基础。在学科交叉渗透与迅速发展的新形势下，有些理论与认识问题还须澄清。

一、对条件与环境的认识是地理学的永恒研究主题

地理学是研究地球表层的科学，就其实质而言，是研究人类生存条件与环境的科学。地理科学的发展过程，也就是不断地认识条件与环境的过程。近代地理学则把人地关系作为地理学的研究主题，研究人类的生存、活动与地理条件（环境）之间的关系。经济地理学从其诞生之日起，就把对条件的研究放在重要地位，乃至将研究对象定义为条件特点、人地关系等。对经济地理事物的分析，条件因素贯穿始终。对条件环境的研究，反映了地理学科的特点及其本质特征。就此意义而言，如果忽视对条件的分析与研究，那么，它也就不是地理学了。

二、条件是经济地域与经济地域系统形成发展的基础

经济地域与经济地域系统的形成发展以及产业分布与结构网络的发展变化，都离不开其赖以存在的自然、经济、社会条件。条件是经济地域及其系统与产业分布格局形成发展的基础。条件直接影响经济地域格局和地域战略的选择，影响产业分布总体格局和地域结构网络特点，对地域系统类型的形式特点也有直接影响。条件是经济地理学认识经济地理事物的起点，条件分析贯穿于经济地理研究的全过程，是经济地理学理论体系的重要组成部分。可以认为，条件是经济地理学研究的基础和出发点。

三、重视条件研究是地理学与区域经济学的重要区别

区域经济学是从宏观或中观上研究区域经济运行的一般规律，用抽象方法探求一般原理，所抽象掉的则是千变万化的区域条件因素。而条件正是地理学分析客观经济事物所必需的。一个是探讨一般规律，把条件抽象掉，一个是研究具体的经济地理事物，条件是分析问题的前提和基础，这是两个学科互为区别的一个重要方面。

应该着重指出，在当今经济地理学与区域经济学两个学科交叉渗透的过程中，有些经济地理工作者忽视对条件的深入研究，把条件与要素两个概念范畴混淆起来，甚至用要素取代了条件，这对经济地理和区域经济地理的学科建设是十分不利的。因此，首先应该把条件与要素两个概念搞清楚。

"要素"这一概念在学术界应用起来甚为混乱，但是在经济地理学界和经济学界，对要素的认识还是较为一致的。要素是指诸条件中可以投入到经济运行中的那些因素。要素在经济生活中处于条件与产业之间，其流动与组合直接影响经济运行与产业结构。要素与产业结构网络是紧密相连的。从经济地理学角度来理解，要素包括基础要素、劳动力要素、资金要素、科技要素、市场要素和宏观调控要素等，与经济学把要素最终简化为资本并对要素进行简化理解是不相同的。

区域经济学是研究空间网络结构的学科，它直接从要素入手，无须研

究条件，把要素作为研究的前提和基础。而经济地理学则把条件作为研究的前提和基础，与此同时也研究要素，要素主要是为研究区域结构网络服务的。可见，在经济地理学科体系中，条件是第一位的，而要素则是第二位的。如果经济地理学不研究条件，又不研究区域系统与类型，只是研究要素与结构网络，那么，它实质上则属于区域经济学了，或者说属于经济地理学中的经济方向了。

四、条件研究与区域经济地理学科的特点

区域经济地理学属于基础应用学科，在实践领域主要是为宏观决策服务的，在区域发展与区域开发研究中，规划、战略、对策、决策、咨询服务等，是其实践的主要领域。而对区域条件的研究贯穿于实践领域的全过程，是区域宏观分析的基础，是宏观决策的依据。条件分析贯穿于对区域结构、类型、系统及区域关系研究的始终。

要素研究主要是解决区域中观、乃至微观问题的，是深入了解区域结构网络的前提，是了解与掌握区域经济运行状况的基础，是经济地理学深入研究区域产业结构与空间结构的前提与基础。但是对要素的研究必须建立在对条件研究的基础上，这样才能深入地揭示经济地域及其系统的经济地理本质。

五、用新的视角提高对地域系统条件的研究水平

地理学对区域条件的认识是不断深入的，其研究水平不断提高。对区域条件的研究已从单项个体研究发展到综合的地域组合分析；在视野上，已从用区域条件研究区域条件发展到用系统论的观点，以宏观地域系统为背景，分析具体地域与具体产业的条件；由静止的分析条件发展到对条件的动态分析预测；从把条件仅视为区域与产业的发展环境，进而认识到它是区域与产业发展的重要资源；人们对地理位置的认识不断深化，地理学所提出的区位条件内涵十分丰富，比区域经济学的区位含义要深刻得多；

区域经济地理学

对条件的研究正在向定量化方向发展，最终达到定性与定量的有机结合。人们对条件的认识是无止境的，随着科技和经济的发展，人们对区域系统与产业发展条件的认识将不断深化。

六、条件研究的理论意义与实践意义

条件论是区域经济地理学科理论体系中的基础理论，在地域分工与经济地域运动理论的统领下，直接作用于结构论、系统类型论和区域关系论。条件论中的诸条件相互联系与互为制约的理论、条件地域组合的理论、主要条件与次要条件及其相互转化的理论等，是认识经济地域的基础，是分析产业结构与地域系统类型和区域关系的前提，也是区别于区域经济学理论的关键所在。

条件论是认识与分析经济地域的前提，是指导区域开发与建设，认识区情的理论武器。研究一个区域或指导一个区域的开发与建设，首先应摸清区情，在此基础上才能研究区域的开发、建设与发展。而深入把握与运用条件论，才能对经济地域的情况做到全面了解，为区域的发展作出正确决策。须知，正确认识一个经济地域的区情是十分困难的事情，只有在条件论的指导下，经过反复实践、认识，才能达到对区情全面认识的目的。

下面，依据历史过程和诸条件在区域发展中的主要作用的变化，按五个主要条件进行分析论述。

第二节　自然条件与自然资源

在地理学研究中，经常遇到自然环境、地理环境、自然条件、自然资源等概念。其含义似乎大同小异，但严格考察起来，彼此还是有所不同。自然环境与地理环境都是指人们赖以生存的周围自然界。两个概念的不同点在于，前者有纯自然界的含意，后者包括人类活动的内容。因此，一般常用地理环境这一概念，尤其在哲学与环境科学以及自然地理学研究中，经常使用这一名词。

自然条件与自然资源这两个术语，在经济地理研究中广为使用。如只使用自然条件一词，其含义较广，包括自然资源。如分别使用，在对产业分布的研究中多用自然条件一词；对经济地域系统分析时，往往用自然条件与自然资源概念。

自然资源是指在自然界中一切能为人类所利用（在生产和生活各方面）的自然物质要素，包括地壳的矿物岩石、地表形态、土壤覆盖层、地上与地下资源、海洋资源、水资源、太阳光能、热能以及生物圈的动、植物界等。自然资源依据其赋存条件、利用方式、使用时间的长短，以及按国民经济部门类别等还可进行分类[①]。

狭义的自然条件则是指除去自然资源以外的所有影响产业分布和经济地域形成、发展的各种自然因素，如自然地理位置、地质条件、地貌条件、水文条件、气候条件、土壤生物条件和生态环境等。

自然条件与自然资源所包括的范围是相对的，往往由于侧重点及研究内容的不同，对条件与资源的理解也不一样。如水对工业分布（布局）是重要条件，但对农业分布则是重要资源；土地对农业是重要资源，但是，对工业布局则是重要条件。

---

① 依据自然资源赋存条件，可将自然资源分为矿物资源与非矿物资源；依据其利用方式，可以分为直接生活资源（如天然野生果实、野兽、自然鱼类）和劳动资料资源（如矿产资源、森林资源与土地资源等）；按资源的利用程度，又可分为一次资源（纯自然资源）和多次资源（对自然资源进行多次加工）；按其能否再生，又分为再生资源与非再生资源；根据自然使用时间长短，可划分为长久使用性资源（如金属资源）和一次性使用资源（如能源矿物）；按国民经济部门划分，又可分为工业自然资源与农业自然资源等。

一、自然条件与自然资源是经济地域形成发展的自然物质基础

1. 自然条件与自然资源是经济地域形成发展的内在因素

（1）自然条件与自然资源是生产力的重要组成部分。生产力是指人们开发、利用自然的能力，由劳动力、生产工具、劳动对象和科学技术所组成，而自然条件与自然资源则是直接的劳动对象。

从区域经济地理角度看，自然条件与自然资源不是经济地域形成发展外在的可有可无的条件，而是作为生产力综合体的经济地域所不可缺少的自然物质基础和劳动对象的主体。

作为生产力重要组成部分的劳动对象的范围，随着生产力水平的不断提高而逐渐扩大。一方面，作为直接劳动对象的自然资源，其开发的深度与广度随着生产力水平的不断提高而不断向前扩展，如表6-1所示。另一方面，对自然资源不断加工而形成的间接劳动对象扩展得更为迅速，如土地资源、各种矿产资源、森林资源和水力资源等，都是直接劳动对象，经过反复加工，还会不断地形成一系列新的劳动对象。例如，开采的原油可以成为炼油工业的劳动对象，炼油的中间产品可以成为石油化工的劳动对象，如此不断地向前发展下去。尽管间接的劳动对象随着生产力发展水平的提高会不断增多，但是所有劳动对象之源，仍然是自然资源。同时，所有生产工具，不管是原始的，还是现代化的生产工具，都是以自然资源为原材料，经过加工而制造出来的。即使到未来的知识经济时代，人和知识的作用更为突出，知识生产将占首位，但生产工具仍是来自自然界的自然资源与新能源和新材料。掌握生产工具的人也是自然界的产物，同时通过生产工具又作用于自然界。因此，恩格斯在《自然辩证法》中谈到："政治经济学家说，劳动是一切财富的源泉，其实，劳动和自然界一起，才是一切财富的源泉。自然界提供劳动以材料，而劳动则把材料变为财富。"可见，自然资源在人类生产活动中的重要性。

（2）自然条件与自然资源是人类经济活动的内在因素。人类任何生

产活动都离不开劳动对象。有些劳动对象可能是当地的自然资源，有些则要利用外地经过加工或未加工的资源，但是归根结底离不开自然资源。自然条件与自然资源在经济地域形成发展过程中，始终作为生产力的重要组成部分和自然物质基础而发挥着十分重要的作用。因此，只把自然条件和自然资源看成经济地域形成发展的外部条件或外因，是不科学的。人类的产业活动离不开生产工具，更离不开劳动对象，即直接或间接的自然资源。显然，自然条件与自然资源是产业分布和经济地域形成、发展的内在因素。过去，往往把哲学的问题与地理问题混为一谈，片面地引用经典作家的语句，把自然条件和自然资源当作产业分布和经济地域发展的外因或外部条件，显然不符合经济地域运动的客观规律。

表6-1　生产力发展与直接劳动对象范围的不断扩大

生产力发展阶段	劳动工具变革	直接劳动对象范围的扩大
原始氏族社会	石器	生活自然资源：天然野生果实、野兽、自然鱼类
奴隶社会与封建社会阶段（农业社会）	铁制农具手工机械	对土地资源的一般利用，手工业对水力的利用
第一次科技革命（产业革命）	蒸汽机带动机械	对土地资源的进一步开发，对煤、铁的广泛开发与应用
第二次科技革命	电力与内燃机带动机械	土地资源的广泛开发与利用，煤、铁资源的进一步开发与利用，石油与有色金属的开采与利用
第三次科技革命	原子能与电子计算机的应用	石油、天然气、化工原料、有色与稀有金属的广泛开发与应用，开始开发海洋资源
新科技革命（未来的知识经济时代）	计算机与智能机械的应用	对已有能源、原材料的有效开发与利用，对新能源、新材料的开发，开始利用太空资源

2. 自然条件和自然资源是经济地域形成发展的自然物质基础

经济地域的主要内容是工业、农业和交通运输业等物质生产部门在地域上的有机组合。这些主要部门要进行社会物质生产，就离不开自然条件和自然资源，工业生产离不开工业自然资源，农业生产离不开农业自然资源；没有自然条件，尤其是没有自然资源，那将是"无米之炊"，根本无法进行社会物质生产，也就不可能形成经济地域。最早的产业分布，完全是以自然条件与自然资源（主要是农业自然资源）的地区差异为基础的，根据不同的农业自然条件与农业自然资源条件，形成不同的农业生产分布。产业革命初期，近代工业主要接近煤铁资源产地，随着加工工业的发展和交通运输条件的改善，有些工厂企业远离了燃料、原材料产地，接近了消费区和交通枢纽，但是所使用的燃料、原料是其他地区的工业自然资源。近代的农业仍受自然条件和自然资源的限制。可见，自然条件与自然资源（直接的或间接的）始终是产业分布和经济地域发展的自然物质基础。随着科学技术的不断进步，人类将进入新的知识经济社会，人类对自然资源的直接依赖程度有所减弱，将会不断地出现一些新能源和新材料，对二次以上的能源和工业资源的利用会不断加强，也会使生产更远离燃料地和原料地。但是，人类的物质生产脱离不了自然条件和自然资源，自然条件和自然资源仍然是产业分布和经济地域形成发展的自然物质基础。人类的知识生产和人类的精神文明，归根结底是建立在物质生产和物质文明之上的，其物质基础仍然是自然条件与自然资源。

同理，产业分布的特点、地区产业结构的特征和经济地域的类型等，无一不受自然条件与自然资源的强烈影响。自然条件与自然资源对许多产业的分布和经济地域类型的形成，往往起着决定性的作用。过去由于受形而上学思想的束缚，片面引用经典作家的哲学论述，认为生产方式（如资本主义与社会主义）决定生产分布；而自然条件与自然资源（哲学上用地理环境一词）只起加速或者延缓产业发展的作用；并用哲学上阐述地理环境与社会发展关系的论述，机械地回答自然条件、自然资源与产业分布和经济地域发展关系的问题，因此，不但答非所问，而且造成思想混乱。

对自然条件与自然资源在经济地域形成发展中作用的认识，存在两种不甚全面的观点。一种观点否认自然物质基础的作用，认为在当代的科学技术和商品经济条件下，在经济地域形成发展过程中，社会经济因素起主要作用，自然条件与自然资源是可有可无的。这种忽视自然基础的思想必然造成区域开发的盲目性和地区产业结构的失衡。另一种观点是过分强调自然条件与自然资源的作用，认为在区域开发中，当地有什么自然条件与自然资源，就应该发展什么样的产业。这种观点与劳动地域分工和商品经济不相吻合。其实，有些地区为了发挥其优势产业部门，也完全可以借助外地的资源，甚至可以发展各种类型的第三产业。况且，自然条件与自然资源只是经济地域形成发展的一个重要条件，其他四个条件也有可能成为区域发展的主要条件，并决定区域的发展。

二、自然条件、自然资源与地域产业结构

1．自然条件、自然资源对经济地域产业分布的影响

（1）自然条件、自然资源直接影响地域内第一产业的分布。第一产业主要指农业、采矿业、林业、畜牧业及渔业等。第一产业劳动对象就是直接自然资源（或称一次资源），各种资源产地及分布地域，也是相应的第一产业分布的地方。不可能设想：在没有工业自然资源的地方发展采矿业，在没有森林资源的地方发展森林采伐业，在没有相应的农业自然资源的地方发展相应的农业、牧业、渔业。对于那些矿产地和农业自然资源优越的地区，先开发哪个地区，则受许多社会经济因素的影响和制约。

不同种类、不同规模的自然资源地域，会发展成为不同种类、不同规模的能源产地、原材料产地和农业生产地域。例如，中东地区成为世界瞩目的原油生产基地；热带雨林地区和北半球的加拿大和俄罗斯成为世界重要的木材产区与森林工业基地；我国的内蒙古煤田、山西煤田将会发展成为全国重要的能源基地；我国吉林省通化和白山地区的煤、铁产地只具有中等规模，吉林油田只有中小规模，两者只具有省内意义，因此逐渐发展成为省内的能源基地和原材料基地。

（2）自然条件、自然资源间接影响地域内第二产业的发展。自然条件、自然资源对第二产业的影响，主要是通过第一产业而发挥作用的。第

二产业是对第一产业的产品进行加工，即两次或两次以上资源和能源的利用部门。第二产业主要指材料加工、加工工业和建筑业。

自然条件、自然资源对第二产业分布影响比较大的部门，主要有重工业中的材料工业、重型机械，以及以农业原料为主的轻工业和食品工业，它们大多分布在工业自然资源基地和农业自然资源较优越的地域。例如，辽宁省中部地区丰富的铁矿石和相当规模的煤炭资源，直接或间接地影响了钢铁工业、重型机械和煤化学工业等部门的分布；长江三角洲、华北平原及东北平原等地的农业自然条件优越，除直接影响农业部门外，还间接影响以农畜产品为原料的食品工业和轻工业的分布。

自然条件、自然资源对产业分布影响较为间接的部门，有其他机械工业，以及以非农业原料为主的轻工业和第三产业部门等。

在未来的知识经济时代，由于信息产业与知识产业等高科技产业的设备与产品的小型化与精密化，其所需要的将是新能源与新材料，其体积与重量将大为减少，因此，产业布局将以自然条件为主，以自然资源为辅。良好的区域自然环境、优质的空气与水环境、舒适的生产与生活条件，将成为区域内开发信息产业、发展知识经济的首选条件。

（3）自然条件、自然资源的分布状况直接影响劳动地域分工的大格局。自然条件、自然资源是经济地域形成发展的自然物质基础，也反映在其对各个经济地域产业分布大格局的强有力的影响方面。由于自然条件的分布特点和地质成矿规律的影响，在世界范围内明显地形成北部森林带和赤道热带森林带，由高纬向低纬有规律地分布着小麦带、玉米带、水稻带、热带经济作物带。矿产资源也具有矿带、矿田或矿点等的集中分布形式，如北半球的中国、俄罗斯、西里西亚和鲁尔区、美国等的大煤田带；中东、俄罗斯、北非、西非、北海地区、加勒比地区、印度尼西亚及中国的大油气田区；俄罗斯、巴西、澳大利亚、印度、瑞典等国的铁矿石基地；南非的金及铂族金属，赞比亚及智利的铜，历史上东南亚的锡等，构成了世界范围产业分布格局的自然物质基础，直接影响到世界劳动地域分工，也直接决定世界范围的大宗物资的流向和流量。

我国自然条件的分布特点，对全国的产业分布格局和劳动地域分工有着十分明显的影响。例如，我国东部地区有利的农业自然条件，由北向南的杂粮、麦棉、稻棉、亚热带与热带经济作物分布带，西部地区的草场资源，东北、东南与西南的森林资源，山西、内蒙古、山东与东北的煤田，东北、华北与西北的油田，南方的有色金属和稀有金属资源及磷矿，以及内蒙古的稀土资源，辽宁、海南、内蒙古、四川、安徽等地区的铁矿石基地，西南、中南和西北的水能资源等，构成了我国产业分布格局的自然物质基础，我国各地区劳动地域分工和大宗的物质流和能源流，无不受到上述分布格局的强烈影响。

2．自然条件、自然资源直接影响经济地域的类型

经济地域的形成和发展都是以一定的自然资源为基础的，在其发展初期，往往是自然资源因素起重要作用。之后，随着各地资源状况的变化，科技的进步和交通事业的发展等，在一些地域，位置与交通条件、人口条件或社会经济条件开始发挥重要作用。但是，自然条件与自然资源对经济地域类型的影响仍然十分明显。

依据自然资源的赋存情况和特点，经济地域可以分为资源型、资源–加工混合型和加工型三种类型。

（1）资源型经济地域。指自然资源的赋存状况良好，资源的地域组合条件比较理想，自然资源对区域主要专门化部门的形成与发展起决定作用，区域的货物输出量大于输入量的地域。例如，俄罗斯的西伯利亚地区有着丰富的工业资源，有世界闻名的秋明油田，库兹巴斯煤田，铁矿石资源也十分丰富，森林资源与水力资源世界闻名，其南部发展农业的条件也较为理想，非常有利于石油与天然气开采、石油化工、森林工业、钢铁、重型机械等工业的发展，其开发历史又比较短，是俄罗斯潜力很大的重工业基地和典型的资源型经济地域。我国大西北的新疆与青海地域辽阔，石油、天然气、盐及有色与稀有金属资源丰富，也是典型的资源型地域。一

121

些工矿城市以当地资源为基础，进行采掘加工，主要向外输出能源和原材料以及初级产品，也属于资源型的城市。

（2）资源-加工混合型经济地域。指该地域内有一些资源也很丰富，在此基础上形成了一些主要专门化部门；但是有些主要资源欠缺，需靠外地运入以发展加工工业。例如，我国吉林省森林资源丰富、农业自然资源较优越，在此基础上发展了具有区际意义的森林工业和粮食与食品工业（甜菜糖、植物油等）。但是，能源与钢铁等不足，需依靠位置与交通条件的优势，从外地运入一些原油、煤炭和钢铁等，发展机械、石油化工等加工工业部门，从而形成了资源-加工混合型的经济地域。也还有另一种情况，以前是资源型经济地域，但由于长期开发，许多资源已渐枯竭，有些资源在区域发展中还在发挥作用，从而变成了资源-加工混合型的经济地域，以我国东北区最为典型。我国东北经济区是一个较为完整的地域单元，有丰富的森林、石油、有色金属、铁矿石和煤炭资源，农业自然资源也较为优越。在此基础上形成了具有全国意义的森工、石油、有色金属、钢铁、机械、化工和粮食等主要专门化部门，以资源的优势闻名全国，实为资源型的经济地域，在我国工业化的过程中发挥了十分重要的作用。但是，由于近百年的开发，尤其新中国成立以来的大力开发，煤炭与铁矿石和有色金属资源已渐枯竭，由于森林的过量采伐，已为生态环境带来严重问题，原油产量将由高峰跌落下来，有些能源与原材料需由外区大量调入。东北区已经变为资源-加工混合型的经济地域（陈才等，1995）。

（3）加工型经济地域。指工业自然资源或者农业自然资源严重短缺，发展工业主要靠外地运入能源和原材料的地区或城市。例如，我国上海经济区的农业自然资源较优越，但其产品主要供当地消费；发展强大的工业，包括轻工业，其能源和工业原材料严重不足，主要依靠十分有利的地理位置与交通条件和技术基础，由外地大量运入能源和原料，经加工后，其产品又销往外地市场。可见，上海是典型的加工型（也称加工贸易型）经济地域。许多不属于工矿型的城市，多依靠交通枢纽的地位，运入能源和原材料，经加工后向外输出产品，亦属于加工型的城市。

3．自然条件、自然资源直接影响地域的产业结构

影响一个地区经济部门的因素是多方面的，但自然资源往往起重要作用，在此基础上形成相应的部门结构系统。

以乌克兰顿涅茨-第聂伯河流域区为例，在丰富的煤炭、铁矿石和锰矿石以及石灰石和水资源基础上，辅以优越的农业自然资源，从而形成了煤炭—钢铁—机械（重型为主）—化工—建材工业系统和农业—食品—轻工业系统这样两大系列的部门结构。

我国吉林省依靠省内丰富的森林和农业资源，形成了森林抚育更新—森林采伐—木材加工—林产化工系统和农牧业—食品、饲料—轻工业系统两大支柱产业。又依据地区性的煤、铁、水力和石油等资源，形成了具有省内意义的煤、铁开采—电力—钢铁工业系统。

可见，自然资源的赋存状况与地域组合状况，对资源型经济地域的产业结构有决定性的影响；对资源-加工混合型经济地域的部门结构有重要影响；对加工型地域的部门结构也有一定的影响。区内的一定资源也会形成具有区内意义产业部门的物质基础。

原苏联经济地理学家萨乌什金所提出的以自然条件和大地构造单元为基础的经济区划和柯洛索夫斯基所提出的九大动力生产循环思想[1]，都体现了重视各个经济地域的自然条件与自然资源基础，并在此基础上形成相应的产业部门结构的发展思路。

三、自然条件、自然资源与地域空间结构

自然条件与自然资源在世界各地都不是均衡分布的，自然条件的地域分布体现出地带性与非地带性特点，自然资源具有集中分布的特点。自然条件与自然资源的分布特点对经济地域空间结构形式等有着重要影响。

---

[1]　九大动力生产循环是指黑色冶金、有色冶金、石油动力化学、水力动能、森林工业、农产品加工工业、水利灌溉农业、金属加工工业和原子能系统。

（1）直接影响经济地带的形成与发展。世界性的大经济地带的形成与自然条件、自然资源有关。一些发达的经济地带多分布在交通便捷的临海地域，如北美洲东部的沿海地带、西欧地带、北半球的环太平洋地带等，由于紧邻北大西洋和北太平洋主要航线，直接促进了这些地带的经济发展。一些后进的经济地带由于自然条件严酷，难以开发，或者虽然资源丰富，但由于交通闭塞，在相当时期内还难以把潜在的资源变为现实的资源。

至于一些低层次的经济地带，受自然条件的影响更大。例如，我国东北地区明显地存在中部、东部与西部三大经济地带，基本上与东北大平原、东北东部山地与北部山地和东北西部草原与半干旱地带相吻合。由于各自的自然基础不同，三者的生产力水平与产业结构特点也不相同。

（2）直接影响经济地域内的空间结构。各个经济地域的空间结构模式多种多样，其形成的原因也是多方面的，但自然条件与自然资源的状况则是重要原因。例如，以矿区、林区为主的经济地域，其城镇居民点多较分散，其主要城市较难以形成大城市和特大城市；沿江河及临海的经济地域，其主要城市多临江河或临海，在区域中可以充分发挥点轴的作用，带动区域的发展；在一些经济不够发达、农业自然资源优越的平原地区里，其城镇分布较为均匀，表现出农业区域的特点；在一些沙漠绿洲和盆地里，其具有生机的产业和城镇，多分布在绿洲和盆地的边缘。自然条件对经济地域内网络的形式和地域组合特点也有明显的影响，例如，我国北方多以铁路与公路结合为主，南方则以铁路、公路与水路结合为主，网络的格局及其走向明显受到地形地貌和流域走向的影响。

四、自然资源的开发与经济地域发展

世界自然资源是无限的，也是有限的，且其分布是不平衡的。自然资源无限，是指自然资源始终处于不断形成与发现的过程之中，有些又是可再生资源；有些资源在目前的生产力与科技水平条件下，还未被认识或无法利用，将来必将不断地被发现并利用许多新的资源。只要合理地保护和利用资源，人类的生存和社会的发展就有保障。自然资源有限，是指目前自然资源的开采量有的还满足不了经济增长与人民生活的需要，有的则已大为减少，有的已近枯竭。其中能源、水资源和某些原材料资源的状况更为严峻。

　　基于上述情况和自然资源分布的不平衡特点，可以说，大型资源基地的发现与开发对世界经济地域系统的形成具有重大影响。例如，中东油田的开发对世界政治经济的影响是不言而喻的，1990~1991年的海湾战争，实质上是争夺石油之战。又如北海油田的发现和英国对北海油田的开发，使英国从原油净输入国变为原油净输出国，从而改变了英国的空间经济结构。

　　一个经济地域的自然资源经过长期开发，势必对其产业结构和经济发展有重要影响，如果一个地区在资源探明储量没有重大变化的情况下，随着地区工业化进程的发展，资源储量必将逐渐减少，有的逐渐走向枯竭。所有的能源基地和原材料基地都将经历这一过程。因此，一个地区的产业结构类型从理论上讲，必然经历资源型—资源加工混合型—加工型的转变，即由利用区内的资源过渡到利用区内和区外两方面资源，最后过渡到主要利用区外资源的发展过程。

　　一个国家或一个地区的能源和原材料基地，是随着资源开发与老基地资源枯竭而不断地进行地域变化的。例如，俄罗斯的能源基地，在近一个世纪的过程中自西向东的移动十分明显，其主要原油基地经历了第一巴库—第二巴库（伏尔加—乌拉尔油田）—第三巴库（秋明油田）的地域转变，目前又在向东西伯利亚移动。

　　认识这些规律，有助于自觉地进行资源与区域开发预测，及时地调整产业结构，持续不断地促进区域经济的健康发展。

五、自然条件与自然资源的可持续发展

　　工业社会是一个资源大开发和自然条件遭到严重破坏的社会，人类用巨大代价换来了当今世界前所未有的物质文明和精神文明。目前，发达国家已从工业社会开始迈入知识经济的门槛；而众多的发展中国家在工业社会还有

很长的路要走，但是传统的工业资源已所剩不多，环境问题日益严重。

因此，发展中国家不能再走发达国家过去走过的以疯狂掠夺资源与先开发后治理的老路。必须合理地开发资源，提高资源利用的质量，杜绝浪费。必须制定与实施资源储备战略，并采取边开发、边治理的方针，尽量减少对环境的破坏。与此同时，还必须重视新能源、新材料的开发，运用高科技来改造传统产业，以及大力发展第三产业等，尽量减少资源消耗，恢复与保护生态环境，使自然条件、自然资源得以持续发展与利用。

六、如何研究自然条件与自然资源

对任何地区所进行的区域经济地理研究，首先需要分析区域的自然条件与自然资源。这一分析的主要目的在于：搞清区域自然条件、自然资源的地域组合特点；分析自然资源在区内与区际分工中的地位和作用；在与其他条件对比中，研究自然条件与自然资源在该经济地域形成发展过程中所起作用的程度；探讨自然条件、自然资源对地域经济类型、产业结构和空间结构的影响；研究自然条件、自然资源地域组合与开发中的矛盾及其国土整治的任务；研究自然资源潜力、发展态势及经济地域发展中应采取的战略等。

对经济地域的自然条件与自然资源的研究，离不开时空框架，离不开区域经济的生产力发展水平及其未来发展的需求，更离不开从大的地域系统中研究具体地域的自然条件与自然资源。应该用商品经济和系统科学的观点研究自然条件与自然资源，对具有区际意义的资源基地应给予更多关注，同时也要研究具有区内意义的资源基地。

实践中对区域自然资源的研究可以从两方面入手：一是填制区域自然资源平衡表；二是对自然资源进行综合评价。

区域自然资源平衡表的一般形式如表6-2所示，通过此表可计算这样几个指标：

资源调入系数 $D_t = （9）/（7）\times 100\%$

资源调出系数 $D_c = （10）/（4）\times 100\%$

生产不平衡系数　　　　　$S_k = (10) / (6) \times 100\%$

消费不平衡系数　　　　　$X_u = (9) / (8) \times 100\%$

期望开采年限　　　　　　$T = (3) / (6)$

区内资源平衡方程式　　　$(4) + (7) + (9) + (10) = 0$

表6-2　区域自然资源平衡表

资源		储量			产量			消耗量		调配量	
		现实储量（1）	潜储量（2）	合计（3）	现实产量（4）	潜在生产能力（5）	合计（6）	现实消耗量（7）	正常需求量（8）	调入区内（+）（9）	调出区外（−）（10）
能源	石　油1										
	煤　炭2										
	天然气3										
水源	水　力4										
	地表水5										
	地下水6										
	其　他7										
基本矿产资源	铁矿石8										
	石灰石9										
	花岗石										
	硅灰石										
	……										

注：因土地资源、气候资源等不能进行区间调配，故未列入；水资源是可利用的资源，因而其中的数量包括可循环利用的总量。

利用表6-2和上述指标、方程式可以全面了解区域自然资源的储、产、销情况，若配以恰当的预测，则可为制定正确的资源开发和产业结构调整政策提供有价值的科学依据。表6-2和这些指标还可用于区域间资源状况的比较。

如前所述，区域自然资源的评价主要应从资源储量（数量和质量）、开采条件、产业基础、经济效益和未来前景等方面，结合区外情况综合地加以考虑。具体评价可以采用定性评价（如专家模糊打分等）和定量评价相结合的方法，给出不同资源相对的优劣顺序。只有对自然资源进行全面的综合评价，才能使资源开发研究和地区发展规划成为指导经济建设的可靠依据。

第三节　位置与交通信息条件

一、位置与交通信息条件的含义

位置与交通信息是一个完整的概念，与经常提到的经济地理位置或区位条件有相似之点，但也有不同之处。

1．地理位置

（1）地理位置的含义。地理位置是指地表上某一事物与其他事物的空间关系。地表上的任何事物在一定的时间内只能占有一个地理位置，不可能占有两个或两个以上的位置；同时，地表上也不可能有两个或两个以上的物体占有一个相同的地理位置。这就是地理位置的个性与特殊属性。正是由于任何事物都具有各不相同、各具特点的地理位置，各事物才具有不同的地理性或地域性，因而，对地理位置的研究在地理学中具有特殊重要的意义。

由于地理位置是某一事物与其他事物的空间关系，因此某一事物的地理位置只能用与其有空间关系的其他事物来说明，否则便不可能说明其所处的地理位置。例如，说中国的地理位置处于亚洲大陆东部，太平洋的西岸，蒙古与俄罗斯的南部，与日本隔海相望……这里，大陆、大洋、一些国家等就成为说明与中国地理位置有空间关系的其他事物了。又如长春市位于东北区中部，沈阳与哈尔滨之间，哈大与吉长、长白铁路的交汇处，伊通河中游两岸。那么，东北区中部、沈哈二市、三条铁路线及伊通河等，都是与长春市有空间关系的地理事物，用这些事物把长春的地理位置确定下来。

（2）地理位置的分类。在地理学中，地理位置通常使用的有数理地理位置、自然地理位置、经济地理位置和政治地理位置等概念。

数理地理位置：是利用地球表面的经纬网或地理坐标来确定的。用经纬网确定的位置也叫绝对位置或天文位置。

自然地理位置：是指地表上某一事物与周围自然事物的空间关系，即与周围的陆地、海洋、山脉和河流等自然地理事物的空间关系。例如，北京位于燕山山麓、华北大平原的东北部；东北大平原位于大、小兴安岭与长白山地之间，等等。

经济地理位置：是指某一事物与具有经济意义的其他事物的空间关系。例如，某一国家、某一地区或某一城市与主要工业地带、工业区域、经济地域的空间关系；与主要燃料、原料地的空间关系；与主要航线、港口、主要交通线路、主要交通枢纽的空间关系；与国内、国际市场的空间关系；与主要经济集团的空间关系，等等。经济地理位置实质上就是一国、一地区或一城市在国际、国内劳动地域分工中的地位。例如，新加坡位于世界海运重要通道马六甲海峡的东端，太平洋与印度洋、亚洲与大洋洲相互交往的十字路口上；沈阳市位于东北经济区的中南部、多条铁路、公路的交汇点和东北经济区的经济中心，这就概括了新加坡与沈阳市经济地理位置的基本特点。

政治地理位置：是指一国与邻国以及国家集团间的空间关系。邻国的对外政策、国力、经济状况、国与国之间边界关系、国家集团之间的相互关系等，都对另一国的经济发展、产业分布和经济地域的发展产生重要影响。例如，斯大林在第二次世界大战前曾评价过美国的政治地理位置，他说，美国有两个大洋保护着，北部与之接壤的是弱国加拿大，在南方是弱国墨西哥，美国对它们无所畏惧。独立战争之后，美国60年没有打过仗，一直享受和平。这一切帮助了美国经济的迅速发展。

2．交通与信息条件

（1）交通条件。交通条件与交通运输业既有联系又有区别。后者是社会物质生产的三大部门之一，是经济地域形成、发展的主要物质内容；而交通条件则是指一个国家、一个地区、一个城市或一个居民点与外界进行人员往来（客运）和物资交流（货运）的方便程度。交通条件主要通过交通线路、交通工具和港站、枢纽的设备状况反映出来。例如，上海市地处长江出海口，是国际、国内重要的水上运输枢纽，重要的国际航空港，又是京沪铁路与沪杭甬铁路的交汇点（铁路枢纽），交通条件十分优越。西藏、青海和内蒙古一些内陆地区，远离经济中心，没有或很少有铁路、航空线与其相连，有的连现代公路也不多，交通条件较差。

（2）信息条件。信息条件是一个新的术语，是影响产业分布和经济地域发展的一个新的条件因素。信息条件是指传递情报信息的设施和方便程度。随着新科技革命和通信信息技术的快速发展，信息条件对经济地域的影响越来越大。信息条件包括科技文教信息、市场信息、商品信息和金融信息等。例如，纽约、伦敦、巴黎等城市，各种信息条件十分优越。我国的北京、上海与国内外联系交往频繁，各种信息条件也很优越。而一些边远地区，信息条件则较差。

在当今电子信息产业日益发达，网络系统日益伸向世界，知识经济时代即将来临的时期，信息条件在区域经济发展方面的作用日益重要。

3．地理位置与交通、信息条件的关系

地理位置与交通、信息条件之所以作为产业分布和经济地域发展的条件因素，就在于位置、交通、信息三者构成为一个统一体，是一个完整的经济地理概念，比经济地理位置概念更确切、更全面，内容也更丰富。

经济地理学所谈的位置条件主要是指经济地理位置，当然也与政治地理、自然地理位置密切相关。位置条件往往由于交通条件的变化而变化。例如，黑龙江省哈尔滨市随着中东铁路的修筑而发展起来，而且由于其他铁路的修筑、水上运输业的发展及航空港的建设，其地理位置更加重要起

来。又如，福建省泉州市，在封建社会时期，是我国对外进行经济联系的重要贸易港口，地理位置十分优越；但在我国近代经济发展时期，由于泉州远离上海和广州，又没有现代铁路相连，因此在相当长时期内，经济逐渐衰落下去，其经济地理位置重要性也就下降了。可见地理位置条件的良性变化，往往要求有新的交通条件来保证。例如，上海市由于位置条件的日益重要，急需铁路枢纽、港口码头和交通线路的改建、扩建与新建，才能适应其经济发展的需要。

信息条件与交通条件紧密相关，又与位置条件相互配合，交通与通信条件优越的地方，其信息条件往往也比较优越，从而使其地理位置显得十分重要。

由上述分析可以知道，位置、交通、信息条件三位一体，相互联系、互为配合，形成一个完整的概念，并且成为产业分布和经济地域发展的一个很重要的条件（图6-1）。

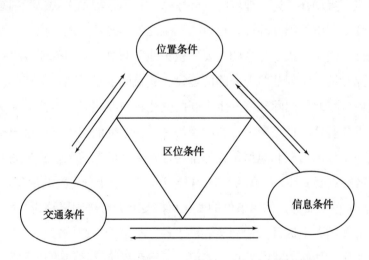

图6-1　位置、交通、信息条件三位一体的关系

位置、交通、信息条件三位一体的组合关系即成为经济地理的区位条件。经济地理区位的内涵远较经济地理位置的概念丰富，与区位论中所谈的区位也有很多不同。

二、位置与交通、信息条件的基本特点

1．位置与交通、信息条件属于社会经济历史范畴

自然地理位置属于自然范畴，其形成主要遵循自然规律。在地球形成和演变中，自然地理位置就随之形成和发展。自然地理位置的变化十分缓慢。而经济地理位置与交通、信息条件则形成于人类开始从事社会经济活动之后，主要遵循社会经济规律向前发展，因而其发展变化要快得多。

（经济地理）位置、交通、信息条件属于社会历史范畴，始终处于不断发展变化过程中。例如，近一二百年来，我国东北区的（经济地理）位置、交通、信息条件的变化十分明显。帝国主义入侵前，东北是清王朝封闭的禁地，与外界很少联系。鸦片战争后，营口（牛庄）开港，东北与国际市场开始联系，半殖民地农业开始有了发展（开始移民垦殖），东北成为向国际市场输出农产品和农产加工品的重要地方。中东铁路和其他铁路的修筑，更增强了这一地区的内外联系。日本帝国主义入侵我国东北，不仅改变了周围的国际环境，也改变了东北的（经济地理）位置、交通、信息条件，使东北成了日本的主要"殖民地"与进一步向亚洲侵略扩张的基地，此时期一系列铁路与公路的建设，其目的也是增强这一地位。新中国成立后，东北的国际环境发生了新的变化，东北成了全国社会主义经济建设的重要基地，也是全国重要的经济区，一系列的交通与信息设施的建设，进一步显示出东北地理位置的重要性；未来的东北区将成为亚洲、太平洋地区的重要一环，在国际、国内分工中将处于十分重要的地位。

2．位置与交通、信息条件的变化直接受社会经济因素制约

世界各国各地区重大的社会经济事件，都可能引起位置与交通、信息条件的变化，如新大陆的发现、苏伊士运河和巴拿马运河的开通等，都是具有世界意义的社会经济事件，也是生产力发展的结果与要求。由于发现了新大陆和开凿了两条国际性大运河，世界许多地方的位置、交通、信息条件发生了明显的变化。

　　一国、一地区或一城市的位置、交通、信息条件的变化有时确实是由社会政治经济因素所引起的。例如，15世纪前，地中海是联系欧亚两洲的交通要道，地中海沿岸地区是当时欧洲经济贸易最发达的地区。但是，奥斯曼帝国占据了东方交通枢纽——拜占庭（君士坦丁堡），从而使地中海航线和地中海沿线一些大城市衰退，使其位置、交通、信息条件的重要性降低了。1990~1991年的海湾战争，改变了中东地区一些国家的位置与交通信息条件。国际环境良好和国家之间关系友好，则可以使国际河流得到共同开发，两国边境地区成为相互交往的通道，其位置、交通、信息条件则会有很大改善。否则，国际河流、共同边界则会成为各自经济发展的障碍。社会经济制度的变化和政治疆域的改变，都会对位置、交通、信息条件产生重大影响。

　　3．位置、交通、信息条件具有明显的纯个体的地理属性

　　如前所述，任何社会经济事物在特定时段内只能占有一个地理位置，而不可能占有两个或两个以上的地理位置。因此，世界上所有国家、地区和城市的位置、交通、信息条件是不一样的。这就是其地理性或区域性。位置、交通、信息条件的一些共性规律通过每一个地域或城市的个性表现出来，其原因就在于：各地的自然条件、自然资源不一样，形成发展的特点不一样，生产力的发展水平不一样，各地的社会经济条件也不一样，各地与周围地区的关系，以及在国际、国内分工中的地位不同。因此，各国、各地区和各城市居民点，都以其明显的位置、交通、信息条件的个性强烈地表现出来。可见，对一地的位置、交通、信息条件的深入认识，也不是一件容易的事情，一定要深入研究考察，对具体问题要具体分析。

　　4．位置、交通、信息条件是一种重要的经济资源

　　人们对自然条件、自然资源比较重视，认为是重要资源。但对位置、交通、信息条件的重要性则往往重视不足。

　　位置、交通、信息条件在现代产业分布和经济地域的形成、发展过程中，其作用越来越大：优越的位置、交通、信息条件与现代产业相结合，将发挥巨大的力量，北京、上海、巴黎、伦敦和莫斯科等世界大城市的经济发展，突出地说明了这一点。

位置、交通、信息条件优越的地方，蕴藏着巨大的经济潜力，在那里布局企业，将会收到投资少、运费低、企业协作条件好和经济效益高等效果。因此，正确认识这种潜在的资源，充分合理地发挥它们的作用，定会取得良好的经济效果。

一个地方距离经济中心与交通枢纽的远或近，其经济价值不一样（往往通过地价反映出来），说明位置、交通、信息条件是具有经济价值的，是一种重要的经济资源。经济地理学的任务，就是要研究这种资源，认识与分析它的经济价值，提出合理利用这些资源的途径和措施。

对位置与交通信息条件的认识要比对自然条件与自然资源条件的认识困难和复杂得多，虽然人们经常谈到这一地区或那一地区地理位置重要，但是，真正把一个地区的位置与交通信息条件认识透彻并不是一件很容易的事情，必须经历反复实践、反复认识的过程。

5．位置、交通、信息条件是综合的经济地理区位

一国、一地、一城市的位置、交通、信息条件，即经济地理区位，是地理工作者运用地理思维能力，采用区域综合方法，多角度、多层次综合分析得出的结论。经济地理区位是对一国、一地区、一城市的宏观的、中观的乃至微观的位置、交通、信息条件综合地域分析的结果，是对一地域长期研究与反复深入认识的结果。例如，我国的珲春—图们江地区，给人们的初步印象是地处边疆，与俄罗斯、朝鲜两国毗邻。进一步研究发现：通过图们江进入日本海距出海口只有15千米，我国又拥有通海航行权，且距俄、朝深水港口均为100千米左右，这里是我国进入日本海的唯一捷径。通过对地缘政治、地缘经济的分析，三国毗邻的图们江地区地处东北亚中央部位，在冷战时期地处边防前沿，在东北亚经济合作的新阶段，则成为实现东北亚经济合作与区域资源互补的重要交汇点，也是未来由图们江口地区经蒙古通向欧洲的另一条新的亚欧大陆桥的东端登陆点。因此，联合国专家经过调查得出结论：图们江地区将是世界物流中心之一，也将是工业化潜力很大的地区。为

此，联合国开发计划署（UNDP）将这一地区的开发作为支持亚洲发展中国家地区开发的首选项目。以上是对图们江地区区位条件的认识过程与结论。

可见，经济地理学对区位的认识与经济学（主要是区域经济学）所谈的区位，其内涵是有所不同的。前者是从宏观角度对一个地域位置、交通、信息条件所进行的综合地域分析；而后者是从经济学角度，为取得最大的经济效益，为工业、农业、交通运输，乃至第三产业所选择的最佳位置（区位）。从研究方法上看，前者是紧密结合具体地域，对其位置、交通、信息条件进行综合分析，而后者主要采取抽象方法，探讨选择最优区位的原则与方法。可见，两者的着眼点，对区位的理解及研究方法是不相同的。

三、位置、交通、信息与产业分布

1. 位置、交通、信息条件直接影响第二和第三产业的分布

世界各国各地区的现代产业并不都是分布在能源基地、矿产地和其他原材料基地，因为并不是所有的产业分布都是由自然条件、自然资源决定的。事实上，还有许多产业主要是分布在位置、交通、信息条件有利的地方，尤其是第二与第三产业。原因是：这里交通方便，可以从其他地区取得能源和原材料，产品又便于输出、便于销售；信息灵通，有利于科技文教对之提供服务。世界各国各地区位置、交通、信息条件优越的地方，如综合运输枢纽、海港和铁路枢纽等，多是不同规模的加工业中心，并汇集许多第三产业部门，就是这个道理。

俄罗斯首都莫斯科，其周围地域的自然资源较为贫乏，农业自然条件也不理想，但位置、交通、信息条件十分优越：地处俄罗斯平原中央部位，又处于诸水系的源头，俄罗斯诸条大道也汇集于此，水陆交通都较方便，从而成为俄国最早的首都。产业革命后又陆续形成了全俄最大的铁路枢纽，十几条铁路汇集于莫斯科，现在又是管道线路的枢纽。在此基础上，依靠外地的能源和原材料，形成了机械、化工和纺织三大加工工业部门，其产品远销国内外。同时，这里集中了许多高等院校和科研机构，并集中了雄厚的其他第三产业部门。这说明位置、交通、信息条件对第二和第三产业的产业分布所起的决定性作用。

又如,我国东北的海港城市——大连,重要交通枢纽——哈尔滨和长春,它们的周围地域的工业自然资源虽不多,但都依据优越的位置、交通、信息条件,发展成为各具特色的全国重要的工业中心。

进入工业化后期阶段,信息条件对高层次加工业(如电子、宇航工业等)分布的影响则更加重要。许多知识与技术密集型产业多分布在位置、交通、信息条件十分优越的城市中。

2. 位置、交通、信息条件间接影响第一产业的分布

第一产业的发展离不开方便的交通运输条件。没有较好的运输条件,即使林矿资源十分丰富也难以进行采伐、开采。例如,俄罗斯亚洲部分北部有十分丰富的森林资源和煤炭资源,就是由于远离交通干线,至今也不能进行开采、采伐。又如,我国克拉玛依油田与大港油田,其原油储量和质量相近,但由于克拉玛依油田远在新疆内陆地区,交通不便,其经济价值受到一定限制;而大港油田位于我国重要经济发达地区,位置、交通、信息条件优越得多,因而其经济价值也大得多。可见,只有拥有较好的资源条件,又有相应的交通条件相配合,才会把资源优势变为产业优势。

四、位置、交通、信息条件与经济地域的发展

1. 直接影响经济地域类型

对经济地域类型有重大影响的条件因素,主要是自然条件与自然资源和位置、交通、信息条件这两大因素。

位置、交通、信息条件十分优越的经济地域,即使资源短缺或严重短缺,也会发展成为发达的经济地域,形成典型的加工型经济地域类型,如日本、俄罗斯的中央区、我国的上海经济区等。日本的工业自然资源贫乏,自给率很低,但它利用岛国的有利地位,运用现代海上运输工具,兴建深水大港,不断改善位置、信息条件,加快工业发展,从而使其太平洋沿岸地域发展成为大的工业地带，最终发展成为典型的加工贸易型国家。

　　俄罗斯以莫斯科为中心的中央经济区，工业自然资源短缺，只有少量森林和莫斯科郊区的褐煤，农业自然资源条件也很不理想。该经济区主要依靠莫斯科800多年首都的政治作用和发达的交通运输网与优越的信息条件，以及雄厚的科技力量，由外地运入能源和原材料，经过加工制造，产品大量销往国内外各地，发展成为典型的加工型经济区。

　　2．直接影响经济地域的产业结构类型

　　资源型的产业结构以第一产业为基础，往往形成重型产业结构；而位置、交通、信息条件优越的地区，易于形成以加工工业为主的中轻型产业结构，机械、化工、轻工、食品等部门发展较快。在生产力发展水平比较高的经济地域，其产业结构的层次也比较高。

　　位置、交通、信息条件优越的加工型经济地域，其产业结构的主要特点往往以中轻型产业结构为主，其产业逐渐向高、精、尖方向发展；对区外的经济联系远较资源密集型地域密切，大部门系统内的生产联系远较部门间的生产联系密切；由于远离燃料与原料地，应发展耗能与耗原料少的部门。一般说来，加工型经济地域的输入量大于输出量，第三产业更为发达。

　　例如，俄罗斯的中央区主要有机械、化工、纺织三大骨干部门，原材料几乎全靠外区供给，产品的大部分销往外区。机械工业主要为中型和高精尖部门，如汽车、飞机、生产自动线、电子、电器及宇航工业产品等，这一地区也是机械工业新产品的实验室；该区又是全俄的综合性纺织工业基地，也是纺织工业新产品与新型纺织机械的实验与制造基地；化学工业则以高分子合成与日用化工为主，也是全俄化学工业研究与实验的基地。

　　3．直接影响经济地域的发展

　　任何经济地域的形成与发展都需要以一定的位置、交通、信息条件作保障，两者相互影响，互为作用，把经济地域的发展不断推向新的水平。

　　有利的位置、交通、信息条件会促进经济地域的发展，如我国的东部经济地带濒临太平洋，又有许多大中型港口沟通内地与海外的联系，铁路与水运条件都较优越，信息条件也较好，因此，这一地带的经济发展较快，已经拥有相当规模的工农业基础。正因为这里的位置、交通、信息条件优越于中部与西部地带，国家已把这一地带作为重点发展地区，设立一些特区及对外开放港口与城市，并进一步加强交通与通信设施建设，其目的也是进一步改善这一地带的位置、交通、信息条件，促进其更快地发展，并能有实力去支持中西部地区的开发。

不利的位置、交通、信息条件对经济地域的发展有不利影响，如我国的边远地区，远离经济中心，交通又不便，原有经济基础也较薄弱，严重影响其经济的发展。这里也有一个如何变不利因素为相对有利因素的问题，如改善国际环境，开展边境贸易，共同开发建设边界地区等，都可相对改善边远地区的位置、交通、信息条件。我国西部大开发战略将为这些地区的发展带来新的机遇。

位置与交通信息条件对经济地域的影响，可能首先从有利的地理位置开始，之后通过不断改善交通信息条件，促使地理位置的优势得到进一步发挥。例如，一些沿海有良好港湾的地域，其地理位置是优越的，但这一有利的条件需靠开辟航线、发展交通运输与通信事业作保证才能发挥作用。也有一些地域首先是从有利的交通条件或信息条件开始，进而带动位置条件的不断改善，例如，有些交通枢纽地区就是如此。

五、位置、交通、信息条件与区域开发

在区域开发过程中，对位置、交通、信息条件的分析认识，与对自然条件、自然资源的认识有所不同，更多地需要在与外部的联系和对比中来认识其地位。

1．从宏观和更大的地域范围来认识区域的位置与交通信息条件

任何层次的经济地域都是大系统中的子系统，因此，只有用系统科学的观点和方法，从更高层次的系统去认识这个系统才能清楚认识其地位。由此可以认为：对经济地域的位置与交通信息条件的认识，也就是对其在

大的经济地域系统中的地位和作用的认识。

以东北大经济区为例，首先需要分析它在全国大地域系统中的地位与作用，指出它位于我国东北部，是全国的工业基地、粮食基地、林业基地和石油、化工基地等，这样就把它在全国的经济地理位置基本确定下来了。其次，还必须分析它在国际上的地位与作用，论证它在北太平洋居于适中的位置，是太平洋航线的重要一环，又是东北亚地区的重要一员，也是我国与俄罗斯东部地区进行经济联系的桥梁和纽带，并紧邻朝鲜和蒙古，邻近经济发达的日本和韩国。这样的位置状况对东北经济区的建设有利。

2．从经济地域本身交通运输业的发展状况看位置与交通信息条件

一个经济地域外部的大位置状况，往往通过内部的交通信息条件和小位置状况而起作用。例如，东北经济区在全国乃至国际分工中占有重要地位，但这些有利条件还需通过内部的交通信息业而发挥作用。东北经济区已经形成较为发达的交通运输网，诸种运输形式配合得当，结合得较为密切，形成以沈阳为中心的一批现代化程度较高的交通运输枢纽，大连、山海关、满洲里、绥芬河、图们和丹东等重要口岸与枢纽，在与国内外经济联系中发挥着重要作用，促进了与区外的联系。东北区的通信信息条件也比较好。

3．通过对网络传输系统的定量分析，度量区域的位置与交通信息条件的相对优劣

位置与交通信息条件是一个较为抽象的概念，主要通过定性分析来加深对它的认识。但是，我们完全可以通过对区际物质流、能源流、信息流和人流等的定量分析和预测，以及对相关距离的测定等，来确定位置与交通信息条件的相对优劣程度或重要程度。例如，通过分析东北区与全国的物质流与能源流等，可以充分看到东北区在全国所起的几个基地的作用；对东北区网络传输系统的分析，既可看到东北区的重要地位与作用，也可度量其潜力及未来发展趋势。

4．在动态变化中辩证地研究位置与交通信息条件

位置与交通信息条件始终处在不断变化的过程中，因此，对它的研究需要运用动态观念，时刻注意区内外政治经济情况的变化及其对区域位置与交通信息条件的影响。例如，面向东北亚的图们江出海口附近的吉林省珲春地区，由于国际环境的影响，长期处于封闭状态，其临近日本海的地理位置优势没有得到发挥。随着国际关系的缓和和东北亚地区政治经济形势的改善，以及图们江通海航行权利的恢复，珲春地区位置与交通信息条件的优势将逐渐地发挥出来。

对位置与交通信息条件的分析，要立足于发挥优势，积极创造条件转变劣势，促进地区经济的发展。我国大西北地区远离我国经济重心地区，地处边疆，资源丰富，又是少数民族聚居的地区，战略地位十分重要，但是，位置、交通、信息条件与自然环境较差。中央提出开发大西北战略，把改善交通条件与生态环境放在第一位，促进"达边通海"，加强与周边国家的经济联系等，以促进劣势条件的转化，带动大西北地区的经济发展。

第四节　人口、劳动力与科技条件

一、人口与区域经济地理学

（1）人口是人类社会经济的主体。自有人类以来，人口就与社会经济和区域开发联系在一起，尤其社会大分工以来，这种联系日益密切。人口具有三种属性：首先，人口是社会财富的创造者，是生产力的主体，由于人类的世代劳动，才创造了当今世界巨大的物质财富和精神财富；其次，人口是社会财富的巨大消费者，人类为了生存和发展，就需要劳动，需要消费，人类创造巨大财富的目的是消费；最后，人类还有自身的再生产规律，为了繁衍后代，就必须生产人口。总之，社会财富的生产者与消费者和人类自身的再生产这三个属性推动着区域开发与发展。任何一个地域，人口的这三个属性，即各种各样的劳动力、人口各方面的消费和人口增长，直接影响着区域的社会经济生活的方方面面。

（2）人口与劳动力是生产力的主体。掌握生产工具的人是生产力诸要素中最积极、最活跃的因素。生产工具靠人去掌握，劳动对象靠人使用工具去进行加工。工业生产、农业生产、交通运输业以及第三产业等，均需靠人去进行。显然，没有人口与劳动力，社会生产就无法进行。

（3）人口、劳动力与科技条件紧密结合在一起。人口与劳动力都是具有一定科技文化的载体，人口的素质则是其综合体现，对区域开发具有直接影响。

（4）人口与劳动力是区域经济地理研究中日益重要的主体，影响社会经济与环境生态领域的方方面面。因此，对人口的研究，除人口学外，成为诸多学科的重要研究内容。区域经济地理学是把人口、劳动力与科技资源作为经济地域及其系统形成发展的重要条件进行研究的。这一条件日益重要，当以知识生产为主的社会到来的时候，人口、劳动力与科技将会成为区域发展的首要条件。

区域经济地理学对人口、劳动力与科技条件的研究，主要集中在人口增长、人口素质、人口就业、人口消费与人口移动对经济地域及其系统发展的影响与作用等方面。

二、人口的数量与素质对经济地域的影响

1. 人口数量直接影响产业分布与经济地域的发展状况和产业结构类型

任何国家和地区发展生产都离不开作为劳动力的人，有了相当数量的人口就会促进经济的发展，否则就会阻碍经济的发展。可以说，产业分布和经济地域的发展，是以一定的人口和劳动力为前提的，没有一定的人口就保证不了产业分布和经济地域的发展。就此意义说，世界的产业分布与

世界人口分布基本上是一致的。

但是，人口过多或增长过快，人口过少或增长过缓，都会对产业分布和经济地域的发展产生直接影响。

一个国家或一个地区的人口过多或增长过快，超越了物质资料生产的增长速度，生产的增长被人口的增长所抵消，经济就难以发展。过多的人口会造成劳动力的相对过剩，供需紧张，在一定程度上对其经济的发展会产生不利的影响。人口劳动力过多，还会造成过分依靠已有的生产工具和经营管理办法维持生产，对科技进步与提高劳动生产率缺乏应有的动力，如亚洲和非洲有些国家和地区就是这种状况。

人口与劳动力过少或增长缓慢，也会给地区开发和经济发展带来不利的影响。例如，俄罗斯的东部地区人口密度过低，每平方公里人口西西伯利亚为5.2人、东西伯利亚为1.9人、远东地区仅为1.2人，加之气候条件恶劣，给俄罗斯开发东部地区带来一系列困难。西欧有些国家虽然生产力发展水平较高，但是人口增长过于缓慢，也显得劳动力不足，影响经济发展，不得不从南欧和北非雇用大量工人。

人口数量对产业结构类型的影响也是十分明显的。在一定的生产力水平条件下，人口、劳动力过多，适于发展劳动密集型产业，使劳动力得到较充分的就业。先由此起步，然后逐渐向高层次产业发展。我国人多地少、经济基础薄弱、资金不足，如果完全搞重型产业结构，容纳的劳动力少，同时需要大量资金，显然是行不通的。只有采取轻重结合，多发展能容纳大量劳动力的中轻型产业，才能取得就业多、投资少、见效快的效果；在农业中采取劳动密集型的精耕细作的集约化经营方式，同时积极发展农村产业和小城镇，这样才能使劳动力达到充分就业。我国在东部沿海发展特区与加工区，有利于引进外资与先进技术，又可以充分利用我国丰富的劳动力资源，促进沿海地区的经济发展，并推动全国经济的发展。

人口数量少或增长缓慢的国家或地区，为了发展生产，需更多地依靠技术进步。在生产有一定基础的国家或地区，应以发展技术密集型和知识密集型产业为方向，更多地依靠机械化、自动化，不断革新技术，提高社会劳动生产率。例如，北欧三国、加拿大、澳大利亚和新西兰等发达国家，人口密度都比较小，劳动力资源不足，更多地靠机械化、自动化提高社会劳动生产率，推动本国经济的发展。

人口数量不仅影响产业分布，也直接影响消费的地域分布和商业地理的基本特征。生产的目的是消费，包括直接消费（生活资料与文化消费）和间接消费（生产资料）。一个地域的人口多，尤其是高收入人口（职工）多，其消费量与消费水平往往高于其他地区，我国经济发达地区的城市就是这样的一种状况，因而必然带动食品、轻纺、家具制造等工业部门和乳畜业、蔬菜园艺业等郊区经济的发展以及文化消费，同时还需从外区调入大量消费品。

2. 劳动力素质直接影响产业结构层次和经济地域的发展水平

人口和劳动力的素质是一个综合概念，包括人口和劳动力的科学文化水平、心理状态、劳动技能和体质等。人口和劳动力的素质标准是以生产力与科技文化的发展水平为依据的。前资本主义时期，一个手工种地能手和能工巧匠就是高素质的劳动力；现在，高素质的劳动力必须具有较高的文化水平，又有熟练的现代劳动技能或组织管理才能。

高素质的人口和劳动力是发展高层次产业（技术密集型产业）的基础。未来以信息产业为基础的知识经济社会，高素质的人才和脑力劳动力将成为社会经济和区域发展的基础。

美国的高技术产业都位于具有高素质人口和劳动力的地方，如美国的硅谷位于加利福尼亚州的圣克拉拉县，沿谷地延伸约50千米。20世纪80年代初，这里大规模集成电路的产值占全国的40%，占世界的20%~25%。美国硅谷所以分布于此地，主要是由于附近有强大的科研基地和人才培养基地——斯坦福大学位于帕洛阿尔托市，加利福尼亚大学伯克利分校也在附近，还有其他一些高校。在谷地里，集中有6000多位博士，占美国博士最多的加州的1/6，美国许多信息产业公司的总部设于此地。西海岸的高科技产业代表美国未来经济的发展方向。

三、人口、劳动力的结构对经济地域发展的影响

人口的性别不同，所适应的产业部门也不同。有些产业适于男劳动力，如采矿、冶金、重型机械制造等。因此，在一个地区或一个城市中，产业布局合理与否，包括男女职工分布比例，直接影响城市或区域的生产和生活。

职业结构，即在一定地区内人们从事产业的比例关系。职业结构反映一国、一地区或一城市的产业部门结构及其经济发展水平。就国民经济各部门，尤其是工农业而言，各部门职工的比例往往反映其在国民经济中的地位，比例高的部门往往是国民经济中的主要部门。某一地区如果农业人口比例过高，不仅说明其工业发展水平低，而且农业机械化水平也是比较低的。一个国家的工业人口比例比较高，农业人口的比例下降，第三产业，尤其是新兴第三产业的比例在上升，则是发达国家职业结构的特点，也是世界各国经济发展的总趋势。

城乡人口结构的状况，一般说来，反映一个国家或地区的商品经济的发展程度、工业化与城市化的水平。目前世界上发达国家的城市人口比例已超过60%，比例最高的已达90%左右（如英国和比利时）。目前，我国城市人口比例只占25%左右，说明我国的生产力水平还比较低，工农业之间与城乡之间的差距还比较大。但是，对城乡人口比例的研究，需要具体分析，切不可轻易地对待比例数字。如有些农业和工业都发达的地区的城市人口比重，可能小于工业较发达的区域，但从总体上看，前者的经济实力可能强于后者。有些新开发区的城市人口比例很高，反映的是农业和其他产业发展不足，如俄罗斯远东地区，城市人口比例已在80%以上，但它是新开发区，农业很落后。

民族结构对产业分布和经济地域发展的影响也是比较明显的。首先，不同民族的劳动素养、劳动习惯和生产技术对产业分布有所影响，如朝鲜族集中区的水稻种植业占优势，蒙古族集中区的畜牧业则很发达。其次，不同民族有不同的生活习惯，有特殊的消费需求，因此，在产业布局时，一定要考虑民族特需品的生产与供应。最后，在经济区划、区域规划工作

中，在经济地域发展过程中，应充分考虑民族自治的特点。

四、人口移动对产业分布和经济地域的影响

1．人口移动与产业分布

人口与劳动力移动是人类社会的普遍现象。早期的人类为了生活，不断地寻求生产条件和物质资料比较丰富的地方，扩大自己的活动范围。人类由其发源地不断向外扩散，现在几乎遍布全球。而且，人口与劳动力还在以种种方式移动着。

由于人口具有生产者、消费者和自身再生产等属性，因此，人口的移动也就是生产者科技与文化的移动、消费者的移动和具有自身再生产能力的人的移动。当然，首要的是生产者的移动。

人口、劳动力的移动与产业分布的变化往往是一致的，并相互促进。人口的大规模移动往往是以交通条件的改善（如铁路的修筑、现代航运事业的发展）为前提的。人口移动带动产业分布变化的事例不胜枚举。

俄罗斯西伯利亚大铁路的修筑，促进了俄罗斯人向西伯利亚大规模迁移，带动了西伯利亚经济的发展。在十月革命前，西伯利亚生产的硬小麦和黄油，在国内外市场上享有盛誉。

地理大发现使旧大陆的许多人口移向新大陆，其农畜产品与新大陆的农产品进行交流，使新旧大陆的产业分布发生不少变化。例如，美洲原产的玉米、可可、番茄、向日葵、马铃薯、烟草和橡胶树等被逐步引进旧大陆，而旧大陆一些传统农作物和牲畜，也在新大陆广为分布。

大规模的人口移动主要是从已开发的地区移向未开发或开发潜力大的地区，人口移动不仅带动了产业分布的变化，相应地也带动了文化和宗教的传播及民族的迁移。

2．人口移动与区域开发

任何区域的开发与经济地域的发展都是以一定的人口为基础的。人口大规模移动对美国的经济发展起了十分重要的作用。例如，美国原住居民为印第

安人，那里的近代经济发展不足。地理大发现后，欧洲的移民（主要是英国人）大量涌入美国东北部，之后陆续向西向南推进，遍及全国，自1815~1914年，从欧洲移向美国的移民将近3000万人；自1836~1936年的100年间，爱尔兰人移向美洲的有730万人，其中大多数移向美国。因此，人们称美国为"欧洲移民国"。由于欧洲移民（主要是英格兰人和爱尔兰人）将较高素质的劳动力、先进的生产方式移往美国，从而美国发展成为典型的资本主义国家。

又如我国东北地区，在两个世纪前为清王朝的禁地，很少开发。近一个世纪以来，山东、河北的移民大量涌入东北，仅山东移往东北的移民就有2000多万人，对东北地区的开发与东北经济区的发展，起了十分重要的作用。

目前，由于世界各国各地区的经济都得到了不同程度的开发，因而，大规模的国内、国际人口移动已基本停止。但是，人口过多的国家和地区向劳动力不足的国家和地区人口移动的趋势还在继续，这种移动多数以临时工的形式出现，高级科技人才成为世界许多国家移入人口的主要对象。

国际、国内临时性或季节性的人口移动十分频繁。临时性的人口移动以国际、国内旅游者最具代表性，由于人们生活水平的提高和交通运输业和服务业的发展，为国际、国内大规模旅游提供了可能。例如，1997年世界各国共接待外国游客达6亿人次，分别是1980年的近3倍和1990年的1.5倍；我国虽然是一个发展中国家，但1997年接待的境外游客数也达6000万人次。国内季节性人口移动以我国的民工流动最为典型，北京、上海、深圳和广州等地外来打工的临时性人口每年均在百万人次以上。这一方面说明，我国东部地区经济发展迅速，需要大量劳动力；另一方面也说明我国农村劳动力过剩现象日益突出。又如春节期间上亿人次的人口大流动，给我国交通运输及其他方面均造成巨大压力，因此，需要研究改善人口流动的长效机制。

五、人口、劳动力、科技条件与区域开发

人口、劳动力与科技条件在区域开发中的地位与作用不可能一概而论，它直接受制于各国各地区的生产力发展水平和人口劳动力的状况，即

受国情与区情的制约。

我国是一个人口众多、人均耕地有限、自然资源并不丰富，且生产力发展水平比较低的国家。由于我国的经济发展水平还处在从工业化初期向中期转变阶段，从总体看，在经济地域形成发展和区域开发过程中，人口与劳动力条件的作用，不如自然条件与自然资源和交通运输条件、信息条件等那样明显，因为人口是一个遍在的因素，任何地域的开发，劳动力均有保障。但是，在区域开发中，人口问题十分突出：一是人口与劳动力普遍过剩，不仅农村劳动力过剩，城市由于企事业单位改革，下岗人员不断增多，劳动力过剩现象严重，就业问题比较突出；二是人口素质偏低，高素质的科技人才和管理人才偏少，两者对区域发展的影响是普遍的和长远的。针对我国的人口劳动力状况，在区域开发过程中所遇到的共性问题和研究课题主要有以下几个方面：

1．人口相对过剩及其解决途径

首先要研究在一定的生产力水平、自然条件与自然资源和现有经济基础的条件下，区域的人口容量及其发展预测，进而研究和预测区域的相对过剩人口，为制定区域开发战略提供基础。

（1）区域人口容量是一个综合概念，概括而言是反映一个经济地域可以容纳的最大的人口数量。区域人口容量与区域自然条件、自然资源、生产力发展水平与经济实力和环境容量呈正相关关系。人口容量是一个动态概念，区域人口容量随着经济发展和环境改善而不断增加。因此，控制人口和发展区域经济是解决区域人口相对过剩的主要途径。研究区域人口容量，可以使我们有的放矢地进行区域建设和解决人口问题。

（2）解决人口与劳动力相对过剩问题是我国的基本国情，是长期的研究任务。我国人口压力确实很大，但解决的途径与潜力也很大。除采取积极控制人口的政策和大力发展高新产业外，更多地需要发展劳动密集型工业、劳动集约型农业和大力发展第三产业、城市社区服务和小城镇与农村产业，大力发展社会生产力，容纳更多人口就业，不断提高全民族的生活水平，是解决这一问题的根本途径。

2．研究提高劳动力素质的途径

从总体看，我国的人口劳动力素质偏低，应该持续不断地发展教育事业，以达到提高全民族素质的目的。

具体分析可以发现，发达地区与后进地区所面临的人口劳动力问题是完全不同的。有些经济发达地区的人口劳动力素质较高，科技文教发达，人才济济。这类地区的突出问题是人才与产业的合理结合和不断促进产业结构层次的高级化。多数后进地区技术人才与管理人才缺乏，是制约经济发展的重要因素。因此，针对不同地区应采取不同对策，通过提高科技文教水平，努力提高人口劳动力的素质，不断地改善区域人口劳动力条件。

3．研究区域人口移动

随着我国改革开放进程的发展，作为生产力重要因素的人口劳动力的地区流动，无论从规模和频率诸方面都会有很大发展，它对于不断缩小地区间经济差距以及发展商品经济等都是一个积极因素。但是，针对我国人口相对过剩、经济和运输承担能力有限的情况，必须有计划地组织人口的合理流动，尽量避免人口的盲目流动。为此，要结合我国特点，开展对人口移动规律的研究，预测人口移动的趋势，采取正确对策，引导人口的合理流动。

第五节　经济条件

经济条件是经济地域形成发展的经济基础，往往也是上述诸条件在经济地域中的具体反映。在市场经济下，经济条件显得日益重要。经济条件主要包括区域的经济发展阶段、原有的社会经济基础、市场条件和资金条件四项内容。现有的经济条件也是未来经济发展的起跑点。

一、区域经济发展阶段

我国各个经济地域基本都处于工业化阶段，但各个地域具体的发展阶段的层次水平与类型不同。对区域经济发展阶段的判断是一个复杂的过程，对三次产业比例的分析可以提供准确判断的前提与基础，但仍须分析工业结构、区域的国内生产总值、产业结构效益以及与外区的对比等，这样才能较为准确地确定区域经济发展阶段和类型。

区域的发展阶段主要是通过工业化发展水平得以反映的，同时也要考虑区域加工制造业与产业关联的发展水平。有些地域在加工制造业的发展基础上，大力发展现代第三产业，说明其经济发展已进入一个新的阶段——工业化后期阶段。

二、原有的社会经济基础

产业分布与经济地域的发展都有历史的继承性，生产方式的变革与社会变革，不是对已有物质基础推倒重建，而是在前人已有的基础上进行改造和发展。充分利用与发挥已有社会经济基础的优势，改变其劣势，是社会在产业分布与经济地域发展过程中必须认真考虑的问题。

已有的社会经济基础主要指历史遗留下来的第一、第二和第三产业的产业基础，过去积累的文化和科学技术基础及经济管理基础等，其中以产业基础最为重要。这些历史遗留下来的基础，无疑对当前和今后的产业分布和经济地域的发展具有深远的影响。例如，我国确定东部经济地带作为今后相当长时期经济建设的重点，就是为了充分发挥其已有的社会经济基础的优势。东部地带集中了我国大部分工业企业、对外的主要港口与一批大城市，如广州、北京、上海、南京、天津、沈阳和大连等均分布在这一地带内；这里分布有半数以上的全国铁路、公路、水运、航空和管道运输线路；农业也很发达；科学文化基础也高于全国其他地区。显然，这里具有十分有利的条件。

产业分布与经济地域的发展必须充分利用已有的经济基础，这是因为产业分布，尤其是工业企业的分布一经形成则影响深远，很难随意改变。例如，吉林市的工业分布，于新中国成立初期着重发展煤化工、铁合金、造纸和甜菜糖等主要工业部门，并形成较为雄厚的工业基础。吉林市由于周围地域煤炭资源枯竭，即能源电力紧张，工业分布的条件已经发生了很大的变化，但是已有的工业企业已布局成型，难以搬迁。为此，必须考虑原有工业基础和其他产业分布条件的变化，在着重发展耗能与耗原材料少的加工工业的同时，对已有的工业采取相应的改造与调整措施，如化学工业在煤化学工业的基础上，转向着重发展石油精细化工，耗能多的铁合金工业向高层次产业发展，造纸工业应控制规模，并进行搬迁改造，甜菜糖工业应在降低甜菜运价和产品成本以及综合发展方面采取措施，还应发展其他现代产业部门。总之，已有的社会经济基础在企业分布与地域发展中，是经常起作用的一个因素。

三、市场条件

生产的目的是消费，商品性生产需要通过市场，将产品转入消费者手中。因此，市场与消费条件对产业分布与经济地域的发展具有重要的影响。如果说自然条件与自然资源、位置与交通信息条件和人口与劳动力资源等，是从生产的可能前提方面影响分布，那么市场与消费条件则是从生产的目的方面影响产业分布。消费水平的提高、市场条件的变化，都对产业分布和经济地域的发展有着重要影响。过去，我国在经济地理研究中，有忽视市场消费条件的倾向，往往就生产布局而谈生产布局，因而造成产业布局的盲目性。近些年来，为市场生产和为人民需要生产的目的性日益明确，这就对产业分布和经济地域发展的目的性更加清楚。

就区域经济地理而言，劳动地域分工理论实质上就是互为市场的理论。它主要是研究如何发挥各个地区诸条件的特点，发展优势产业，以其优势产品与其他地区进行商品交换，从而在宏观上实现互为市场的目的。在区域形成发展的社会经济条件中，把市场作为一个条件提出来，其目的在于强调市场条件的重要性。

市场条件直接影响产业分布的内容和经济地域产业结构的变化，如东北经济区农业结构的变化，直接与国内外市场条件的变化有关。在进入半殖民地时期，商品经济开始发展以来，最初为了适应国际市场的需要，着重发展小麦与大豆种植业，其他农业部门主要是为了满足区内的需要。新中国成立后，为了满足区内及国内对粮食的急需，着重发展高产的玉米种植业，进而进入国际市场（向东北亚地区输出玉米），以致吉林省玉米种植面积的无限制扩大和玉米产量相对过剩的局面，而其他作物的种植面积逐渐缩小。进入20世纪90年代以来，随着玉米深加工产业的不断发展，又显现出玉米种植面积和产量的不足。今后，随着国内外市场条件的变化，东北区的农业结构必将迎来新的变化。

又如，近些年来由于我国人民生活水平的不断提高，日用消费品及耐用消费品的发展十分迅速。有关企业对市场与消费缺乏预测，曾一度盲目引进生产线、盲目布点与重复建设，以致某些产品大量积压。这从反面说明了市场与消费条件对产业分布和经济地域发展的影响。

产业分布与经济地域的产业结合并不是一成不变的，必须以市场与消费条件的变化为依据，不断地进行调整和发展。如我国一些旅游城市，由于国内外旅游人数的猛增，已逐渐成为旅游商品的重要消费市场，从而相应地带动食品、服装、工艺美术、皮革制品以及众多的服务业部门的迅速发展。而且这样一来，工业企业就会根据市场要求的变化，改变产品品种、型号，或使产品不断更新换代乃至转产。

区域经济地理学对市场条件的研究主要是宏观市场环境，研究大的地域分工环境，对于瞬息万变的某些商品品种市场的变化，则是其他学科的研究内容。

四、资金条件

任何经济地域的发展都离不开资金保证，没有必要的资金，任何开发项目都落实不了。一些发达国家和地区资金充裕，在区内外如何投放资金是他们面临的问题；而广大发展中国家和地区，资金短缺则成为影响其经济发展的重要因素。因此，在区域开发过程中，必须认真分析资金来源，研究资金筹措措施，从而为制定区域发展计划提供科学依据。

一个区域的金融状况也是资金条件的一个方面。发达地区和国家金融条件优越：国内外银行设置较多、金融流动通畅，往往又是资金的净流入地区。而一些落后地区和国家金融状况不佳，金融机构设置较少，资金外流。因此，如何改变后进地区的金融状况，是促进区域发展的重要因素。

第六节　社会条件

社会条件是经济地域与经济地域系统形成发展的社会基础。经济地域的形成发展，需要体制、政策与国内外环境的保证。随着经济的快速发展，在社会经济进入工业化中期以后，社会矛盾日益增多，对经济地域及其系统的影响也日益加大，社会条件在经济地域形成发展中的作用逐渐增强。当前，西方经济学提出的制度转向、文化转向，反映了社会经济发展过程中社会文化因素的重要性。

社会条件主要包括体制政策条件与政治环境两大部分。

一、体制政策条件

在社会主义市场经济条件下，社会经济发展与体制政策的关系，始终处于不断调整与适应的过程，不断地改革开放是解决这一矛盾的重要途径。

体制对经济地域及其系统的影响很大。计划经济体制与市场经济体制有很大的不同，对经济地域的发展，其作用也有许多的差异。例如，我国东北经济区是在计划经济条件下形成的典型经济区，企业大而全、小而全，条块分割、自成体系，民营经济不发达，从而使经济联系差，经济运行不活，与我国东部沿海地区相比，经济效益不高。自《东北地区振兴规划》实施以来，东北经济区有了很大的发展，但欲使其彻底转变为社会主义市场经济体制，还须经历相当长的过程。

行政管理体制也直接影响经济地域的发展。我国的行政区划管理体制，对我国的社会变革与经济发展，以及社会稳定均发挥了十分重要的作用。但是，随着社会主义市场经济的发展，市管县的体制开始束缚县域经济的发展，行政界限不断影响经济一体化的进程和区域关系的协调。因此，必须不断改革管理体制，推动区域经济的健康发展。

对外开放政策对我国区域发展影响十分深远，如我国东部特区、开发区建设，尤其是深圳特区、上海浦东新区的开发等，西部大开发、东北老工业基地振兴等。反之，区域保护主义政策对区域本身和其他地区的发展，从长远看都是极为不利的。

国家干预与宏观调控是所有市场经济国家都在采取的重要措施，我国作为社会主义市场经济国家则更具有优越性。2008年源自美国的世界金融危机，其原因之一正是宏观调控的失控。因此，这进一步说明了即使是在资本主义制度之下，国家的干预与宏观调控也是绝对不可或缺的。

那么，作为上层建筑的体制、政策与作为经济基础的产业分布和经济地域的发展是怎样一种关系？总的来说，两者是辩证统一的关系。体制和政策是对客观事物规律性的反映，能促进产业的合理分布，加快经济的发展。一般说来，社会主义市场经济国家的法律、计划和政策更容易反映客观的规律性，体现社会主义市场经济的优越性；但是，由于主观认识上的差错，也容易产生政策、计划方面的失误。因此，必须深入地认识与掌握产业分布和经济地域形成、发展的客观规律性，用以指导人们的主、客观实践。

二、政治环境

国家的经济发展必须有一个良好的国内政治环境与国际政治环境，否则，对产业分布与经济地域的发展都会带来不利的影响。

国际环境对产业分布与经济地域发展的影响是很明显的。例如，第二次世界大战期间，美国出于战时国际环境及其自身安全的考虑，许多飞机制造与军火工厂迅速由东北部疏散到南部、西部诸州；而战后，美国推行扩军备战政策，又继续在南部、西部诸州大力发展宇航、航空和军事工业，使西雅图、洛杉矶和休斯敦等地成为重要的工业基地，对全国产业分布向南、向西的转移有着重要的影响。

新中国成立后，我国的产业分布和经济地域发展受国际环境的影响也很明显。新中国成立初期，由于帝国主义威胁，不得不把东部沿海的一些工业迁往内地，并重点进行东北工业基地的建设。后来由于情况发生变化，延缓了东北工业基地的建设，把资金主要投向大三线建设上。十一届三中全会以来，卓有成效地贯彻对内搞活、对外开放的方针，又将投资的重点放在东部沿海一带，从而促进了东部地带的优先发展。

目前，我国国内政治稳定、安定，国际环境对我国有利，东部沿海地带经济实力的迅速增长，为我国西部大开发和东北老工业基地振兴提供了有利的国内国际的政治环境。

第七节　诸条件因素的相互联系与互为制约

一、诸条件因素对经济地域的综合作用

前面分别考察了五个条件因素对产业分布和经济地域形成、发展的影响与作用，其目的在于把各个因素剖析清楚，便于逐个认识诸条件因素。

其实，诸条件因素是错综复杂地共同作用于产业分布和经济地域的。

任何一个经济地域的形成与发展，都不是单项条件作用的结果，而是五个条件综合作用的产物。

例如，在自然条件优越与自然资源丰富的地域，虽然这一条件对经济地域的形成与发展是十分有利的，但是如果没有方便的交通运输条件和一定的劳动力保证，自然条件与自然资源的优势也不会发挥出来。此外，还需要靠一定的政策、法律和内外有利的政治环境作保证，才能使一个区域的经济健康地发展起来。

有的经济地域虽然位置与交通信息条件十分优越，但必须在一定的自然条件与自然资源的基础上求得发展，并应有足够的劳动力和有利的社会经济条件作为保障。

有的经济地域，如高技术地域或出口加工地域，其人口劳动力条件占据优势。但是，它的发展必须要有位置与交通信息条件的保证，又要依靠当地一定的自然条件与自然资源，也需要有相应的社会经济条件的保证。

社会经济条件往往也成为某些经济地域的主要优势，但是这一优势的发挥，必须依靠自然条件与自然资源、位置与交通信息条件，以及人口和劳动力条件的保证。

总之，在一个经济地域内，五个条件是紧密相连、相互影响、互为制约、共同作用于经济地域的。因此，只有了解这些条件因素在相互联系、互为制约过程中的关系，才能正确认识诸条件在经济地域形成发展中的作用。

二、区域产业所要求的主导因素与次要因素

经济地域是由众多的产业部门组成的，各产业部门与条件的关系，并非是上述各个因素平均地起作用，而是有主要作用与次要作用之分。不同的产业部门、不同的经济地域，其主导因素与次要因素都不一样，表现的差异也是十分明显的。

现在已经形成了各种繁多的产业。各种产业的生产特点不同，因而，对条件因素的要求也不尽相同。有的是自然条件、自然资源起主导作用，有的可能是位置、交通、信息条件起主导作用，有的则是其他条件因素起主导作用。现仅就一些有代表性的产业部门对条件的要求程度列表如下（表6-3）。

表6-3　产业分布的主要因素和次要因素

	产业部门	自然条件与自然资源	位置、交通、信息条件	人口与劳动力条件	社会经济因素
第一产业	采掘业	+ + + +	+ + +	+ +	+
	农业（种植业与畜牧业）	+ + + +	+ +	+ + +	+
	郊区农业	+ +	+ + + +	+	+ + +
第二产业	重型机械	+ + + +	+ + +	+ +	
	中轻型机械	+	+ + + +	+ + +	+ +
	高技术工业	+	+ + +	+ + + +	+ +
	农副产品加工业	+ + + +	+ +	+ + +	+
第三产业	交通运输业	+ + +	+ + + +		+
	其他第三产业	+	+ + +	+ + + +	+ +

注："+"号多少表示作用的强弱。以下各表同此。

表6-3反映的内容虽然不十分精确，但是可以看出不同产业对条件的要求是不同的。有些产业部门对条件的要求程度可能反映得并不明显，但是，结合具体环境还是可以看出诸条件因素的作用程度。

三、经济地域形成发展的主要因素与次要因素

一个经济地域的诸条件因素的作用总和好比一个常数，但由于众多因素的制约，这些条件在区域形成发展的作用并不同，即各自作用所占的百分比不同。因此，各个经济地域在其形成发展过程中，主要条件与次要条件是各不相同的。原因在于：各个经济地域所处的地理位置不同，所拥有的自然条件与自然资源不同，发展的水平不同。由于主要因素与次要因素

的互为作用，并与具体地域相结合，形成不同的经济地域类型与产业结构类型。若把一个国家作为一个经济地域来考察，主要因素与次要因素的作用与经济类型的关系如表6-4所示。

表6-4　各国经济发展的主要因素、次要因素与经济类型的关系

国家	自然条件与自然资源	位置、交通、信息条件	人口与劳动力条件	社会经济因素	经济地域类型
俄罗斯	＋＋＋＋	＋＋	＋	＋＋＋	资源型
中　国	＋＋＋	＋	＋＋＋	＋＋	资源－加工混合型
美　国	＋＋＋＋	＋＋＋	＋＋	＋	资源－加工混合型
英　国	＋＋＋	＋＋＋＋	＋＋	＋	资源－加工混合型
日　本	＋	＋＋＋＋	＋＋＋	＋＋	加工型
新加坡	＋	＋＋＋＋	＋＋＋	＋＋	加工型
瑞　士	＋	＋＋＋	＋＋	＋＋＋＋	加工型

　　一个国家内各个经济地域形成、发展的主要因素与次要因素的作用与经济类型关系是各不相同的，现以我国几个省区为例来加以说明（表6-5）。

表6-5　我国几个省市的主要因素、次要因素与经济类型关系

省市	自然条件与自然资源	位置、交通、信息条件	人口与劳动力条件	社会经济因素	经济地域类型
黑龙江	＋＋＋＋	＋＋＋	＋＋	＋	资源型
吉　林	＋＋＋	＋＋＋	＋＋	＋	资源－加工混合型
上　海	＋	＋＋＋＋	＋＋＋	＋＋	加工型
深　圳	＋	＋＋＋	＋＋	＋＋＋＋	加工型

四、主要因素与次要因素的转化与递变

任何经济地域在其形成发展过程中，主要因素并不是永远不变的，而是处在转化与递变的过程中。由于生产力的发展、自然资源状况的变化、位置与交通条件的改变以及人口与劳动力素质的变化等，其主要因素也会不断改变。

以沈阳为中心的我国辽中经济区和以车里雅宾斯克与叶卡杰琳堡为中心的俄罗斯乌拉尔经济区而言，两地的形成发展初期，以煤、铁为主的自然资源发挥了主要作用，其他条件为次要因素。但是，经过长时期的开发，区域内的资源逐渐减少，煤炭产量日减，铁矿石储量渐少，能源与原材料已需大量由外地调入。这样，在区域发展中，自然资源的作用逐渐减弱，位置与交通信息条件的作用逐渐加强，高质量劳动力在区域中的作用也在加强。现在，这两个地区已经从资源型经济区变成资源-加工混合型经济区了。

一个经济地域在自然资源蕴藏状况没有新的变化的情况下，各条件的主导作用大致经历着由自然条件与自然资源—位置与交通信息条件—人口与劳动力条件或社会经济条件的转变过程，其地域类型则经历着由资源型—资源-加工混合型—加工型—更高层次加工型的递变过程。认识区域经济类型演化规律，有助于自觉地调整地区产业结构和产业政策。

五、诸条件因素的综合分析与区域开发

对一个经济地域的认识，首先要从对诸条件的分析入手。对诸条件分析认识的过程可用图6-2表示。

如果把我国吉林省作为一个经济地域来看，在实践中对它的认识过程可用图6-3表示。

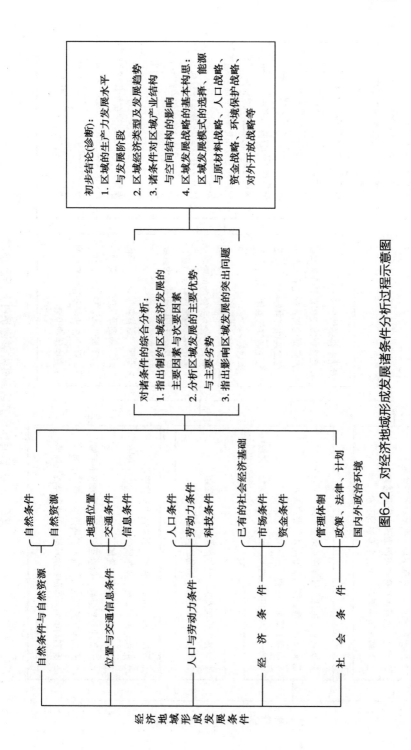

图6-2　对经济地域形成发展诸条件分析过程示意图

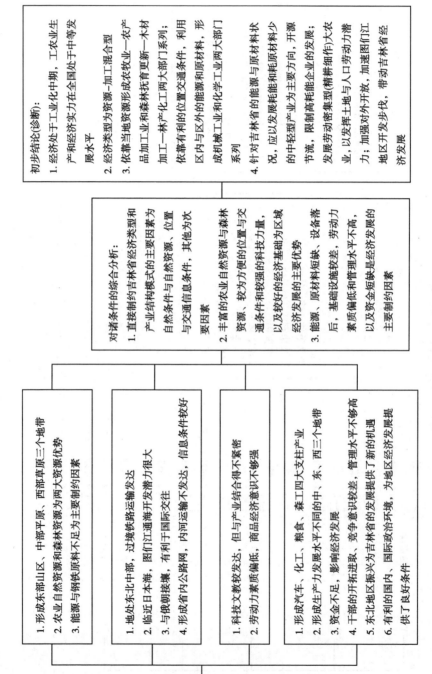

图6-3 对吉林省经济区形成发展诸条件分析示意图

第七章　区域的产业部门结构

第一节　产业结构与区域经济地理学科

一、产业结构的内涵

产业是指国民经济的各行各业，其含义比经济的含义要窄一些，因此，可以说产业是经济的主要内容与核心部分。产业结构是指产业与产业之间的比例关系与组合形式。广义的产业结构包括的面很宽，是一个十分复杂的结构系统；而狭义的产业结构主要是指产业的部门结构与产业的空间结构（或称地域结构），而区域经济地理学主要研究狭义的产业结构。狭义的产业结构与广义的产业结构的关系可通过图7-1概括表示。

通过图7-1可以看到狭义的产业结构（产业部门结构与产业空间结构）与广义的产业结构有着十分密切的联系，并相互影响与互为制约。人类的经济活动最终要落实在产业部门和具体地域上。

产业的基本细胞是企业，即企业是产业的主体，企业依据生产技术联系、经济联系以及性质的相同性而组合为产业部门，由众多的产业部门组合而成为产业部门结构。诸产业部门都要落实在地域上，在地域上诸产业部门与经济事物有机地组合则形成产业的空间结构，它们之间的关系可见

图7-2。

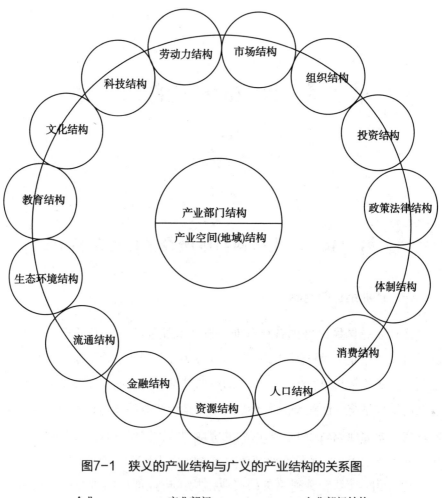

图7-1 狭义的产业结构与广义的产业结构的关系图

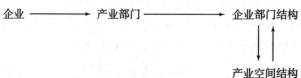

图7-2 企业与产业结构的关系图

产业结构与企业和产业部门相比具有以下特点：

（1）产业结构是一国一地区国民经济总体状况的直接反映，是国民经济诸部门的组合、集聚与关联的形态，主要通过部门结构与空间结构表现出来。

（2）产业结构所表现的是整体功能与整体效益，与企业及部门单项的功能与效益有所不同。一个国家或地区如果产业部门组合得当，产业地域组合科学、合理，将推动国民经济健康、快速、有序地发展；否则，相反。总之，产业结构不是诸多部门的简单相加，而是部门或地域的组合与质态的反映。因此，其结构功能可能是乘数效应或除数效应。

（3）产业结构是一个有机体。生产力与科技进步是它发展的动力，要素流动与运动和产业部门与地域的有机联系，促使产业结构不断地进行调整与均衡，使其不断地从低级走向高级，由无序走向有序。因此，产业结构有其自身的形成发展过程与阶段，是一个动态的经济实体。

（4）区域产业结构是产业结构巨系统的子系统。任何地域的产业结构都在大的产业结构系统中占有其地位，通过分工和联系与其他地域发生着物质交换关系。因此，只有在系统联系中认识产业结构，才能把握其发展变化的规律性。区域产业结构都是具体的，有各自的个性与特点，因此它与区域的条件和环境紧密结合，与区域发展阶段相一致。总之，在共性的产业结构发展规律作用下，必须深入探讨区域产业结构的个性发展规律与特点，这是区域经济地理学科的重要任务。

（5）区域产业结构主要是通过三次产业的比例关系及核心、外围、网络关系反映出来的，但是它不能说明全部问题和具体区域问题，其探讨的内涵比上述概括要广泛且复杂得多。因此，必须结合区域实际，并在区域对比中对具体区域进行具体分析。

二、产业结构研究在区域经济地理学科中的地位

（1）生产（产业）分布（布局）研究始终是经济地理学（包括区域经济地理学）的核心研究领域。从经济地理学诞生起，生产分布就是核心研究内容，甚至被作为学科的研究对象。从研究范围看，首先提出研究生

产分布；进而提出研究生产布局或生产配置；随着市场经济和第三产业的发展，又提出研究产业分布或产业布局；当今，随着世界经济和科技革命的发展，已把产业结构网络的研究提到重要地位。从研究内容看，由最初的单项（工业、农业与交通运输业）静态研究，走向多项（包括第三产业）的动态分析；进而把区域产业结构和地域产业系统（或产业综合布局）作为主要研究方向。从研究领域看，长期以来，经济地理学对产业分布（布局）的研究始终定位在对条件和特点的研究上，随着对结构网络的研究，必然深入到对经济运行内部机制和结构本身的探讨上。

对产业布局和产业结构的研究是经济地理学参与实践的重要领域，在实践过程中对经济社会的发展作出了重要的贡献。

（2）对产业结构网络的研究，区域经济学要早于经济地理学，甚至区域经济学把其研究对象确定为结构网络。因为区位理论比较完备，所以，在这一研究领域，区域经济学占有优势。

区域产业结构网络的研究是经济地理学与区域经济学的共同研究领域，而结构网络的内容十分繁杂，就此意义而言，它也是多学科的研究领域。依据学科特点与研究传统，笔者认为经济地理学对产业结构网络的研究，主要侧重在产业部门结构和产业空间结构两大方面，其他内容则由经济学或其他学科来研究。

（3）对产业结构的研究，在区域经济地理学科体系中居于承上启下的地位，条件研究为产业结构研究提供基础，产业结构的分析又为地域系统与地域类型和区域关系的研究提供前提。总之，对经济地域与经济地域系统的研究，条件是基础，产业结构是主要内容，类型与系统是地域表现形式，区域关系研究是区域经济地理研究的最后落脚点与归宿。可见，产业结构研究对区域经济地理学科的重要性。本章主要阐述部门结构问题，下一章重点分析产业空间结构。

（4）区域产业部门结构是指一定地域的产业诸部门的组合关系，即结构关系。经济地理学对产业结构研究的特点：一是离不开具体地域，与区域的条件特点密不可分；二是离不开具体部门，研究具体部门的结构组合关系，因此对产业部门结构的研究不能仅停留在三次产业的一般比例与组合关系上；三是要以大的部门地域系统为背景，研究具体地域的部门结构；四是要从动态上研究产业结构的发展变化，为区域产业结构的不断调整与升级提供科学依据。经济地理学与经济学或区域经济学所不同的是，经济学与区域经济学主要侧重于研究产业结构与区域发展的一般规律，而经济地理学所研究的则是具体区域的产业部门结构。

三、区域经济地理学如何研究产业部门结构

区域经济地理学对产业部门结构的研究应充分发挥地理学科的优长，借助经济学科的理论方法，运用地理思维能力，对区域产业部门进行结构分析与综合布局研究。其主要研究内容有以下几个方面：

（1）在对区域条件、环境分析的基础上，首先明确区域经济的发展阶段及其环境背景格局，从而为分析区域产业部门结构提供基础和前提。

（2）研究要素的流动、组合与区域企业部门的组合类型。要素的流动组合受区域条件、环境的制约。因此，对这一问题的研究也离不开对区域条件、环境的进一步分析。

（3）研究区域产业的生产技术联系与生产经济联系，探讨产业链、产业关联与地域产业部门结构的关系。

（4）研究区域产业部门分工，搞清区域主导产业、支柱产业、基础产业、瓶颈产业及其相互关系。

（5）研究区域产业结构类型及其演变趋势，分析区域产业结构发展的障碍因素。

（6）从区域经济地理学角度，研究区域产业部门结构调整与优化升级的战略举措。

总之，区域经济地理学对产业结构的研究是在一般原理指导下研究具体地域，紧密结合区域的条件与环境，在对三次产业分析的基础上，重点

区域经济地理学

研究产业部门及其组合形式，在对产业部门现状认识的基础上，重点研究存在的问题及进一步发展的主要障碍因素，从而为部门结构调整及其不断高级化、研究制定产业部门发展战略与产业结构优化模式等提供依据。

第二节　要素流动组合与企业部门类型

一、一般原理

关于产业要素、要素流与要素组合问题，在本书第四章"经济地域运动规律"中已论述，指出要素投入与要素流动从时间与空间层面看，都是一个动态的概念，只有与产业结合，才能成为经济实体。

产业结构由诸产业部门组合而成，各产业部门的基本细胞是企业，而各企业与部门都是产业诸要素流动组合的结果。总之，要素、要素流动和组合与企业、产业部门和产业部门结构的形成发展是紧密联系和相互促进的。

下面按历史过程考察一下现代产业与要素投入的相互关系，见表7-1。

通过对表7-1的分析，可以得出下述结论：

（1）在现代产业的发展过程中，现代产业部门的不断形成是与新资源要素的不断投入同步进行的，并相互影响、互为制约。

（2）现代产业部门随着生产力的发展和劳动部门分工的不断深入，产业部门不断增多，其科技含量不断加大。产业类型，最初由劳动密集与资源密集型起步，进而发展为劳动与资金密集型、资金与技术密集型，乃

166

至最后发展为技术密集型的产业结构类型。

（3）产业的发展和资源与要素的投入有继承性。也就是说，虽然在当代形成了许多新的产业部门，但是已有的传统产业仍在起作用。目前，有许多新的资源要素投入到经济运行之中，但是已有的资源与要素仍在发挥作用。问题在于：传统的产业要适应时代的要求，不断地用新的技术来武装和进行改造；已有的资源要素将投入利用得更加合理，其质量则不断提高。

表7-1　现代产业类别与要素投入关系

产业发展阶段	现代产业部门	资源与要素投入	产业类型
工场手工业阶段	炼铁业、纺织业、农产品加工业	普通劳动力、铁矿石、棉毛、农产品	初级的资源密集型与劳动密集型
第一次产业革命	轻纺工业、煤炭工业、钢铁工业、机械工业	棉毛、煤炭、钢铁、机械设备、较熟练劳动力、资金	资源密集型、劳动密集型
第二次产业革命	电力工业、有色金属、化学工业、电力与内燃机械制造、石油天然气工业	石油、天然气、有色金属、化工原料与产品、各种机械设备、熟练劳动力、大量资金	以劳动、资源与资金密集型为主，以资源与劳动密集型为辅
第三次产业革命	电子工业、宇航工业、有机合成工业、稀有金属、自动化设备、新兴第三产业	电子工业产品、机械设备与零部件、化工产品、原油、熟练工人、科技管理人才、大量资金	资金与技术密集型为主、劳动与技术密集型为辅
未来知识经济时代	电子工业、智能工业、高技术含量的第三产业、新能源与新材料	高科技人才、管理人才、电子智能产品与零部件、新能源、新材料、大量资金	以技术密集型为主，以资金技术密集型为辅

（4）产业的转移和资源与要素的移动是一条客观规律。一般地，高新技术产业向发达国家和地区集中，资源密集与劳动力密集型的产业向后进的发展中国家和地区转移；许多重要的资源与高质量的要素向发达国家和地区集中，而一般的设备、技术、管理人才与经验以及资金流向发展中

国家和地区等，这些都是产业发展的总趋势。

（5）世界各国各地区的产业发展是不平衡的，有的已迈入知识经济的门槛，有的还在初级资源密集型与劳动密集型产业阶段徘徊。因此，只提供一般产业发展规律或几种发展模式已远远满足不了世界各国各地区产业发展的需要。必须具体问题具体分析，结合区域的条件、环境和产业部门类型，研究区域产业部门结构，这是区域经济地理学科的重要任务。

二、第一产业的要素组合与部门结构类型

（一）产业部门分类与特征

第一产业又称第一次产业，按传统分类方法，包括农业、林业、畜牧业和渔业等，根据产业的运行次序与对资源的开发关系，还应包括采掘业。根据国家标准局产业划分的16个门类中，上述部门分列于A类与B类中①。

可见，农、林、牧、渔业与采掘业性质相近，为便于对部门类型阐述，将他们均放在第一产业里。第一产业的主要特点如下：

（1）它是直接作用于自然资源（即直接劳动对象）的产业部门。农业作用于土地，林业作用于森林资源，畜牧业主要作用于草原，渔业作用于水体，而采掘业主要作用于各种地下资源。

---

① 国家标准局颁布的《国民经济行业分类与代码》，把全部的国民经济分为16个门类、91个大类、300多个中类和更多的小类。这16个门类依次是：A类的农、林、牧、渔业（含5个大类）；B类的采掘业（含7个大类）；C类的制造业（含30个大类）；D类的电力、煤气及水的生产和供应业（含3个大类）；E类的建筑业（含3个大类）；F类的地质勘查业、水利管理（含2个大类）；G类的交通运输、仓储及邮电通信业（含9个大类）；H类的批发和零售贸易、餐饮业（含6个大类）；I类的金融、保险业（含2个大类）；J类的房地产业（含3个大类）；K类的社会服务业（含9个大类）；L类的卫生、体育和社会福利业（含3个大类）；M类的教育、文化艺术及广播电影电视业（含3个大类）；N类的科技研究和综合技术服务业（含2个大类）；O类的国家机关、政党机关和社会团体（含4个大类）；P类的其他行业（含1个大类）。

（2）它是人类生存、发展的基础。人类的衣、食、住主要来自第一产业，虽然未来的代用品与加工品不断增多，第一产业的地位不断减弱，但其作为国民经济基础产业的地位还不能动摇。

（3）它是第二产业、第三产业，乃至第四产业发展的基础。第二产业有的称之为加工业，是指对第一产业的产品加工、再加工。在产业部门分类中，它属于第二个层次。大部分第三产业也是由第一、第二产业提供产品，通过流通、交换、消费诸环节，直接或间接地为广大人民群众服务。

第一、二、三、四产业的层次，随着人类经济的不断发展而陆续展开，而第一产业的基础产业地位与第一层次十分明显。

（二）农业、林业、畜牧业、渔业

农业、林业、畜牧业和渔业统称大农业，在我国还应包括采集野生植物和狩猎野生动物等副业。因而，把农、林、牧、副、渔五业统称为大农业（以下简称为农业）。

1．农业生产的特点

（1）自然再生产与经济再生产过程的统一。农业生产是直接与自然界打交道的部门，受自然规律的支配。同时，农业生产又是人类的社会经济活动，受社会经济规律制约。

农业是直接从野生动植物选育、栽培、驯化、优化而逐渐发展起来的，它与自然环境，尤其与农业自然条件发生着十分密切的物质交换关系。因此只要遵循自然规律，始终注意农业自然生态的平衡，就可以使土地肥力不断得到恢复，使水热资源得到平衡，生物资源也能不断得到补充，从而，可以永续地进行农业的自然再生产过程。

农业又是人类所从事的社会经济活动，社会生产力的发展水平，生产工具的发展状况，社会分工的发展程度，农业的生产技术、耕作制度与经营管理状况等，无一不对农业生产产生重要影响。因此，在农业生产过程中，要时刻处理好发展农业生产与合理开发、利用与保护农业自然资源的关系，搞好农业国土整治，始终注意自然生态与社会经济生态的平衡。

（2）农业生产过程主要为生物过程，受自然条件的严格制约。农业生产是依靠太阳能，在一定的土地和水热资源基础上所进行的种植业、林业和渔业活动。

土地资源（包括耕地、可耕地、草场、水面）是发展农业生产的基础，没有适当的土地资源，就无法进行农业生产；土地资源的质量状况，直接影响农业生产的效果。热量资源直接决定农业的生产内容，由于不同的纬向地带和垂直地带，太阳辐射量与活动积温不同，必然形成不同的农业自然景观，各自对农业生产内容有着严格的限制。降水和水资源状况决定农业的收成和稳定性，即有收无收在于水。生物资源的状况直接影响土壤（包括水面）的肥力，影响耕地、林地、草场和水面的肥力与营养状况。

上述几种农业资源，综合地作用于农业生产，农业自然资源的组合状况直接影响农业生产状况。

（3）生产力发展水平和地域分工发展的深度，直接决定农业生产的发展水平和商品化与专门化的程度。农业是一个历史悠久的传统产业部门，前资本主义的农业，以手工劳动为基础，其生产水平是很低的。产业革命后，由于工业的发展，农业不断地实现机械化、水利化、化肥化和电气化，从而形成了现代农业。由于工业和城市的发展，促进了商品性农业的发展；由于地域分工的深化，带动了农业地域专门化，促使农业专门化地域不断出现并迅速发展。当今世界各国各地区，其生产力水平高的地域，农业生产水平也高，农业商品化与地域专门化也发达，否则则相反。

（4）社会经济因素对农业生产结构有着强烈影响。农业自然条件与自然资源为农业生产的发展提供了可能性和地域分布的大框架。但是，农业生产如何发展，形成什么样的结构模式，则受许多社会经济因素的制约，如各国各地区的国情、区情、农业战略、政策、经营规模和管理制度等。

2. 农业生产要素组合与部门结构类型

农业生产诸部门是典型的资源主导型产业，其所依赖的是农业自然资源（光、热、水、土），其中土地与水面是进行生产的基础，再即是劳动力资源。农业生产的要素组合比较简单，即土地、劳动力与农业生产工具三要素的组合。但是，随着生产力的发展，农业生产要素的质量不断提高，数量也在增多，而农业生产的领域则不断缩小。

在前资本主义的农业社会，农业生产是社会经济的主体，农业生产要素是土地、低素质的农民和手工农具与马拉农具。到了工业社会，随着工业化的不断拓展，许多部门从庞大的农业生产领域中分离出来，变为农业生产产前与产后的生产与服务部门，如图7-3所示。

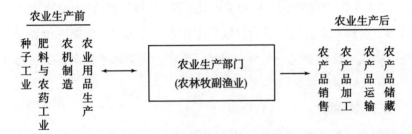

图7-3　农业生产部门分化示意图

图中所示的农业生产前的诸部门的产品，就成为农业生产新投入的要素。投入的要素数量增加了，其质量也比农业社会时期大大提高了。

农业的产业链不长，其所能带动的部门主要有：食品工业、轻工业、食品化工、木材加工、林产化工和医药工业等。

3．农业在地域部门结构中的地位

（1）农业是经济地域的基础部门，但往往不是最主要的专门化部门。关于农业是所有经济地域的基础部门的问题前已论及，不再赘述。那么，为什么说农业往往不是最主要的专门化部门呢？主要是由于在当今的工业社会里，工业往往成为许多经济地域最主要的专门化部门，其产值远远超过农业部门；有些农业发达地区，某些农业部门可能成为区域的重要专业化部门，但如按产值计算，一般都不是最主要的专门化部门。例如，长春经济区的农业经济比较发达，玉米种植是具有区际意义的重要专门化部门，但就整个区域而言，汽车、铁路客车等则是重要的专门化部门，而且汽车工业是最重要的专门化部门。就大多数地区而言，农业主要是作为自给性部门（满足区内农副产品需要）和辅助性部门（作为轻工、食品与化工原料）而发展着。

（2）农业是某些经济地域的主要专门化部门之一。粮食基地、棉花基地、经济作物基地、水产基地和畜牧业基地等，都会成为所在地域的主要专门化部门，如我国黑龙江省的大豆种植业，吉林省的玉米种植业，河北、山东省的小麦和棉花种植业，浙江省的渔业，等等。

（3）生产力发展水平较低或正处于形成阶段的经济地域，农业、农产品加工业和采矿业可以成为区域的主要专门化部门，如第三世界国家的一些经济地域就属于这一类型。当然，生产力发展水平越高，工业乃至第三产业在区域中的主导作用就会更加明显。

（三）采掘业

采掘业是直接作用于自然资源的基础产业，包括地上的森林采伐与地下的各种矿产品的开采，如煤炭开采、石油开采、黑色与有色金属开采等。

采掘业与自然资源的直接关系，可放在产业的第一个层次——第一产业中来论述，但采掘业与农业相比，还有一些不同特点。

（1）采掘业纯属资源型产业，与农业遍在分布特点不同，是与矿产和森林资源集中分布（矿点、矿区、矿带、森林带）相一致的。

（2）采掘业对交通运输条件、资金条件和设备条件的要求要高于农业，没有现代交通运输等条件的保障，采掘业是难以进行的。

（3）采掘与加工结合得十分紧密，不经加工往往变不成工业的原材料和能源，如原油不经加工为汽油、柴油等，形成不了工业原料和能源。就此意义而言，它又属于第二产业。

（4）采掘业的产业链比农业长。例如，原油开采紧联原油加工、石油化工、化工深加工等生产技术过程；铁矿石开采—加工—炼铁—炼钢—

机械制造等几个生产过程密切连接，并与运输业有密切关系，等等。

三、第二产业的要素组合与部门结构类型

第二产业又称加工制造业，是工业社会所形成和发展起来的主要产业。在劳动部门分工的作用下，第二产业的部门十分繁多，按我国确定的16个大门类，它包括制造业，电力、煤气及水的生产和供应业，以及建筑业，地质勘查业，水利管理业（乃至采掘业）共5个大的门类。这里从区域经济地理研究角度，重点分析制造业和建筑业两大门类。

（一）工业（制造业）与建筑业的生产特点

1．工业是现代工业社会的主导产业部门

工业革命之后，以大机器生产为主要特征的现代工业生产成为现代产业的核心与主导部门。一系列的科技革命推动了能源动力和生产工具的变革，一些新的现代工业部门不断涌现，以工业为主要内容的现代城市发展得十分迅速，现代工业逐渐成为世界各国各地区经济活动的主要内容。

与其他产业相比，工业具有生产过程易于分解、生产周期短、增值快、移动性和地域选择灵活性大的特点，因而其劳动生产率高、单位面积产值大。这样，在许多国家和地区，工业产值很快超过了农业产值，工业成为主宰一切的主要部门。例如，美国的工农业产值之比为15.5：1，法国为8.5：1，日本为13.7：1，巴西为2.5：1，中国为1.4：1[①]。

现代工业成为带动国民经济发展的动力，农业现代化就是不断用工业武装农业的过程；交通运输业现代化也是不断用工业技术装备交通运输业的过程；第三产业的发展也必须以工业的发展为基础，工业发达的国家，其第三产业也发达，进而形成现代第三产业。

2．工业是产业关联度高和产业链长的物质生产大部门

与农业不同，工业生产过程易于分解，因而，其部门分解愈来愈细，部门越来越多，生产的经济联系与技术联系日益密切。以汽车工业为例，

---

① 世界银行《1987年世界发展报告》，第206~207页。

生产一台汽车，需要上万个零部件，每个零部件都可以形成一个小部门，所有的部件在一个总装厂进行组装，形成汽车产品。这样，通过不断专业化，提高零部件质量，并可提高汽车整体的质量与效益，还可带动区域经济发展。与此同时，汽车工业还可带动钢铁、石油、有色金属、化工、电子和交通运输业等的发展。

3．工业是经济地域的主要专门化部门

工业由于部门多、产品种类多、劳动生产率高，其产品又是生产、生活所必需的，因此在经济地域内居于十分重要的地位。一个经济地域的工业部门结构，往往成为该区产业部门结构的基本骨架。

在一个经济地域内，主要工业专门化部门往往成为全地域的主要专门化部门，农业只在某些地区成为专门化部门之一，而在一般地区构不成专门化部门。原因就在于：工业部门众多，可以遍在分布并充分发挥各地区优势，形成一个或多个主要专门化部门；而农业虽然是遍在分布的产业部门，所有的经济地域都要在一定程度上发展农业，但由于农业自然条件的地域差异明显，形成大面积的主要农业专门化的地域并不是很多。有些经济地域即使形成了主要农业专门化部门，但往往也只是与主要工业专门化一道成为一个地域内的几个主要专门化部门之一。例如，吉林省农业自然条件较好的长春经济区的主要专门化部门为汽车、铁路客车与拖拉机生产及玉米种植业，后者只是主要专门化部门之一。而在那些农业自然条件较差的地区，农产品只为满足区内需要，这些地区工业必然成为主要专门化部门，农业只具有区内意义。

4．工业地域是经济地域的核心部分

工业主要采取集中分布的形式，形成工业点、工业区、工业中心、工业枢纽和工业地带等形式。工业生产为什么采取集中分布的形式？主要原因是：①工业生产离不开能源与原材料，而能源与矿物原材料和森林资源等都采取集中分布的形式，只有集中分布，才有利于资源的开发与利用。②工业生产过程易于分解，易于形成众多小部门，乃至生产零部件部门，

这样，就可以选择优势区位进行生产。而现代的交通运输业，使一些交通方便的地方，特别是交通枢纽成为工业生产分布的理想地方，从而促进了工业生产的集中分布。③工业生产的各个部门间，要求紧密的生产技术联系，只有紧密的生产技术联系才能节约能源、运费、生产用地。总之，工业生产只有集中紧凑布局，才会取得较大经济效益。

在一个经济地域内，工业生产主要集中在中心城市和中小城镇内，在仅有的一百、几十或几平方公里地域内，能生产数亿、几十亿或上百上千亿元产值，比同等地域的农业产值高出千百倍。这些工业地域成为吸引周围地域和向外围辐射的核心，在经济地域内发挥着十分重要的作用。

5．建筑业是一种特殊的工业部门

建筑业与许多生产前的工业部门发生密切联系，如与钢铁工业、建材工业、有色金属工业及机械工业、房地产业等紧密相连，在人们的生产、生活中日益发挥重要作用。建筑业在国民经济中的地位日益提高，对国民经济的拉动作用十分明显。如20世纪70～80年代，汽车、建筑业与钢铁成为美国三大产业。我国的建筑业，目前也处于上升势头，成为带动许多产业部门发展、促进国民消费和就业的重要产业部门。

（二）基础工业与部门结构特点

第二产业中的工业五花八门，按其在国民经济中的作用和在生产技术联系与经济联系中的地位与状况，可以将工业分为基础工业、轻型工业、重化工业和新兴工业四大部分。

1．基础工业的分类与特点

基础工业是指为国民经济和工业发展提供基础的工业部门，包括能源工业、钢铁工业、有色与稀有金属工业、基本化学工业和木材加工业等部门，而钢铁、有色与稀有金属工业统称为冶金工业。基础工业的共同特点有：

（1）基础工业是为国民经济提供能源与基本原材料的工业，上接采掘业，下联国民经济各部门，与农业一样，是国民经济与工业发展的基础。

（2）基础工业是继采掘业之后，工业（制造业）诸部门的初加工工业，提供的是各种能源与各种基本原材料。它是创造社会财富的基础，投入多产出少，随着上游产业的不断加工、深加工，其附加值不断增多。就此意义而言，基础工业是为下游工业部门和服务业提供更多附加值和经济效益的产业部门。

（3）基础工业是对采掘业的产品进行初加工的产业部门。各基础产业部门之间，除与能源工业有较多的联系外，基本不存在生产技术与经济联系，但与上游产业形成十分密切的联系。例如，钢铁工业为机械工业、建筑业和新兴工业等诸多部门提供多种多样的原材料。

（4）基础工业是在采掘业基础上发展起来的产业部门，因此多数基础工业企业分布于矿产地附近。但是，第二次世界大战之后随着运输船舶大型化和现代化，大型钢铁企业与石油加工企业临海建设，使利用远地的铁矿砂与原油成为可能。

2．能源工业

（1）能源工业是将各种能源进行加工转换为能量的工业部门，是发展国民经济的动力基础。

目前，一般将能源分为常规能源和新能源。常规能源主要指石油、煤炭、天然气和水力，这也是当今利用的主要能源。新能源主要指放射性矿物、地热和地磁等地下能源，潮汐、海浪、海水温差、海水盐差和海水重氢等海洋能源，风能、有机生物能等地面能源和太阳能、宇宙射线等太空能源。新能源中的放射性矿物开始广泛使用，其他新能源也具有广阔的利用前景。水能、风能、海洋能和太阳能等又称可再生性能源资源。

（2）能源是经济地域形成发展的动力基础。能源是现代工业、农业和交通运输业的动力源泉，也是经济地域形成发展的动力基础。现代工业的发展直接与能源基地的开发联系在一起。最早形成的工业基地与经济区位于能源条件优越的地区，如英国中部的兰开厦、约克厦地区，美国的五大湖地区，俄国的顿巴斯地区，我国的开滦、唐山、鞍山和抚顺地区，均位于煤炭基地内。以后形成的经济区与工业基地也需要以当地和外地的能源为基础。

随着工业的不断发展和对各种能源需求的不断增长，且由于能源分布的不平衡性，各个经济地域不可能都有充足的能源基地。有的地域可能拥有充足的能源并具有区际意义，有的只能自给，而有些经济地域则缺少能源，需靠区外供应。在当今交通运输业十分发达的形势下，可以实现能源的区域互补，即用能源丰富地区的能源满足能源短缺地区的需要。不管能源分布如何不平衡以及能源需求状况如何变化，所有经济地域都必须以能源动力作为发展动力基础和源泉；没有能源动力，任何经济地域都不会得到健康的发展。问题在于，有的地域是利用本地能源，有的则需要利用外地的能源。能源是区域开发的先行部门，能源是区域发展的动力基础，这是一条客观规律。

（3）能源工业对地域部门结构的影响。由于世界各国各地区能源分布的不平衡性，能源工业分布的地区差异也十分明显。能源工业的分布大致有下列三种类型：

具有区际意义的大型能源基地——指能源分布集中且蕴藏量十分巨大的地区，如大的煤田、油气田和水力资源十分集中的地区。在此基础上可形成具有世界意义的或国内意义的大的能源基地，这批大的能源基地是所在地域的最主要专门化部门，以大量的能源供应区外，并在强大的能源工业基础上形成独具特色的部门结构。

区域内的能源基地——主要指一些中小型能源蕴藏地区，利用地方的诸种能源，发展区域性的能源工业。

能源完全短缺的地域——指区域内能源蕴藏量十分有限或完全没有能源的地域，如日本或我国的上海市、广东省均属这一类型。缺少或完全没有能源，对区域开发是一个不利因素，但它可以利用优越的位置和便利的交通信息条件，从外区获取能源或者通过建设核电站的办法解决这一矛盾。

（4）能源基地类型与地域部门结构。能源工业基地依据其规模、职能、其他产业部门的发展状况和开发历史等因素，可分为下述三种类型：

能源开采型基地——以开采能源为主要专门化部门，能源工业在产业部门结构中占优势地位，80%以上的能源产品（煤炭、原油、天然气、电力）运往外区，加工工业比重较小，是名符其实的能源基地。

能源加工型基地——能源工业在工业部门构成中仍占重要地位，但加工工业有一定发展，至少形成了一两个加工工业部门系列，能源虽以外销为主，但当地销售量相当可观。

综合性工矿业基地——这类基地是在能源基地基础上，通过长期工业开发而发展起来的，形成了包括能源工业、钢铁工业、机械工业和化学工业等多部门的综合性工矿业基地，如俄罗斯的库兹巴斯和我国的唐山、抚顺地区等，均属于这一类型。

3．钢铁工业

（1）钢铁工业是主要原材料工业部门

进行工业生产的最基本前提条件有二：一是必要的能源保证；二是要有原材料，而钢铁则是主要原材料。

自产业革命以来，工业的原材料范围不断扩大，初期主要为钢铁，用以制造机械；随着电力的应用，铜原料广泛应用于工业；飞机工业的发展把铝原料广泛应用于工业生产中；原子能工业和宇航工业的发展，将许多有色金属和稀有金属都包括在工业广泛利用的范围内；合成工业的发展使塑料和工业陶瓷等发展很快，并能取代一些钢铁原材料。

虽然工业原材料比重发生了变化，在工业发达国家这种变化更为明显，但钢铁原材料的比重仍占首位，同时，钢铁生产总量仍在逐年增长。例如，1950年的世界钢产量为1.89亿吨，1987年上升到7.35亿吨，钢铁作为工业主要原材料的地位仍然没有变化。

钢铁工业是现代工业的粮食，现代工业是随着钢铁工业生产规模的不断扩大而发展起来的。国民经济各部门都需要大量钢铁材料和钢铁制品，就此意义讲，钢铁的数量与质量（包括品种、规格）反映一个国家和地区工业化程度和经济实力的大小。但是，到了后工业社会钢铁生产更多地追求质量，新型原材料发展更快。

（2）钢铁工业规模与地域部门结构

①大型铁矿石基地与钢铁基地。大型铁矿石与钢铁基地为具有国际意义或区际意义的原材料基地，均会成为所在地域的主要专门化部门，并将带动重型产业结构的形成与发展。

大型铁矿石基地：在铁矿资源富集地区以铁矿石开采为主要产业部门，以铁矿石输出为主要专门化方向。大型铁矿石基地主要有两种类型：一种是在大力发展铁矿石开采业的同时，逐渐发展一定的钢铁工业，除大量输出铁矿石外，也输出一定的钢铁，如俄罗斯的库尔斯克磁力异常区就是这种情况；另一种则为单一的铁矿石开采基地。

大型钢铁基地：是在当地铁矿石基地或利用外地铁矿石基础上发展起来的钢铁工业，有的是由一两个大型钢铁联合企业组成，有的则由一组钢铁企业组成。大型钢铁基地在地域部门结构中的作用主要表现为：一是钢铁工业必将成为具有区际意义的主要专门化部门，向国内外输出钢铁是其重要职能；二是以钢铁工业为基础，带动以重型工业为主的机械工业、化学工业和建材工业等部门的发展，因此，大型钢铁基地往往也是重工业基地和机械工业基地。

②中小型钢铁工业基地。主要是指在铁矿资源不够丰富或依靠外区铁矿石发展起来的中小规模的钢铁工业基地。这类基地对地方工业的发展，对铁矿资源贫乏的经济地域有着重要意义，往往成为这些地域的重要辅助性部门。

③没有钢铁工业的经济地域。这类地域全需由外区输入钢铁。因此，区域应发展耗钢铁原材料少的中轻型产业结构。

（3）钢铁工业类型与地域部门结构

①采矿基地。采矿基地分布于铁矿蕴藏地区，以采矿工业为主，以铁矿石输出为主要方向，方便的交通运输条件是采矿基地布局的重要因素。

②接近煤区的钢铁工业基地。这种类型的基地多形成于工业革命初期。工业化初期，由于炼铁的技术水平不高，焦比过大，炼一吨铁需要两吨以上的焦炭，因此较大的钢铁企业均向煤产地集中，如英国中部奔宁山区设菲尔德、伯明翰地区，德国的鲁尔区，美国的五大湖地区以及俄罗斯的库兹巴斯地区等。这类地区以向外输出煤炭、钢铁为主，随着产业结构层次的不断提高，机械、化工产品也会成为向外输出的重要内容。

③接近铁矿石产地的钢铁工业基地。就世界范围看，该类钢铁工业基地是随着钢铁冶炼技术的进步而逐渐形成的。由于炼钢焦比的不断下降，生铁、燃料煤与铁精矿石三者比重达到1∶1∶1.5。考虑到成本和经济效益，钢铁工业必然向铁矿石产地集中。这种类型的钢铁基地，主要向外地输出钢铁，同时也带动当地机械工业和化学工业的发展。

④向消费区集中的钢铁工业基地。由于运费因素在钢铁工业布局中的作用愈来愈大，以及市场对钢铁、钢材品种、规格需求的多样化，一些钢铁工业企业逐渐向交通方便和市场广阔的消费区集中。尤其是一些炼钢厂、特种钢与合金钢生产企业，向消费区集中的趋势更为明显。这种类型的钢铁企业还可充分地利用当地的废钢铁，其布局是合理的。

⑤临海型的钢铁工业基地。第二次世界大战以后，随着经济的迅速发展和科技的不断进步，尤其是造船技术和远洋航运事业的迅速发展，使海运运费不断降低，从而出现了钢铁工业向临海集中的明显倾向，如日本一些大型钢铁联合企业建于临海地区；在法国、意大利等国也出现了一些临海布局的大型钢铁联合企业；我国的上海宝山钢铁联合企业也属于临海建厂的企业。

4．化学工业

（1）化学工业在经济地域综合发展中的重要作用

从广义上讲，凡是原料经过化学加工处理后，改变其原来分子结构及其性质，成为新产品的都属于化学工业产业，主要包括化学采矿业、基本化学工业、化学肥料工业、有机合成工业、医药工业和橡胶工业等六大部门。化学工业是国民经济中具有广阔前途的工业部门。

化学工业是充分利用自然资源的工业部门，人类大规模利用自然资源是从化学工业开始的。化学工业可变废为宝利用一切废弃物，为人类扩大了原料来源，如塑料代替钢铁。随着生产力发展和科技水平的不断提高，这种来源将会不断扩大。化学工业也是联系各主要工业部门的纽带，几乎包括所有的工业部门生产。化学工业把工业生产遍布于世界城乡各地，只要对各种材料进行综合利用，就存在着化学工业生产。化学工业是污染环境、产生三废的主要来源，同时也是治理环境、清理三废的主要手段。在一个地域里，化学工业几乎与所有的物质生产部门均有着生产技术联系。随着生产力水平的不断提高和对各种材料综合利用能力的加强，这种联系会日益密切，它对区域经济的综合发展，将会日益发挥重要的作用。

（2）化学工业在经济地域中的作用

①化学工业的生产特点使其遍在地分布于工业城镇中，因此，化学工业在区域形成发展过程中，往往不起决定性作用，一般来说形成不了最主要的专业化部门。这主要是由于化学工业易于同煤炭、冶金、石油、森工、农牧业基地相结合，形成重要专门化部门，但一般不易于形成大范围化工区。

②部分地区和城市可以形成大的化工区域和化工城市。例如，日本鹿岛以进口原油为原料，着重发展化学工业，形成了化工区域；我国吉林市以原油为原料，重点发展化工基本原材料，形成了我国有名的化工城；我国南京、上海等城市也形成了大的化工区。在这些地区和城市，化学工业则成为主要专门化部门，对所在地域的产业结构与经济发展产生重要影响。

③化学工业对区域综合发展有着重要的促进作用。它在区域各种资源的综合利用、环境保护与治理，以及促进各生产部门之间的生产技术联系等方面，都发挥着重要的作用。

（3）化学工业地域类型与地域部门结构

化学工业在地域分布上，可以分为集中与分散两大类型：前者主要采取成套装置，运用大型联合企业的方法，集中紧凑布局，进行大批量生产；后者多为一些中小型化工企业，分散在一些中小城市内。

（三）机械工业与地域部门结构

1．机械工业是经济地域不断实现现代化的主要部门

机械工业是第二产业，是加工工业的核心部门，是为国民经济诸部门制造各种机械设备、提供技术装备、促进国民经济现代化的十分重要的工业部门。一个国家或地区国民经济的机械化、自动化与现代化，主要是靠机械工业来实现的。机械工业是钢铁的最大消费者，同时也消耗相当多的能源。机械工业是工业发达国家和地区的主要专门化部门，也是国际与国内分工的主要物质内容，机械工业的发展水平往往反映一个国家或地区的国民经济发展水平。

第二次世界大战以后，由于电子、激光、宇航和原子能等新工业部门的出现与推动，由于超级大国军备竞赛的刺激、传统工业部门设备更新与技术进步的需求、生产过程全面机械化与自动化的推动和人们对高档日用消费品需求的与日俱增，机械工业的发展进入到一个新的阶段，甚至把一些新兴的、高层次的机械工业部门称为第四产业。

机械工业内的部门十分繁多，情况也十分复杂，为便于认识、分析，可对其进行适当分类。按机械工业产品的重量和体积大小，可以分为重型、中型和轻型三种；按产品用途可以分为：冶金机械、煤炭机械、石油机械、化工机械、交通运输机械、动力机械、农业机械、电子工业、机床工业、精密机械、印刷机械和食品轻工机械，还有通用机械与金属加工等部门。

机械工业是实现地域专门化与协作以及地域生产联系最重要的体现者。与其他部门相比，机械工业的地域生产联系十分广泛。机械工业也是发挥中心城市作用，带动中小城市发展的核心力量与最为重要的部门。

2．机械工业地域类型与地域部门结构

与能源工业和冶金工业相比，机械工业是遍布于城镇各地的工业部门，对地域选择的灵活性比较大，只要具有能源、钢铁等工业原材料，并

拥有方便的交通运输条件和一定的工人队伍的地方，都可以发展机械工业部门。但是机械工业五花八门，各自对条件的要求有所不同，因此形成不同的地域类型和相应的产业部门结构。概括起来，有下述几种地域部门结构类型：

（1）与钢铁基地结合的机械工业地域。一般来说，大中型钢铁基地往往也都是机械工业发达的地区，尤其是重型机械工业发达，如矿山机械、冶金设备、重型机床和重型军工等。这体现了重型机械接近钢铁产地的原则，这样可以减少运输成本。这一类型的地域则形成钢铁–机械工业系列。

（2）与其他基地相结合的机械工业地域。这里指的是与煤炭基地相结合的煤炭机械工业；与石油基地相结合的采油机械与石油化工机械制造业；与森工基地结合的森工机械制造业；与农业基地结合的农机制造工业等。这些设备一般都是体积大、分量重、不便运输，就地生产则使生产地与消费区紧密结合在一起。

（3）与优越的位置、交通信息条件相结合的机械工业地域。大多数机械工业分布在位置与交通信息条件优越的大中城市里，多为中轻型机械工业部门，这些部门的产品的运费在成本中远较重型机械小，因此，对运输条件、协作条件和技术条件要求较严格。在一个大中城市里，往往形成多部门的机械工业。

（4）与科技文化基地相结合的机械工业地域。具有高质量工人和科技队伍的地区，多为高精尖机械工业中心，往往也是新产品的试验基地，如俄罗斯的莫斯科、圣彼得堡，美国的硅谷、硅平原和我国的北京、上海等高技术开发区就属于这一类型。

总之，上述四种机械工业地域类型的分布规律可以概括为：重型机械工业指向钢铁基地，专业机械指向生产基地，中型和轻型工业则指向交通中心，而精密机械工业则指向科技文化中心和具有高质量劳动力的地方，从而形成各具特色的工业地域部门结构。

（四）新兴工业

新兴工业是工业社会发展到后期形成的新的加工工业部门，又称为朝阳工业。新兴工业包括计算机工业、电子信息工业、宇航工业、原子能工业、新能源工业和新材料工业，汽车工业既属于传统工业。新兴工业的主要特点有：

（1）科技含量高。新兴工业代表未来的产业发展方向，未来的知识经济时代将以这些产业为基础逐渐发展起来。

（2）带动力度大。传统工业要靠新兴工业带动和武装，才能跟上时代的要求，如机械工业用计算机、数控、电子技术武装，能提高效益与质量。

（3）促进产品小型化。新兴工业带动原材料消耗的大量节约和质量的不断提高以及能源的大量节约。

（4）带动区域网络经济的形成与发展。交通运输线路的发展为区域网络的形成提供了一定的基础。而计算机与电子信息技术的应用与发展，则促进了网络的全球化与区域化。

（5）改变产业布局的条件与形式。新兴工业所要求的首要条件是科技人才与管理人才，人的智力成为主要资源。由于新兴工业的带动，产业布局将逐渐走向分散化。高等院校与科研单位集中的地域，则是新兴工业布局的理想地域。

四、第三产业的要素组合与地域部门结构特点

（一）第三产业的特点

第三产业又称服务业，是在第一、第二产业的基础上，随着生产力的不断发展而不断扩大的部门。按我国国民经济的分类标准，在16类产业部门中有9个属于第三产业，其中包括42个大类，说明第三产业的广泛性。第三产业可以分为传统的第三产业和科技含量高的现代（新兴）第三产业。第三产业主要特点表现在下述几个方面：

（1）第三产业是服务性部门，主要是为人们的生产和生活服务的部门。就为生产服务而言，主要是为生产前和生产后服务。它是国民经济发展绝对不可缺少的大产业部门。

（2）与第一、第二产业相比，第三产业是非物质生产部门。除交通运输业较为特殊外，其他第三产业均不从事物质生产，但它是创造社会财富的重要部门。目前，非物质生产领域创造的财富已超过物质生产部门。在国民经济运行中，流通、交换、消费三大环节均属于第三产业范围。

（3）第三产业的发展受科技进步和生产力发展水平所制约。第二次世界大战以后，随着第三次科技革命的深入发展，除传统的第三产业部门继续发展外，现代金融、科技信息和咨询服务等新兴第三产业发展十分迅速，对整个国民经济的发展发挥着积极的促进作用。

（4）目前，第三产业在多数经济地域还构不成主要专门化部门，对产业结构还起不到决定作用。但是，针对发达国家、发达地区或特殊地域，第三产业的作用十分明显，如金融中心、商贸中心、政治中心、旅游中心、科技中心等城市和地域，第三产业为主导部门。

（5）以第三产业部门为主导的城市和地区，其产业的带动作用也是很明显的。例如，旅游业会带动旅游产品开发、工艺手工业、园林业、饮食业、旅馆业、文化娱乐业和交通运输业的发展；商业中心会带动金融业、饮食业、旅馆业和文化娱乐事业的发展；高科技区会带动文化教育、科研机构、科技密集型产业和一些公司的发展，从而使不同地域和城市形成各具特色的产业结构。

（二）交通运输业

1．交通运输业是特殊的第三产业

（1）交通运输业是第三大独立的物质生产部门。交通运输业是继工业、农业之后的第三大物质生产部门，和工业、农业一样为独立的物质生产部门。它和工业、农业一样，都具备物质生产的三要素：劳动力，即交通运输业的职工；生产资料，即交通线路与运载工具；劳动对象，即货物和旅客。交通运输业也和工业、农业一样，创造价值，即运量；生产产品，即货运量、客运量以及货运周转量和客运周转量[①]。

（2）交通运输业是特殊的物质生产部门。交通运输业与工业、农业的生产性质不一样，既不是化学过程和物理过程，也不是生物过程，而是工农业产品和旅客的位置移动，通称位移。交通运输业不改变产品的物理性质和化学性质，也不改变物质的自然性质和形态，否则是交通事故。工农业生产可以改变产品质量和增加产品数量，其产品多种多样；而交通运输业只生产一种产品，即人公里和吨公里，也就是客货的位置移动。工业产品与农业产品可以储存，也可以调拨，其产品脱离生产过程而独立存在；而交通运输业的产品不能脱离生产过程而独立存在，即交通运输业的生产消费是同时开始的，也是同时结束的，吨公里和人公里在运输过程中同时实现，也是同时结束的。

（3）交通运输业是经济地域的纽带和桥梁。交通运输业是物质生产过程在流通领域的继续。社会生产的全过程包括生产、分配、交换和消费四个部分。由生产到消费，中间必须经过分配、交换这两个重要环节。否则，生产的产品不能被消费。而交通运输业则是实现生产全过程的必不可少的手段。

交通运输业是实现工业与农业、城市与乡村、部门内与部门间生产联系的纽带。人类的交通运输活动是与人类生产活动同时开始的，并随同人类生产活动的需要而不断发展，从低级不断走向高级。当今世界的产业发展到如此规模，形成密如蛛网的经济网络，是和交通运输业的发展紧密相连的。

（4）交通运输业是实现劳动地域分工的保障。经济地域是劳动地域分工深化的产物，而交通运输业是实现要素流动组合与地域专门化的保证。一个经济地域的形成，交通运输业发挥了重要的凝聚作用，通过交通

[①] 客运量用人次表示，货运量用吨表示；客运周转量=客运量×距离=X人·公里；货运周转量=货运量×距离=X吨·公里。

运输业保证专门化部门的形成和主要专门化部门产品的输出；也是通过交通运输业使此经济地域与彼经济地域区别开来。因此，可以说，交通运输业在经济地域形成发展过程中，发挥着重要的作用。

（5）交通运输业在地域部门结构中的特殊作用。交通运输业在地域上主要以各种线路形式表现出来，而工业是以点状、农业是以面状的分布形式表现的。交通运输业呈现出以点（工业）带面（农业）和以线（交通运输业）联点的网络格局。交通运输线路多种多样，有铁路、公路、内河、海运、航空、管道以及输电线路等。在交通运输线路上，形成各种不同等级的港站，一般可分为交通点、交通站、交通中心、交通枢纽和综合交通枢纽等。

综合运输是当代交通运输业的重要特点，是工业大型化、联合化和农业现代化的要求。大型联合企业和商品化的大农业以及大宗客货流，要求诸种运输形式的有机结合。这样，可以充分利用自然条件，发挥各种交通运输形式的优势，扬长避短，形成综合运输网，实现综合运输，从而最大限度地缩短时间和空间距离，节约社会劳动。

2．交通运输业地域组合形式与地域部门结构

诸种交通运输线路与港站的地域组合形式多种多样，是各地社会经济发展的结果，也受自然条件的影响；同时，各种地域形式又深刻影响所在地域部门结构的现状与未来。

（1）影响交通运输业地域组合形式的因素

①自然条件的基本特点与自然资源的组合状况。地貌状况与江河湖海的分布特点，影响交通运输形式、线路和点、站的分布；自然资源的组合状况对交通网点的分布与组合状况也有影响。

②地理位置。宏观位置对交通运输业的地域组合形式和特点给予影响，如临海的区位、国土边境区位、过境区位和中央区位等，其交通网点的组合形式和特点是不一样的。

③历史、社会、政治因素。交通运输业具有历史的继承性，也受社

会、政治因素的影响。一个经济地域的开发历史，长时期首都和政治中心的作用，无疑地对所在地域交通网点的形式和特点，均有重要影响。

④生产力发展与生产力布局状况。生产力发展水平决定交通网点的发展水平，生产力布局状况也影响交通网点的分布形式与组合特点。

（2）交通运输业地域组合形式

①诸种交通线路组合的综合枢纽区域。指在一个经济地域内，诸种交通运输形式相互配合紧密，综合交通枢纽地位明显，放射性交通网覆盖全区。这类地域往往位于国土内陆的平原地区，长期以来就是政治与交通中心，现已成为铁路、公路、航空、管道，乃至水路的现代交通运输中心。

这类地域，由于交通运输业发达，又经历了长期开发历史以及政治中心的作用，因而往往是经济发达的地域。例如，以莫斯科综合交通枢纽为中心的俄罗斯中央区，以巴黎为中心的法国巴黎盆地地区，以北京综合枢纽为中心的我国北京地区，以沈阳为中心的我国辽宁中部地区等。

综合交通枢纽对区域产业结构的影响主要表现在：枢纽所在的单中心作用十分突出，中心城市对周围地域处于主宰的优势地位；由于综合交通枢纽的强大，加工工业十分发达，往往成为全国最重要的加工工业区域；在发达交通网络的作用下，城市群均有较快的发展；在中心城市作用下，圈层地域结构均有明显的体现。

②过境交通线路类型。这种类型多位于国土内陆，由于地理位置的特殊性和自然条件的影响，有些地域在国土中明显处于过境地位。例如，俄罗斯的乌拉尔区是其亚洲与欧洲部分联结的桥梁和主要过境区域；伏尔加河流域区是俄罗斯欧洲部分与中亚地区联系的主要过境地区；我国吉林省是辽宁、黑龙江、内蒙古东部之间联系的过境地域，等等。

过境地域的交通网络类型及其对区域产业结构的影响具有自己的特点：其一，其交通网络往往形成格子状（如井或丼形），其结合部易于形成几乎同等规模的交通枢纽；其二，所在地域的经济中心远较前一种类型分散，易于形成多中心的经济地域；其三，过境地域便于取得国际、国内劳动地域分工中的过境运输好处，便于从邻近各地域获取资源和必需品。

③海港与诸种运输线路的结合。海港的地理位置与诸种运输形式结合程度，对所在地域的产业结构影响很大。

对海港经济地域产业结构影响的主要因素：一为港口的腹地状况；二为诸种交通线路的组合程度。

港口腹地是指港口输出货物的来源地和输入货物的消费区，是港口赖以生存和发展的基础。港口位置适中，其腹地则广阔。我国上海港口腹地覆盖长江中下游广阔地区，西欧的鹿特丹港的腹地不只包括荷兰，而且还包括整个欧洲市场，因此，这些港口的发展前景十分广阔。反之，由于位置偏僻、腹地小，其发展则大受影响。

港口状况及港口与腹地的联系靠交通网络来实现。多种形式与多条线路汇集，可使港口的功能得到充分发挥，加工工业得到迅速发展，产业结构层次不断提高。

④交通线路尽头地域类型。主要指一个国家或一个地区的边缘地域，由于地处交通网络的尽头，又为边疆地区，远离经济中心，难以形成大的交通枢纽，往往得不到过境运输的好处，仅限于外地来货和当地输出的货物，因而交通形式单调，线路不密集，交通运输业不发达。我国有些边疆地区属于这一类型。

这些地区主要靠公路和铁路运输，其他运输形式不发达，往往侧重于初级产品的生产，加工工业不发达。

发展国际与区际的过境运输，加强交通建设，发展加工业是改变这类地区落后面貌的重要途径。加强边境地区的国际经济合作，也是改变这类地域交通状况的重要途径。

⑤高速公路、现代空港与产业结构。近些年来，高速公路在发达国家和一些发展中国家的发展十分迅速，其沿线各个结节点，成为产业布局的理想地域，在一些大中城市的吸引下，许多条件优越的线路，逐渐发展成为产业轴带。

现代空港与高速公路相配合，成为发展以高科技产业为主体的临空型产业群的理想地域，许多国家均有成功的经验。

（三）电子信息与金融产业

两大产业代表产业的发展方向，成为促进产业和经济地域向前发展的重要推动力。当今，通信信息传递之快、金融流通之迅速，是过去所不可想象的。它们成为全球化、世界一体化的重要象征。

电子信息产业主要表现在"高速公路"建设与网上的全面联通，电子商务以及现代物流业把商业、贸易、金融、保险中介及交通通信等行业的发展推向一个新时代，对科技教育的影响强烈。电子信息产业发达的地域，不仅推动各种产业发展，也为区域经济带来实惠。金融产业对世界经济和区域经济影响很大，世界各国各地区的经济发展都需要资金的支撑，表明金融的积极作用，这也是其首要作用；但是，世界金融危机又反映出它的消极作用与破坏力。金融与资金流动总是由资金源向资金缺乏的地区流动，但是流动速度与数量则受许多条件的限制。资金的引进有赖于国家投资的硬环境，尤其投资的软环境，这对吸引资金并促进其流动起着重要作用。

第三节　产业部门结构的组成及其一般发展规律

一、四次产业及其演变规律

（一）四次产业概况

结合前面对产业部门结构的阐述，对四次产业的归纳见表7-2。

表7-2　四次产业基本情况

类别＼产业	第一产业	第二产业	第三产业	第四产业
发展动力	三次社会大分工	蒸汽机、电力和内燃机技术革命	需求拉动	电子与信息革命
主要产业部门	农、林、牧、副、渔业与采掘业	基础工业、轻工业、机械工业、新兴工业	为生产、生活服务的所有产业、新兴第三产业	电子信息产业、宇航工业、生物工程、新能源、新材料
主要资源投放	土地、劳动力、生产工具设备	能源、原材料、资金、设备、熟练劳动力	劳动力、资金、经营管理	知识、智力、技术和信息资源
产业主要类型	资源密集型	资金与技术密集型	劳动与资金密集型	技术密集型
主要产品	各种农产品、能源与原材料	各种工业产品	各种服务	知识的生产、开发与销售
产业发展趋势	传统第一产业不断缩小、高技术农业与新能源、新材料开发	传统工业不断被新技术改造、新兴产业发展迅速	为生产、生活服务，为第四产业服务	为21世纪主要产业部门
形成时期	农业社会	工业社会	为各种社会形态服务（后工业社会）	知识经济社会

对表7-2需要说明的是：对四次产业的划分没有十分明确的标准，划分的方法很多，原因是诸产业部门错综复杂，相互联系与互为制约，难以划分得十分清楚和十分科学。本书把采掘业放在第一产业部门内，是从它直接作用于自然资源，而属于第一产业角度来考虑的。提出的第四产业，

是由于它是21世纪的主要产业发展方向。

（二）产业演变规律

人类的产业活动随着生产力的发展，产业部门不断增多，产业的层次不断提高，其具有规律性的内容主要有下述两个方面：

1. 四次产业发展的连续性与包容性

首先，四次产业发展反映了生产力发展的三大阶段，即农业社会、工业社会和信息社会。四次产业的形成与发展是社会发展的需要。有了三次社会大分工，才产生大农业；有了三次科技革命，才有第二产业；有了电子信息革命，才会形成第四产业。雄厚的农业为现代工业提供了基础；发达的工业又为知识经济社会的到来提供了可能。

其次，产业的发展是连续的、叠加的和演进的。产业部门是随着生产力的发展和部门分工的深化而不断增加的，尤其是三次科技革命把部门大分工推向高潮，形成了当今世界千万个产业部门。四次产业反映了产业结构层次的不断提高和科技革命的不断深入发展。每一次科技革命和社会分工的深化都会形成许多新的产业部门，但是这并不意味着原有产业部门的消亡，而是新旧产业部门的叠加。但是，原有的部门必须用新的技术不断地改造和武装，才能求得不断发展。

再次，人们为了认识产业的演进规律，将其分为三次或四次产业，但是有些产业部门具有过渡性，难以划分清楚。例如，采掘业就其是直接利用自然资源的产业而言，可划为第一产业，而就其是工业的能源与原材料而言，则划为第二产业。交通运输业是特殊的物质生产部门，就此意义而言，它属于第二产业部门，但它又是流通领域的主要部门，因而划为第三产业部门。电子信息生产与服务领域现在划为第二、第三产业中的新兴产业部门，但是就知识经济将主导21世纪的产业而言，应该属于第四产业。

最后，第三产业是服务性产业，有其特殊性。在农业社会时期，它随着三次社会大分工而形成发展，直接为农业社会，尤其为第一产业服务。到了工业社会，第三产业又形成许多新的产业部门，其服务领域不断拓宽，科技含量不断提高，新兴的第三产业部门必将成为第四产业的重要服务部门。

2．经济发展与四次产业

关于三次产业与社会经济发展的关系，许多经济学家都做出了开拓性工作（第四产业是以后许多学者提出的）。古典经济学家威廉·配第在《政治算术》一书中，提出按产业和职业人口结构评定一国经济实力的论点[①]。

英国经济统计学家科林·克拉克在《经济发展的条件》（1940）一书中，把产业结构明确划分为三大部分，即第一、二、三产业。沃西里·里昂惕夫运用投入–产出经济学分析了社会经济各部门之间相互联系与相互依存的复杂关系[②]。

霍夫曼在《工业的阶段和类型》（1931）一书中，从工业发展阶段的角度论述了产业部门结构的演变趋势。马克·波拉特在《信息经济论》（1977）一书中，明确提出了用"四次产业分类法"代替三次产业分类法的主张。钱纳里等分析了工业化和结构变化的形式（钱纳里和赛尔昆，1979；1988），等等。

依据经济学家对产业结构研究的理论与方法，从区域经济地理学角度可以得出下述带有规律性的认识：

（1）四次产业是有规律分布的，在一定的生产力水平条件下，它们将是按比例协调地向前发展，各大部门相互联系、互为制约，以适应并推动社会经济发展。否则，将出现四次产业间的不协调，如二元结构问题。这样，就需要通过发展经济不断协调各大部门的关系。

（2）随着工业化的不断发展，四次产业的演变态势有其自身的发展规律：①第一产业部门（主要指农业部门）实现的国民收入在整个国民收入中的比重，以及农业劳动力在全部劳动力的比重，随着工业化进程而不断下降。②第二产业部门（主要指工业部门）的国民收入比重，大体是上

---

① 威廉·配第.配第经济著作选集［M］.陈冬野等译.北京：商务印书馆,1978.

② 沃西里·里昂惕夫.投入产出经济学［M］.崔书香译.北京：商务印书馆,1988.

升的，但是到了知识经济时代，将会被第三产业的新兴产业和第四产业所超过；工业部门劳动力相对比重，大体不变或略有上升，到知识经济时代将会下降。③第四产业与第三产业的新兴产业部门，无论国民收入相对比重，还是劳动力相对比重，都呈现不断上升的态势。

（3）随着生产力的不断发展，产业部门结构不断地由低级走向高级，其部门演进的总体趋势是：农业—轻工业—重化工业—高附加值的新兴工业—现代服务业—知识经济产业。

可见，产业不断地从低层次走向高层次，由传统产业走向新兴的高新技术产业，这是一条发展规律。但是，传统产业与新兴产业是紧密相连并相互影响的。新兴产业是在传统产业发展的基础上形成的，而不同阶段的新兴产业又以当时的高技术影响与改造传统产业。以第四产业为代表的知识经济社会，只有在工业社会走向发达阶段才会到来。但是，现阶段的高新技术产业也必然对农业、传统的第二产业与服务业给予强有力的影响，见表7-3。

表7-3 四次产业及传统产业与新兴产业（高新技术产业）的关系

产业 / 技术变革 / 发展阶段	第三产业 服务业	第一产业	第二产业			第四产业
		农 业	蒸汽机	内燃机 电力	核能 计算机	信息产业
农业社会	←---- →					
工业社会 第一次产业革命	← →	---- → ← →			
工业社会 第二次产业革命	← →	← →	---- → ← →		
工业社会 第三次产业革命	← →	← →	← →	---- → ← →	
知识经济时代	← →	← →	← →	← →	---- → ← →

注：----→发展过程；←——影响与服务范围。

认识与把握上述规律，对于我们分析一国一地区的产业部门结构现状，评定其发展水平和阶段，乃至促进区域产业结构不断高级化以及不断地用高新技术产业改造传统产业，均具有现实意义与理论意义。

二、区域产业关联的规律与特点

（一）对区域产业关联的理解

区域产业关联是指一国一地区内诸多产业部门的相互联系的紧密程度与地域组合状况，主要通过产业技术联系与产业经济联系表现出来，可以通过产业关联度对其进行测度。

从一般原理而言，产业关联是部门分工的结果，部门分工愈深入，产业关联的程度就愈大。分工与联系是一个矛盾的统一体，部门分工越细，部门间的联系越密切，并将不断地提高社会劳动生产率。就此意义而言，产业关联度反映了一个国家和地区的国民经济综合发展水平。就一个大国而言，应该重视多部门的综合发展，延伸产业链。但是，在世界经济趋向一体化的今天，更要扬长避短，注意发挥自身优势，而不能走自给自足与封闭发展的道路。

产业关联包括产业部门关联、产业技术关联和产业组织关联。产业部门关联是指依据部门分工规律，按生产技术联系和生产过程所形成的产业部门联系，是产业关联的主要组成部分，对区域经济综合发展影响很大。产业技术关联指除产业生产技术联系外，还应包括高新技术产业对区域传统产业的影响与改造内容，对区域产业不断高级化具有重要作用。产业组织关联主要反映企业组织形式上的联系，如母公司与子公司的关联，企业总部与主装厂及分厂的关联，商业总店与连锁店的关联等。产业组织关联对提高区域的组织管理水平和经济效益等，均有重要作用。

（二）产业关联与区域发展

任何不同层次的经济地域（区域）都是由诸多的产业部门组成的，而诸产业部门与区域条件、地域分工和区域优势相结合，如果结合紧密，区域产业将会协调发展；否则，将会出现诸多矛盾。

凡是与区域产业形成发展有直接或间接关系的内容，均属于产业关联，包括产业诸部门之间的关系、产业与区域条件环境的关系、产业与区域系统的关系等。区域产业关联的主要内容有下述几个方面：

（1）区域产业结构与区域诸条件的关联。这是区域经济地理学重点研究的内容，这种关联体现在区域的方方面面，研究这一关联对认识与选择区域的主要产业部门具有现实意义。

（2）区域资源与区域产业的关联。主要通过区域资源的依存度与自给率而反映出来。这一研究对认识区域类型和制定区域能源与原材料战略具有现实意义。

（3）区域产业、产品与区域市场及国际市场的关联。主要通过开放度与外向度而反映出来，对于认识区域的市场经济发展水平有现实意义。

（4）区域产业的投入-产出关联。主要通过投入-产出表反映出来，可以直接地反映出区域的经济效益。

（5）区域产业与能耗、原材料消耗、利税的关联。一般通过万元产值的能耗、原料消耗和利税而反映出来，主要是为了说明经济效益。

（6）产业生产中与生产前、生产后的产业关联。主要反映产业的分工程度与产业链的长短，同时检验产业的发展水平。

（7）区域主要产品与零部件的关联。反映区域产业的关联度和区域产业协作配套的程度。

虽然产业关联与产业链研究的侧重点不同，但联系十分密切。区域产业关联度强，往往说明区域产业的从产业链长，两者呈正相关关系。

产业链是产品生产过程中生产技术联系的延伸过程，也是分工的深化过程和生产力水平的提高过程。四次产业的产业链发展空间十分巨大，不仅能解决分工不断深化和提高产业效益的问题，更能解决能源、原材料的综合利用、发展循环经济和治理污染等这些重大问题，还能扩大就业。最终，实现产业链条的不断延伸和不断扩大产业关联，推动区域经济不断健康发展的目标。

产业关联状况对区域经济发展有重要影响:①一个地区产业链的长短,表明其部门分工的发展深度与部门联系密切程度的高低。以种植业为例,如能形成农机具生产与供应—化肥、农药生产与供应—种子生产与供应—种植业生产—粮食加工—产品深加工与食品工业—医药工业,又与粮食产品储藏、运输与销售各个环节结合起来,说明农业产业化的程度及种植业产业关联的水平高。②产业链的长短表明其对自然资源(具体指对能源、原材料)的利用程度。例如,一个炼钢基地,从铁矿石与煤炭开采—洗煤—炼焦、烧结、炼铁、炼钢—重型机械制造—中型机械制造,乃至精密机械制造等,进而带动建材工业和煤气工业等产业的发展,这样就能最大限度地利用和节约能源和原材料。③一个地区如能形成多个产业链,而且产业链比较长,各产业链方向又能通过化学工业或高新技术产业联系起来,反映一个地区的国民经济综合发展水平高。④在一个小的地域范围内或一个中心城市,实现密切的产业关联,不仅能够提高关联的效果和效益,而且会推动区域和经济的快速发展。例如,日本丰田汽车工业的总装厂与零部件生产厂多分布在丰田市及其附近的范围内,这样就能取得最大的产业关联效果。⑤企业集团化与跨国公司的发展,为在更大地域范围实现产业关联和提高效益提供了可能。公司总部所在地以其信息、设计决策推动区域向更高层次发展,主装厂与分厂分布于条件优越的世界各地,这样,将推动主装厂及各分厂提高专业化水平并带动区域经济发展。但是,经济地域如何加大产业关联,延伸产业链,促进区域综合发展,提高经济效益,仍然是区域发展所要解决的重要问题。

三、主要产业部门的选择与区域发展

(一)对主要产业部门的理解

一国一地区的产业部门结构依据其在区域经济发展中的作用,可以分为几大类,一般分为主导产业、支柱产业、基础产业和服务性产业等。从

产业发展趋势的角度，可将产业部门分为朝阳产业与夕阳产业，或分为传统产业与新兴产业等。关于具体分类及对各种产业的解释，在学术界还没有统一的定论，也难以将它们划分得十分清楚。笔者从对区域产业作用的角度，基本采用前一种分类方法。

（1）主导产业：一般是指在区域产业结构系统中居于带头作用的产业，又称为带动产业。主导产业在很大程度上决定该区域产业结构未来的发展方向和发展模式，一般是科技含量高的一些产业部门。

（2）支柱产业：一般是指在区域产业结构系统中，对社会经济发展起支撑作用的产业，一般是在区域总产出中占有较大份额的产业。

（3）基础产业：一般是指在产业结构系统中起基础保障作用的产业，如能源、原材料产业与交通、通信信息产业等，农业也可作为基础产业。

（4）服务性产业：一般是指在区域产业结构系统中为生产与生活服务的产业。

对区域产业部门的上述四种分类是相对的，而不是绝对的，在对具体区域分析中，其产业部门分类往往也较为模糊，但是对区域主要产业部门的划分、认定与选择，对于区域产业的定位、明确区域的产业发展方向，乃至调整区域产业结构与不断促进区域产业结构高级化等方面，都是十分必要的。

（二）主导产业

1．主导产业的基本特征

主导产业是区域经济发展的火车头和产业的灵魂。其主要特征是：

（1）具有发展潜力的高新技术产业。在短期内可能投入大，市场需求有限，但是可培育一个新的增长点，为区域发展提供后劲，就此意义来说，是一个潜在的主导产业部门。

（2）能引导区域创新并创造新的市场需求。主导产业具有为经济引入技术创新和制度创新的能力，导致产业科技进步，并有新的市场需求。

（3）具有持续的高增长率。由于技术创新与科技进步，又有良好的市场需求，产业会得到快速发展和有更大的产出率。

（4）对其他产业的发展有直接和间接的诱发和带动作用。主导产业的发展会促进新技术、新能源、新材料的产生与发展，带动相关的众多部门的发展，还会带动区域基础设施和服务部门的发展。

总之，主导产业应该是代表区域先进生产力和能够带动区域经济持续发展的部门。它是一个动态的和相对的概念。从时间序列看，第一次产业革命时期，钢铁、机械与现代纺织工业是当时的主导产业；到了第二次产业革命时期，主导产业变为汽车、造船、建筑业；到了第三次科技革命时期，汽车、重化工业、电子信息工业等成为主导产业部门。从空间序列看，各国的经济发展水平有高有低，国内各个经济地域的发展水平更是参差不齐。因此，对主导产业的选择，须因地而异，依据一国一地相应的产业结构发展阶段，选择科技含量高并能带动其他产业和区域发展的产业部门作为主导产业部门。

2．主导产业的选择

主导产业的选择必须从国情、区情出发，既要适度超前，又要符合实际。

选择主导产业还可参考一些选择基准，如需求收入弹性基准，生产率上升基准，关联度基准，过密环境基准，丰富劳动内容基准，短替代弹性基准，增长后劲基准和瓶颈效应基准等（杨公朴和夏大慰，1988）。主导产业的选择是一个复杂的过程，需要采取定性与定量相结合的分析测定方法，才能使选择更具科学性。

就一个大国而言，主导产业应选择一组产业群，应该选择超前的高新技术产业作为主导产业，以迎接知识经济时代的到来。其他一些主导产业也应该是符合国情的科技含量高的产业部门。

对省一级主导产业的选择，必须结合省情特点及其发展阶段，发挥各省优势。以吉林省为例，具有高技术附加值的汽车工业应是它的主导产业。吉林省既是我国最早的汽车工业基地，近些年来又有新发展，对全省的经济带动作用明显。光电子工业是电子工业的重要部门，在全国具有特色，现已初具规模，将会成为具有发展前景和潜力较大的主导产业部门。吉林省要建设环保效益型的生态省，为此，技术含量高的农业（大农业）生产技术与环保技术及其相关产业，可能会成为主导产业部门。

地区一级的经济地域，有的形成了主导产业，如深圳的电子、信息产业；有的形成支柱产业或主要产业部门，如吉林省通化地区的制药业。

总之，对主导产业的选择，针对一个国家、一个省和少数特殊地区，乃至特大中心城市才有实际意义，其他地区还不存在发展主导产业的条件。

（三）支柱产业

支柱产业有两大特点：一是为区域发展创造更多财富的部门；二是对区域社会经济发展起支撑作用的部门。支柱产业在一国或一地区分布的部门较多，而且各地区的支柱产业各不相同。

以吉林省为例，以生产化工基本材料的石化工业不仅产值高，而且为吉林省提供了可观的利税，不仅带动了相关产业的发展，还提供了10万多个就业机会，构成吉林省的支柱产业。吉林省是农业大省，在全国地域分工中占有重要地位，在此基础上，又要建设具有全国意义的生态省，因此其大农业（农业、林业、牧业）必将成为支柱产业，支撑吉林省经济、社会与生态的建设与发展。

在地、县级层次上，支柱产业的特点各异。例如，吉林省德惠市的肉鸡加工一条龙企业（饲料种植加工，肉鸡繁殖、饲养，肉鸡加工、出口），就成为该市的重要支柱产业，既为全市提供税收，带动农民致富，又促进了农业结构的变化。

旅游业成为有些省份和地区重要的支柱产业，如我国的云南、北京、西安、桂林、黄山等地区，旅游业创造了大量外汇收入，成为这些地区重要的经济增长点。

　　总之，支柱产业应该是经济地域需要认真选择的产业部门，有些地区，尤其是经济不够发达的地区级以下的经济地域可能还形成不了主导产业，但是仍然需要认真选择支柱产业，以增加地方经济与财政收入。

（四）基础产业

　　基础产业是地区经济发展的保障性产业。经济地域的经济发展需要有能源、原材料、交通、通信信息的保障，应相应地发展有关基础产业。

　　一些大型或中型的能源和原材料基地，其能源与原材料产业不仅是所在地域的基础产业，而且还是所在地域的支柱产业。

　　有些通信信息产业集中且与电子产业相结合的地区，上述产业已不仅是基础产业，而且可能成为地区的主导产业。

（五）服务性产业

　　服务性产业是指除基础产业之外的为区域生产、生活服务的所有第三产业部门。服务性产业是经济地域发展所必需的产业，若其发展协调、合理，就会促进区域发展，否则，会阻碍区域发展。

　　有的地区的服务业也会成为支柱产业，甚至成为主导产业。前者如商贸业与旅游业，后者如通信信息产业。有的地区以港口为依托，以商贸为龙头，带动外向型经济发展，其商贸业就会成为区域的支柱产业，乃至主导产业。

　　总之，对区域主要产业的选择，重点是选择好影响区域经济发展的主导产业与支柱产业。与此同时，协调好它们与基础产业和服务性产业的关系。这些都是区域产业结构调整的重要内容。

第四节　地域部门结构类型的划分

一、地域部门结构类型的划分

经济地域的产业部门是有规律分布的，并形成有机的组合关系，有客观的发展规律。

世界各国各地区的产业结构（地域部门结构）虽然千变万化，多种多样，但是，可以依据一些共性特点将其划分为某些类型。目前，对产业结构类型的划分主要有两种方法：一是依据对生产力各要素的投入程度，划分为劳动密集型、资金密集型、能源密集型和技术密集型等类型；二是依据当地资源的拥有和利用程度，划分为资源型、加工型和资源–加工混合型等三种类型。

第一种划分方法，适合于对单项部门的分析。但有些类型难以明确划分，有的基础工业既是劳动密集型，又是资金和能源密集型产业，如钢铁工业。但对经济地域总体产业结构类型的分析，这种方法难以应用。第二种划分类型的方法，符合于产业结构形成发展的客观规律性，有利于从整体上揭示经济地域产业结构形成发展诸条件因素的关系和产业结构层次不断提高和发展变化的特点。

对产业部门结构类型的研究，有助于发挥区域条件的优势，制定相应的战略，促进产业结构协调、合理地发展。

二、资源型产业结构

1. 资源型产业结构的一般特征

在自然资源（包括工业自然资源与农业自然资源）十分丰富的国家和地区，主要依靠当地资源发展工业、农业，并在此基础上形成相应的产业结构，即属于资源型产业结构。例如，俄罗斯、加拿大、澳大利亚和我国的黑龙江、内蒙古、山西等省区均属于资源型经济地域。

资源型产业结构具有下述基本特征：

（1）产业结构以当地的资源为基础，第一产业发达，基础工业雄厚，能源或原材料或农牧产品生产在全国或国际劳动地域分工中占有重要地位。

（2）拥有这种产业结构类型的地域，向外输出的产品主要为能源、原材料、农矿初级产品、重型机械，输入的产品主要有高科技产品和各种机械以及轻工产品。

（3）资源型产业结构以重型结构为主，除初级产业外，加工工业以耗能高和耗原材料多的部门为主。因此，资源型经济地域输出往往大于输入。在其发展的初级阶段，一般是投入多、产出少。

（4）资源型产业结构层次的高低主要受生产力发展水平的制约。其生产结构的层次，有一个逐渐提高的过程：在发展的初级阶段，以农矿产品为主；到高级阶段，不仅基础工业发达，而且加工工业的发展也具有较高的水平。

（5）在资源型经济地域内，各大产业部门之间的生产联系远较加工型经济地域密切。例如，煤炭工业与钢铁工业、机械工业之间紧密联系，石油开采与石油加工、石油化工之间紧密联系等。

（6）资源型经济地域在其探明资源数量不变的情况下，由于生产的发展和资源的耗费，其经济类型将由资源型逐渐向资源–加工混合型，乃至向加工型过渡。

2．资源型产业结构的层次

资源型产业结构不等于是低层次的产业，产业结构的层次有低、中、高之分，资源型产业结构的层次也是如此。

（1）低层次资源型产业结构地域。指开发历史较短、生产力发展水平不高和商品经济不够发达的地域。这类地域虽然工业资源或农业资源条件优越，但仍停留于初级产品生产与出口阶段，加工工业不够发达，产业结构层次低。

例如，吉林省东部山区，森林、煤炭、水力、铁矿石与非金属矿资源丰富，重点发展了煤炭、森工与铁矿开采等工业部门，主要向外输出煤炭、木材和铁矿石，粮食与日用品主要从外区调入，加工工业不发达，是一个正在开发的经济地域。

又如吉林省白城地区，加工工业虽然有一定发展，但主要还是农牧业区域；石油资源较为丰富，主要向外输出粮食、甜菜、向日葵、畜产品和原油，向内输入工业机械和日用品。该地区是一个典型的以农牧业和能源生产为主的、低层次的资源型经济地域。

亚、非、拉某些国家和地区多属于低层次的资源型经济地域。随着生产力和加工工业的发展，将由低层次向中层产业结构发展。

（2）中层次资源型产业结构地域。同样也是资源丰富地域，由于经过较长时期开发，其基础工业有所发展，加工工业也达到相当水平；区内交通运输网和经济联系都达到相当规模。

例如，我国辽宁中部经济区，以沈阳为中心，以鞍山、本溪钢铁，抚顺煤炭和辽河油田为基础，经历几十年的发展，钢铁、煤炭、原油、有色金属和化工等基础工业已有一定的基础，以重型机械为主的加工工业发展也很快，这里成为东北重工业区的核心部分。将来还会用新技术、高技术和新型的装备武装产业，逐渐向高层次资源产业结构地域发展。

（3）高层次资源型产业结构地域。指现存的资源仍有相当基础，同时生产力与商品经济的发展水平很高，除了能源和原材料仍在全国占有重要地位外，基础工业和加工工业均达到很高的技术经济水平。

例如，德国的鲁尔区目前仍生产全德国1/2以上的煤炭，同时，又依靠外来的铁矿石生产钢铁，机械工业和化学工业都发展到很高的水平，交通网络密集，每平方公里铁路线有1.5千米，生产联系十分密切。

3. 资源型产业结构实例

俄罗斯是一个典型的资源型国家，自然资源十分丰富，且种类繁多。在此基础上，形成强大的基础工业和具有相当规模的农牧业。其产业结构如图7-4所示。

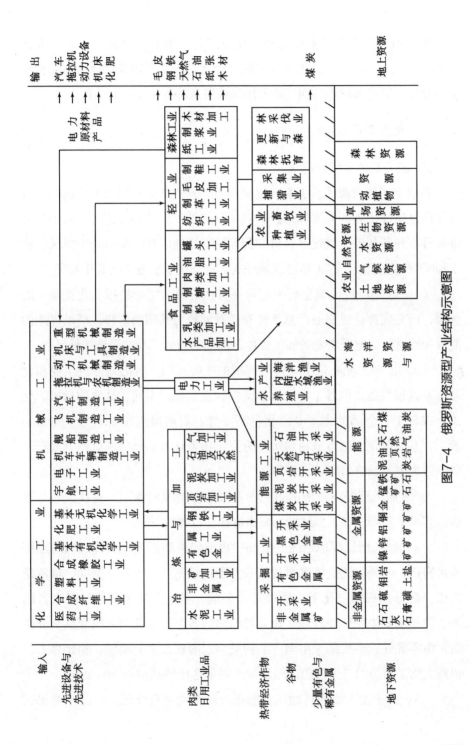

图7-4　俄罗斯资源型产业结构示意图

俄罗斯的资源型产业结构属于中层次的，农业、食品、轻工工业仍是薄弱环节，其产业主要为资金密集型产业，技术密集型产业所占比重较小，今后还要经历较长时期才能发展成高层次的资源型产业结构。

三、加工型产业结构

1．加工型产业结构特征

在缺少工业资源（或者有一定资源），且生产力发展水平较高，位置交通信息条件优越的国家和地区，往往形成加工型的经济地域。就国家来讲如日本和新加坡，就地区来讲如我国的上海地区和俄罗斯的中央区，属于加工型经济地域。加工型经济地域的产业结构主要有下述几个特征：

（1）这类经济地域主要不是发挥自然资源（主要是指工业资源）的优势，而是发挥位置交通信息条件和已有的经济基础的优势，借助外地的能源和原材料，侧重于发展加工工业，因而称为加工型的经济地域。

（2）机械工业和化学工业为区域的主要部门，有的地区轻工业和食品工业也很发达。但各个地域由于条件和发展特点不同，具体的机械、化工，或轻工、食品的主要专门化也不一样。有的以汽车工业为主（如长春），有的以化工基本原材料工业为主（如吉林），有的则以发电成套设备制造为主（如哈尔滨），等等。

（3）加工型经济地域的第三产业较资源型地域发达，科技文教与通信信息水平较高，加工型地域的城市群往往也比较发达。

（4）加工型经济地域内，大部门内的经济联系远较大部门间的经济联系密切；与外区的经济联系远较资源型地域密切、频繁。例如，俄罗斯的中央区形成机械、化工、纺织三大部门，其主要能源和原材料来自区外，产品主要销往区外各地；在大部门内的各个细小部门之间联系十分密切，由零部件、半成品、中间产品到成品之间联系十分频繁；相比之下，机械、化工与纺织三大部门之间的生产联系是比较薄弱的。

（5）由于加工型经济地域的能源与材料均来自外区，产品主要销往区外，加工型工业多为减重工业，因此，输入量远大于输出量，一般投入少而产出大。

（6）加工型产业结构的层次也有高低之分，低层次的主要指以劳动密集型和资金密集型为主的加工工业地域，多为一般性加工工业部门；中级层次的主要指资金密集与科技密集混合型的经济地域，加工工业的水平较高，如我国上海地区属于这一类型；高层次加工型地域主要指以科技密集型产业为主的经济地域，如美国的硅谷、硅岛，日本的筑波城等属于这一类型。

2．加工型产业结构实例

以日本和俄罗斯中央区为例加以说明。

（1）日本。日本是一个工业资源严重贫乏的国家，除木材（自给率为40%）外，其他主要工业自然资源对外依赖程度都在90%以上；平原只占全国面积的25%，土地资源有限；面临海洋，渔业资源较为丰富。海岛的地理位置在现代海运的条件下，成为十分有利的条件。日本依靠海外的资源，临海发展工业，将其主要产品的50%~80%销往国外，成为典型的加工贸易国家。其产业结构如图7–5所示。

日本现为高层次的加工型国家，目前正在贯彻"科技立国"的国策，向更高层次的加工型国家发展。

（2）俄罗斯中央区。从整体上看俄罗斯是一个典型的以重型产业结构为明显特征的资源型国家，但是，由于各地条件的不同，也有许多加工型和资源–加工混合型的经济地域，其中，中央区就是典型的加工型经济地域。

俄罗斯中央区仅有少量的森林资源和褐煤、泥炭资源，农业自然条件也不理想，发展工业的能源和主要原材料均来自外区，其机械、化工和纺织等主要工业产品的大部分，均面向全国。

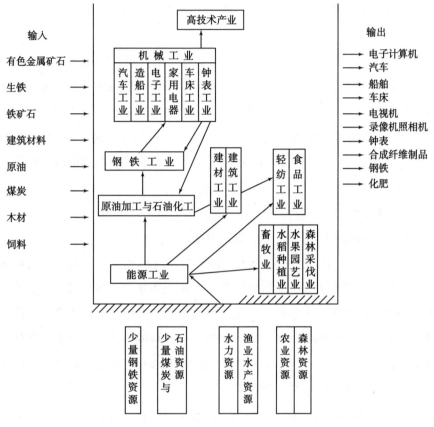

图7-5 日本加工型产业结构示意图

四、资源–加工混合型产业结构

资源–加工混合型产业结构是由资源型向加工型的过渡型，即两者的混合型。有些国家和地区拥有某些资源，并具有区际意义，但是主要资源种类不全，需依靠有利位置的交通条件、利用外地的资源发展加工工业。也有些国家和地区，原为资源型经济地域，但由于某些资源逐渐枯竭，利用外区资源的比例逐渐增加，从而形成资源–加工混合型地域。

资源–加工混合型地域既资源型的特征，又有加工型经济地域的特点。这一类型经济地域的产业结构依据其生产力发展水平，也有高、中、低层次之分。

美国属于高层次资源–加工混合型的经济地域类型。美国是一个资源丰富多样的国家，但是，由于其生产力水平很高，资源消耗与浪费十分严重，除了依靠自产的能源和原材料外，每年还需大量进口能源与原材料。

俄罗斯的伏尔加河流域区属于中层次的资源–加工混合型经济地域。伏尔加河流域区蕴藏有丰富的石油、水力资源，农业自然条件也比较优越，在此基础上，形成了石油开采—加工—石油化工与农牧产品—食品、轻工业两大部门系列，但是缺少钢铁原材料，需由外区调入，发展机械设备制造业。其产业部门结构如图7-6所示。

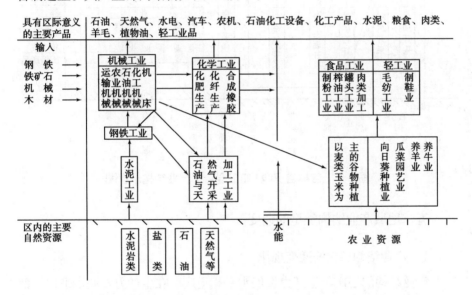

图7-6 俄罗斯伏尔加河流域区资源–加工混合型产业结构示意图

我国吉林省是处于较低层次的资源–加工混合型的经济地域。它具有一定的资源优势，在丰富的森林资源和优越的农业资源基础上，形成了森林采伐—木材加工—林产化工和粮食—饲料与食品加工—轻工业两大部门系列。同时，它的位置、交通条件比较优越，利用外区的钢铁原材料和一定的能源，形成了以汽车为主的机械工业和化学工业两大系列。吉林省产业结构模式见图7-7。

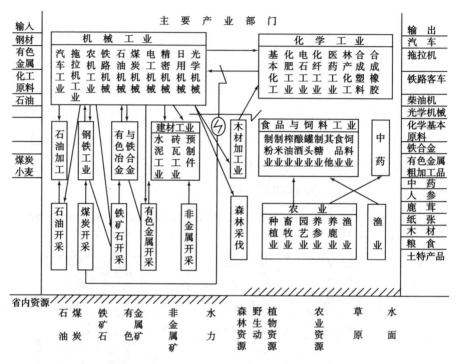

图7-7 吉林省资源-加工混合型产业结构示意图

五、地域产业结构类型的递变

1. 产业结构层次的递变规律

产业结构的层次与生产力发展水平相适应。在生产力发展水平比较低的阶段，产业结构处于低层次；当生产力水平已发展到相当阶段，产业结构的层次也会上升为中等层次；当生产力水平达到工业化后期阶段时，产业结构就已进入了高层次。

产业结构层次是从低级不断向高级层次转化的过程。认识这一规律，掌握产业结构的发展变化过程，有助于从经济地域的实际情况出发，积极创造条件，促使产业结构的不断完善和层次的不断提高。

2．产业结构类型的递变规律

经济地域在其资源探明储量没有明显变化的情况下，随着生产力的不断发展，资源的逐渐消耗，其产业结构必将经历由资源型逐渐向资源-加工混合型，乃至向加工型演变的过程。

俄罗斯的乌拉尔区，自然资源丰富多样，素有"自然资源宝库"之称，是一个典型的资源型经济地域。但由于经历近百年的工业发展过程，其能源与原材料已明显减少，目前，每年须从外区运入几千万吨煤炭与铁矿石，中轻型的加工工业有了较快的发展，现已成为资源-加工混合型的经济地域。长此下去，由于资源的全面枯竭，能源与原材料全靠外区供给，将会变成加工型地域。

对于这一问题的研究，有助于从实际出发，促进与区域情况相吻合的产业结构的发展，并制定相应的战略，使经济地域形成合理的产业结构，进而不断促使其向更高层次发展。

3．产业结构周期演化规律

区域的产业结构有形成期、成长期、成熟期与衰退期几个阶段，主要是由产业生命周期（形成期、成长期、成熟期与衰退期）、技术周期与科技革命周期等因素所引起的。一个经济地域当投入相当科技要素与一些新的产业部门时，就会由形成期进入成长期和成熟期，在此阶段如果不进行新的科技投入和对已有产业进行技术改造，就会进入衰退期。我国东北经济区产业结构演变过程，就充分说明了这一点。

新中国成立以后，东北区被确定为我国工业化的重点地区，国家重点建设的156项工程有1/3安排在东北地区，如汽车、飞机、电站设备、造船和重型机械等。在20世纪50年代初，苏联援建的这些工业项目，其技术水平是一流的。在此基础上，东北经济区的产业结构，经历了50年代的形成期，60年代的发展期和70年代的成熟期，初步建成了我国的工业基地。但是，全国建设重点的转移和长时期资金投资与技术投入严重不足，致使东北区的产业结构处于不断衰退阶段，进入衰退期。这是

"东北现象"产生的主要原因。近年来，由于改革开放和实施东北振兴规划，引进资金、技术和大力进行企业技术改造东北区逐渐由衰退期又走向发展期。可见，不断进行技术投入，用高新技术改造传统产业与发展新兴产业部门，是促使老工业基地产业结构调整与升级，避免产业结构衰退的重要途径。

第八章　经济地域的产业空间结构

第一节　产业空间结构的基本特征

一、地域产业空间结构的基本内涵

1. 定义

经济地域的产业空间结构也称地域产业空间结构，或称产业地域结构，简称地域空间结构。

经济地域的产业空间结构是指人类的经济活动在一定地域上的空间组合关系。具体说，就是指经济地域的诸经济内容在空间上的相互关系与地域上的组合形式。

从区域经济学角度看，空间结构是指区域经济的核心、外围、网络诸关系的总和。这一定义概括了空间结构的基本内涵。

根据对地域产业空间结构的上述理解，经济地理学对它的研究与认识，应该包括下述几个方面：一是区域条件与区域空间宏观格局和框架的关系；二是区域的产业布局及产业的空间组合关系；三是各级经济中心与其外围地域的关系，包括城乡关系、核心区与周围地区关系以及城镇体系关系；四是区域结构网络关系；五是区域关系；六是空间结构类型。

2．几点认识

（1）世界本身是一个庞大的结构巨系统，充满着各种各样的空间结构，如自然的、人文的、生态的各种空间结构。这里所指的区域空间结构，是指经济的或产业的空间结构，而不是指其他方面的空间结构。

（2）地域空间结构与地域部门结构两者之间既有联系，又有区别。其联系主要表现在：各产业部门都要落实在具体区域上，与区域诸条件结合，形成区域特色；区域产业结构水平与区域空间结构水平紧密相连，两者呈正相关。其主要区别表现为两者的组合规律不完全相同：产业部门结构主要是通过第一、第二、第三产业的比例与组合关系表现出来；而产业空间结构则是通过核心、外围、网络的地域组合关系反映出来。因此，两个产业部门结构相同的地域，其空间结构可能迥然不同。

（3）结构决定功能。空间结构的功能主要在于：促进地区产业的合理布局以实现空间节约，通过核心、外围、网络三者的关系形成发展动力，促进区域经济、社会、生态的协调发展。

二、空间结构的历史发展过程

人类的社会经济活动，不断地在扩大其地域范围和物质内容。原始氏族社会，人类主要在原始的自然状态下生活，还不存在有序的空间结构。自从城市出现，才开始有了中心与外围之间通过交通线路所发生的各种联系。但是，在前资本主义社会，由于生产力水平的局限，空间关系是很不密切的，联系也是十分脆弱的。大机器生产（工业社会）是经济空间结构形成的原动力。产业革命之后，能源动力、生产工具和交通运输工具的巨大变革，带动了部门分工的不断深化，促进了产业部门结构的形成与发展。部门分工与产业部门结构不能架空，都需要落实在具体地域上，并与具体地域的诸条件紧密结合，从而也就使经济的地域（空间）结构逐渐形成并发展起来。

经济地域空间结构的形成与发展，必须具有以下条件：

（1）作为区域核心的现代城市的形成。产业革命以后，以现代工业为主要内容的城市不断涌现和发展起来，并各自突出其专门化的产业部门。这些城市以其专门化部门和其他经济的以及行政的职能等，共同作用于其周围地域，与周围地域不断加强经济、政治联系。

（2）周围地域商品经济的不断发展。周围地域商品性农业、工矿业和第三产业的发展，是其与区域核心进行经济联系的基础。在自然经济条件下，周围地域与城市的联系是微弱的，难以促进区域空间结构的形成和发展。

（3）网络系统的发展。网络是联系核心与其周围地域的纽带和桥梁，没有现代交通运输业和通信信息事业，就难以使区域核心与其周围地域发生密切联系。

（4）外界的影响与作用。一个地域的空间结构是经济地域空间结构大系统的子系统，离不开周围其他经济地域空间结构与部门结构对它的影响。

一个经济地域的产业部门结构与空间结构之间是有联系的，这种关系就其发生过程来讲是以部门结构为起点，落实到具体地域上，影响空间结构。一个地域的空间结构，往往也是区域部门结构的反映。但是两者的形成机制与结构内容还有许多不同之处。

部门结构作为空间结构的内容，部门的组成、每个部门的分布规律和趋向，可以作用于空间结构的基本格局。以农林牧业为主的部门系统与以工业为主的部门系统之间，会有空间规模的差别，以采掘业为主的部门系统与以加工工业为主的部门系统之间密集程度不同，开放性强的加工工业系统与封闭性的加工工业系统会有网络发育程度及网络形式的不同，等等。

但是，空间结构受制于地域分工规律，同样的（或类似的）部门结构也会因地域内地理条件的不同而有不同的空间结构，如海陆相关位置的不同、地貌条件的不同、地形单元组成的不同，乃至气候条件的不同，都会使同样的部门构成形成不同的空间结构。

总之，任何一个经济地域，由于所处的地理位置、自然条件、社会历史条件、经济条件和生产力发展水平的不同，其核心、外围、网络三者的组合形式、内容、水平等千差万别。空间结构的层次有高低之分；结构的内容有的简单，有的复杂；空间结构的地域形式更是多种多样。

空间结构与产业分布有密切联系，但并不是一回事。前者是指诸产业的空间（地域）的整体结构，后者主要指单项或多项产业的分布与布局。

经济（产业）空间（地域）结构是区域经济地理学研究的重要内容，其主要研究目的在于：运用劳动地域分工与经济地域运动理论，探讨空间结构形成发展的一般规律，揭示空间结构的多样性，研究具体地域的空间结构现状、问题及其发展趋势与完善途径，为选择正确的区域开发模式与合理布局生产力服务。

三、空间结构的基本特性

1．整体性

经济地域的空间结构由核心、外围、网络三者组合而成，三者三位一体，互相作用，紧密联系，形成统一的整体。回顾经济地域的发展过程，最早多是由农牧业开始的，形成了广阔的、原始的农牧业区域。这种区域发展到一定阶段，出现了早期的农牧产品集散、加工和贸易中心，形成了早期区域的雏形。与此相适应，形成了早期简单的交通线路和小规模的运输业。这就是最早的经济地域空间结构的形成过程。随着现代工业、现代农业和现代交通运输业、通信业的发展以及现代城市的不断涌现，经济地域的空间结构已经发展到一个新的阶段，地域空间结构不断地向高级化、复杂化与多样化的方向发展。但是，不管空间结构发展到什么阶段，在一个地域内，核心、外围与网络三者始终紧密结合成为一个统一的整体。核心离不开外围地域，否则难以存在和发展。要实现核心与外围的联系，离不开网络这个纽带。

地域空间结构的整体性也体现在核心、外围与网络三者的协调上，三者是一个配套整体，如区域核心的规模与水平直接影响其网络状况和外围的发展水平；网络的分布状况又直接影响核心与其他城镇和外围的分布状况。

2．系统性

空间结构不是孤立存在的，而是在与其他空间结构相互联系与互为制约中存在和发展的。全世界的空间结构是一个复杂的大系统，各个地域的空间结构则是这个大系统中的子系统，各个地域的空间结构之间，通过复杂的网络系统联系起来。例如，长春地区的空间结构只是全国、东北经济区和吉林省空间结构系统的一个组成部分，通过复杂的网络系统与其他地区的空间结构发生密切联系，只有在复杂的联系之中，才能保持长春地区空间结构的生存和发展。

3．层次性

经济地域空间结构的层次性主要表现在两个方面。一方面是从某一经济地域在更高级地域系统中所处的地位上看其层次性，这种层次性主要是由区域核心的层次性表现出来，即层次高的区域核心支配较大面积的区域，具体支配方式是通过对低层次区域核心的支配来控制外围区域；另一方面，就经济地域自身的发展水平、所处的发展阶段而言，各个地域的空间结构又有高、中、低之分，每个经济地域的空间结构与生产力水平相对应。就一个较大的地域系统而言，发展水平较低的经济地域所处的地位——空间层次较低，反之则高，或居主导地位。而就一个具体经济地域而言，其发展水平总有一个由低级向高级发展的过程。这样，由低层次的空间结构达到高层次的空间结构又是一个逐渐发展的过程。受经济地域发展不平衡规律所制约，某些经济地域自身结构发展了，高级化了，而另一些地域的层次（地位）可能相对下降。当一个国家经济现代化的历史进入到足够发达的阶段，这种层次的个体变化和整体结构变化就日益明显了。因此，层次性的实质表明了空间结构所具有的运动、演进和发展特征。

4．区域性

区域性是地理学的精髓所在，是克服理论脱离区域发展实践和照搬外国、外区发展模式的保障。不同经济地域单元（核心、外围及网络）的形式及它们之间的空间关系可以是抽象的，作为人们理性思考、概括的成果。但是，所有的单元的形式及空间关系的内容都是由具体地域上的地理条件、经济条件及水平和社会生活等诸方面的条件所决定的。离开了这种认识，空间结构的讨论就不是地理学的范畴，也就不会形成关于地域差异的认识了。当然，理论研究需要对众多具体的地理条件进行归纳和抽象，但其宗旨仍是对典型的或同一类型经济地域上空间结构的具体分析。例如，平原地区的空间结构与山区空间结构的开阔程度和分布形式不会一样；沿海地区与内陆地区的对外开放程度及其分布趋向也不会相同；生产力发展水平高和历史悠久的地域与生产力水平低或开发历史短的空间结构也有很大差别，等等。地域空间结构主要是通过明显的地理个性而表现出来，完全相同的地域空间结构在世界上是不存在的。因此，对空间结构的研究，一定要具体问题具体分析。

四、制约空间结构的主要因素

1．生产力发展水平

生产力发展水平与商品经济的发展程度是制约地域空间结构形成发展的决定性因素。空间结构层次的高低、网络系统的发达程度、区域核心与其他城镇和外围地域的发展水平等，直接受生产力发展水平的制约。生产力发展水平高的地域、城市化的水平高，往往形成一个城市群体，网络系统也十分发达，外围地域的经济内容也复杂多样，整个空间结构处于高层次；否则，相反。

2．地理位置

地理位置对地域空间结构的形式、内容等均有重要影响。例如，临海地域往往形成以港口或港口群为核心的空间结构，网络呈扇状向内地辐射。如果港口的功能发达且处在较发达的大地域系统之中，其外围地域的经济多数比较发达。主要交通枢纽、首都或大区中心，其区域核心的地位十分明显，网络往往呈放射状且密集，外围地域的经济也比较发达。处于过境位置的经济地域，主要网络往往呈"井"字或"丰"字形，可能有多个区域核心，外围地域的经济远没有前者紧凑和发达。远离经济重心或地处边疆的经济地域，其区域核心一般不够强大，网络系统也不够发达。外围地域广阔但经济内容分布较松散。

3．自然条件与自然资源

自然条件与自然资源对地域空间结构的影响十分明显，尤其对空间结构的形式和内容，影响更为直接。自然条件优越的地域，开发的历史早，现在几乎全部开发利用，其空间结构的内容较为丰富，结构也较为紧凑；自然条件严酷的地域，如沙漠地区与寒冷的冻土地带，由于人类的经济活动受到限制，往往形成一种在较大范围上以少数或单一核心为主的稀疏网络空间结构。但这并不排除在自然条件相对优越的局部地区（如绿洲、沿海或河谷地区）形成密集的结构。自然条件的分布及其地域组合状况，尤其地貌、河网状况对地域空间结构的影响很大，平原地域的空间结构与山区的空间结构类型有很大的差异。大的河流可以成为区域开发的轴带，带动地域的经济发展。自然资源的分布及其组合状况，直接影响空间结构的形式和内容。以林区、矿区为主的地域，城镇与开采加工点结合，往往分散分布，交通网络较密集，核心城市的规模与作用远没有以加工业为主的地域那样大。诸种自然资源富集地区，经过开发，往往形成以重工业为主体的空间结构模式。

自然条件地域组合特点对地域空间结构框架有深刻影响，如我国三大地形单元对东、中、西三个地带的影响，我国东北中部平原、东部山区、西部草原、南部辽东半岛的临海格局对东北地区产业空间结构的内容和形式有明显影响。

4．社会历史因素

有些地区由于历史悠久，经过长期的历史积累，经济内容比较丰富，空间结构比较紧凑。由于长时期首都或重要行政中心的作用，使其所在地域的核心城市获得突出发展，如北京、莫斯科、伦敦和巴黎等，形成发达的网络系统，以强大的核心带动外围地域的发展，往往形成城市群。行政区划网对地域空间结构的影响也很明显，尤其是生产力发展水平较低的地域，行政隶属关系在空间结构中反映得很明显，如地区中心—县中心—乡中心的城镇系统，常形成与之相适应的交通网络和较为广阔的以农业为主的外围地域。

第二节　地域空间结构的物质内容

一、地域核心

地域核心即经济地域的中心城市（首位城市），在经济地域的形成和发展过程中发挥着核心作用。在现代经济条件下，较高级的地域核心以第二、第三产业为主要内容，但也有的地域（基层的或小范围的经济地域）的核心城市只以商业、金融、旅游或行政管理等为主要内容。任何地域核心都是多功能的，其主要专门化方向对其外围地域影响很大，而外围地域又从各个方面为核心城市的专门化部门服务。地域核心的规模有大有小，基层的经济地域的核心可能是县级城市，高层次的地域核心可能是大城市或特大城市或大城市群。多数经济地域的核心城市只有一个，但也有的经济地域为双核心城市（如辽宁省经济区以沈阳市与大连市两市为核心和吉林省经济区以长春市与吉林市为核心）或多核心城市（如俄罗斯伏尔加河流域经济区，其核心由多个城市构成）。

核心城市在地域空间结构中的作用主要表现在下述几个方面：

（1）组织作用。核心城市不只是不同等级地域的经济中心，而且往往也是不同等级的行政中心，在政府行政职能与经济管理职能高度统一的国家和地区，更是如此。这样的核心城市多与周围地域有着行政隶属关系，其经济实力也明显高于周围地域。因而，核心城市可以充分利用行政杠杆和经济杠杆的作用，通过地域内的行政区划系统，发挥中心城市的核心组织作用，保证中心城市的发展方向，并促进外围地域的发展。

（2）集聚作用。空间集聚是现代经济分布的基本趋势。多种经济部门和成分的集聚必然会导致经济功能的地域集聚，即经济核心的形成和发展。近代以来，这种核心的形成主要是以工业、人口、交通运输、金融、贸易、商业和服务业，以及教科文事业的集聚表现出来，其结果就是中心城市的发展。

应该指出的是，中心城市作为一定地域空间结构的核心，在其发展的初期或中期，集聚作用是十分明显的。首先表现在人口与人才的集聚，外围地区的人口不断地涌入中心城市，谋求就业或事业的发展，使城市规模不断扩大。其次是农矿产品和初级加工品的集聚，外围农村将产品供应给中心城市加工，使其成为中心城市专门化部门或辅助性部门；外围地区的初级加工品又会成为中心城市的工业原料，带动某些工业的发展，从而不断地增强中心城市的经济实力。最后是资金的集聚，通过工农业产品的剪刀差、税收、储蓄等金融流通渠道，将资金源源不断地向中心城市汇聚，加强了中心城市发展经济的后劲。

（3）辐射扩散作用。在与外围地区的相互关系中，核心城市的集聚作用与辐射作用是同步进行的，但是在城市发展初期，其辐射作用并不明显。只有当核心城市达到一定规模，其辐射作用才明显增强。核心城市的辐射扩散作用主要表现在：城市化作用的范围不断扩大，核心城市的地域范围不断扩展；核心城市的专业化部门对外围地区带动作用的不断加强，专业化与协作、专业化与地区分工等横向经济联系的不断发展；科技文教事业向外辐射扩散作用的加强，等等。

（4）传输作用。核心城市的集聚与辐射扩散作用都需通过传输作用来实现。核心城市是不同等级经济地域的交通中心或交通枢纽，处在交通网络的结节点上，通过各种交通运输线路、通信线路和输电线路等，在区内外实行广泛的人员、能源、原材料、工农业产品、资金、信息情报的传输。核心城市则成为所在地域空间结构的中枢。

核心城市与外围地域城镇的地域组合形式多种多样，主要有下述几种形成和发展模式：

（1）城市群。核心城市在区域中的地位十分突出，首先，一个大的城市或特大城市逐渐形成，同时，在其周围形成一批与核心城市紧密联系的中小城市，形成城市群，如莫斯科及其周围地区、沈阳及其周围地区等。

（2）城市带。在一个地域内，可能先有两三个大中城市，在多核心的基础上，依据交通轴线的作用，陆续发展为城市带，如美国东北部大西洋沿岸地区等。

（3）双核心城镇体系。在一个经济地域内有两个经济核心，带动外围一些中小城镇的进一步发展，可能在两核心之间构筑成轴带形式，形成城市群，进而形成小的城市带，如广东省经济区形成广州、深圳双核心。

（4）多核心城镇体系。在一个经济地域内有三个或三个以上的经济核心，带动外围一些中小城镇的发展。多核心往往分布在铁路或水运轴线上，其进一步发展则会逐渐形成城市带，如前述的伏尔加河流域经济区等。

（5）等级分布城镇体系。即以核心城市为中心、几乎等距离地分布着下一级城镇。例如，核心城市为地级城市，下一级为县中心，再下一级为乡中心。这种城镇系统类型多在经济发展初期阶段表现得最为明显。随着资源的开发、基地的建设和交通网络的发展，这种等级分布的格局将逐渐消失。

（6）不规则分布城镇体系。在一个经济地域内，有一个核心城市，其他城镇分布不规则。其所以不规则分布，是由区域内诸条件的分布状况决定的。

关于经济地域内城镇组合状况可见图8-1。

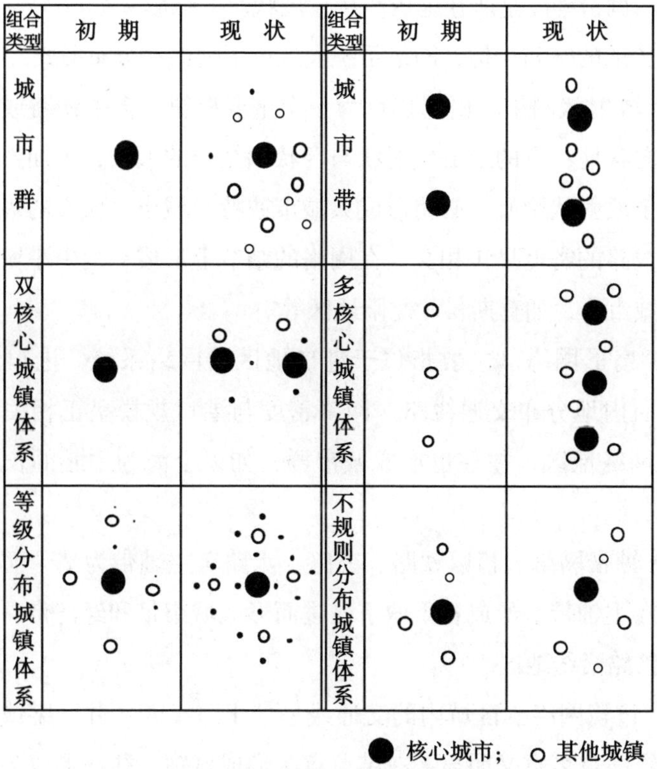

组合类型	初　期	现　状	组合类型	初　期	现　状
城市群			城市带		
双核心城镇体系			多核心城镇体系		
等级分布城镇体系			不规则分布城镇体系		

●核心城市；　○其他城镇

图8-1　经济地域内城镇组合状况图

二、网络系统

网络系统是指经济地域内各种交通运输线路与通信信息线路的地域分布体系。网络在空间结构中发挥着特殊的作用，是连接区域核心与外围地域及城市系统的纽带和桥梁，也是与其他经济地域进行联系的纽带。

网络系统包括铁路、公路、水路、管道和航空等系统及其共同组成的综合运输系统和通信信息系统、输电网络系统等，但对空间结构影响最大的是铁路、公路和水路（内河和海运）交通线路系统。

网络的组合状况及地域分布形式直接影响核心城市及城镇系统的分布，并对外围地域产生一定影响。网络的结节点往往都分布着各级各类城市，网络的稠密程度是所在地域经济发展状况的缩影。

综观各地的空间结构，网络系统大致有下列诸种分布形式：

（1）放射状网络。由于焦点为一个重要枢纽，多条铁路或公路线路由这里伸向各地；有的形成放射状与环状相结合的形式，更加强了焦点的作用。位于放射状中心，必将形成大城市或特大城市，城市的规模和作用与放射状线路的密度呈正相关。在网络的结节上形成一批中小城市，从而逐渐形成城市群，如莫斯科、沈阳地区等。

（2）扇形网络。主要指位于港口地区的网络系统。港口为主要枢纽，由此向内地分布交通线路，网络密度与港口规模呈正相关。在发达的港口与网络地区，往往也形成城市群，如以上海为中心的长江三角洲地区。

（3）轴带网络。指以铁路、公路、水路等主轴带为基干而形成的网络系统，在主轴带上形成若干城市，进而形成城市带和经济带，如长江沿岸和京广铁路沿线地区。

（4）过境网络。区域内的交通线呈"十"字、"井"字或"丰"字形，交通线路过境意义明显，在结节点上形成城镇，往往形成多核心的经济地域，如吉林省。

（5）环状与一字线网络。由于受自然条件的影响，在沙漠地区有的形成环状线路，在边远地区和边境地区有的只形成"一"字形主要线路，其他的线路均为级别较低的线路，如我国的边疆地区。

通信信息网络与输电线路往往与交通线路相配合，共同增强网络系统的功能。

网络系统对经济地域空间结构基本框架的形成发挥着重要作用，影响区域核心、城镇系统和外围地域的地域分布形式和特点，见图8-2。

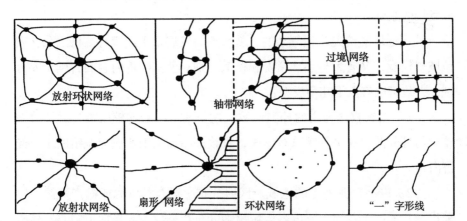

图8-2　交通网络类型略图

三、外围地域

　　外围是相对于核心而言的。有关核心与外围关系的讨论是第二次世界大战后经济学界，特别是发展经济学和区域经济学界的一个重大课题，但讨论的范畴与本书不同，是将发达国家与发展中国家之间存在的主导与依附关系抽象化，表述为核心地-外围区的关系。应该重视的是，经济学界的这种"空间关系"观念对地理学界是一个巨大的推动，它使我们看到，整个世界经济实际上处于多种层次的核心地-外围区的结构中，国与国的关系，地区与地区的关系，以及地区与城市的关系均属此列。更重要的是，这样一种认识道出了外围区的本质特征，即外围区是一个依附于核心区的区域类型，其部门结构、空间结构和发展水平受到核心区的制约。

　　在这里，本书将吸收这种有益的观点，探讨与地理条件结合紧密的外围区的一些特征。

　　本书所指的外围地域是指地域空间结构内除去区域核心与网络之外的所有地域空间，包括核心以外的所有城镇，也包括广大的农村和工矿区。外围地域的发展水平主要受核心、网络的发展水平所制约，外围地域的经济内容也受核心城市的影响，并与之相互配合。外围地域也是核心城市形成发展的基础。

外围地域的情况是很复杂的，就生产力发展水平而言有高低之分；就地域规模看，又有大与小、紧凑和松散之别；就其经济内容而言则千差万别，大致可以有以下几种类型：

（1）以农牧业为主的外围地域。这类地域一般均较广阔，城镇分布较均匀且分散，并呈等级分布形式，农牧产品加工工业成为城镇的主要经济内容。

（2）以林矿业为主的地域。区内分布大量森林资源或矿产资源，以采伐、开采加工业为主要内容，城镇多分布在采伐、开采加工中心，核心城市规模不很突出，城镇分散，交通网络比较发达。

（3）以旅游业为主的地域。分布在旅游资源富集的地区，中心城市与旅游网点紧密结合，生活性服务产业发达，核心城市体现了为旅游服务的特点，交通网络较发达。

（4）以加工工业为主的地域。经济地域的专门化部门多为加工业，区内城市比较发达并形成大城市，交通网络与通信信息发达，空间结构的层次多数较高。

（5）综合性地域。区内加工工业、工矿业和农业均较发达。此类地域的核心城市与城镇及网络系统都较为发达。

四、核心、网络、外围三者的组合关系

前已述及，经济地域的空间结构是一个统一的整体，依靠三者的统一协调来推动经济地域的发展。三者之间的关系表现为经济功能的一致性和结节、网络和规模等级的协调性。

经济功能的一致性，主要体现在各个地区的空间结构都有其明显特点，反映了经济内容的不同，其核心城市、网络系统和外围地域的表现形式也不同。例如，林矿为主的地域，其核心城市往往位于自然条件较好、

适于居住和通信业发达、对外通达性较好的地点，在部门内容上从事林矿机械制造和林矿产品加工为主；外围地域即资源分布区，交通网络依据采掘区域的扩展或萎缩而变化，其层次性，类似于河网中干支流的层次，是很明显的。

结节、网络与规模等级的协调性主要表现在以下几个方面：①经济地域内核心城市与其他城镇之间，形成一个系统，等级、距离与规模之间有一个比例关系；②城市与网络之间也要有一个比例关系才能保持协调，大城市和特大城市因其集聚功能和传输功能强，所以必须用多种形式和多条线路与之联系，才能保证其正常运转，中小城镇连接的线路则较为简单，只有一两种或数条线路就可以满足需要；③外围地域或以单一线路与区域网络发生关系，或是未形成直接的联系手段。总之，在一个经济地域内，核心城市的大小，其他城镇的数量与规模，外围地域的经济内容和经济实力强弱与网络的密度、质量和数量之间，有着正常的比例关系。如果符合这样的比例关系，区域的空间结构则处于合理的协调状态。

空间结构是一个动态的概念。在现实生活中，由于经济地域要不断开发，因此，核心、外围、网络三者之间的平衡是相对的，比例平衡的状态则不断被打破。核心城市或其他城市的发展，以及外围地域的发展，都要求不断地改变交通运输与通信的网络状况；现代交通运输业的发展或某些轴线的开发，又为城市的发展和新区的开发提供有利的条件，带动核心与外围的发展。总之，核心、外围、网络三者之间就是在不断的协调→不协调→协调的相互制约、相互作用下，推动着经济地域空间结构的不断完善和层次的不断提高。

我国多数地域的空间结构三者之间的矛盾是比较明显的。由于我国地域范围大，自然条件的地区差异明显，并且尚处于工业化初、中期阶段，过去的基础又很落后，为了加快工业的发展，必然会产生许多不协调现象：①多数地域内的城市体系不协调，即不发达的市场经济导致各个城市经济的发展处在一定程度的相互独立状态，城市经济之间的内在联系尚未形成，甚至尚未出现这种需求。所以，除少数地区外，我国的区域核心体系基本上是由具有差别、独立发展的城镇群体构成的。②核心城市与外围地域不协调。虽然我国多年前已开始实行市带县、市管县的管理体制，以利于加强核心与外围地域的联系，但是，我国一些城市中现代工业经济与周围传统的农业经济的二元化，城市现代经济的薄弱以及交通运输网络的不发达，使得二者之间既无条件也无必要形成必然的经济联系。③核心、外围与网络之间的发展不协调，主要表现为核心城市的"极化"发展与广大外围地区长期贫困的矛盾。这种现象对于我国的现有经济来说是一种较为普遍的现象。同时，我国通过政府的调整、控制和政策措施（如扶贫政策、地区倾斜政策），不仅推动了条件优越的核心区的适度发展，而且也促使着核心区尽早地发挥传输功能和尽量限制其对外围地区的不合理的剥夺。

产业空间结构的调整任务在于不断地促进核心、外围和网络三者关系的发展，并逐渐提高空间结构层次，以促进地域经济的协调发展。

第三节　产业空间结构的演变规律

世界各国各地区产业空间结构千差万别、千变万化、形态各异，但产业结构的发展与演变、空间结构的组合与产业分布，仍然是有规律可循的，归纳起来包括以下六点。

1. 生产力是产业空间结构发展的原动力

产业空间结构是历史的产物，前资本主义社会基本上还未形成产业空间结构。随着产业革命的不断发展，产业空间结构在各个地域才不断形成并发展起来，见表8-1。

通过表8-1可以看到：区域产业空间结构是随着科技革命而形成发展的；到了知识经济时代，其产业空间结构则日臻完善；随着生产力的不断发展，区域核心、外围与网络三者的关系不断协调，并与生产力发展水平相一致，到了知识经济时代，其三者的关系将会逐渐走向和谐阶段。总之，生产力发展水平是区域产业空间结构形成发展的基础。有什么样的生产力发展水平，就有什么样发育水平的产业空间结构层次。

表8-1　生产力发展与产业空间结构演变

时间阶段　　　项目	区域核心	区域外围	区域网络	空间结构特点
农业社会	核心稀疏，主要为政治、军事中心和商业中心	为广阔的农业地域	主要为军事与政治管辖道路，交通不发达	区域产业空间结构基本上未形成
工业社会　第一次科技革命	形成工业中心，核心作用日益明显	主要为农业区	铁路运输起主要作用	区域产业空间结构开始形成
工业社会　第二次科技革命	工业中心的支配作用增大	农业、工矿业与城镇发展很快	开始形成铁路、公路、水路、航空运输网络	形成不同层次的产业空间结构
工业社会　第三次科技革命	核心的产业多元化	城市群、卫星城镇、农村产业	形成区域网络系统	形成区域产业空间结构系统
知识经济时代	核心的产业智能化，地位更加突出	外围产业网络化	网络传输系统发达	区域一体化、空间结构系统化

2. 劳动地域分工与经济地域运动是形成区域产业空间结构的直接原因

前资本主义阶段，社会分工发展缓慢，地域分工水平低，地域联系十分薄弱，主要形成了一些小地方市场之网。产业革命之后，以城镇为载体的工业地域专门化和广大农村的农业地域专门化，以及诸种现代运输形式的发展，不仅促进了区域核心的形成与发展，以及周围地域产业内容的变化和网络的逐渐形成，要素流动加快，而且促使具有不同特点和水平的区域产业空间结构形成并发展起来。区域产业空间结构的状况直接受区域劳动地域分工的发展水平所制约，地域分工发展水平高的地区，其区域核心、外围与网络三者联系密切，互为一体，向着区域一体化的方向迅速发展；否则，往往造成区域核心与外围及网络脱节，形成一种二元结构状况。

3．区域中心城市是区域产业空间结构的核心

经济地域的产业空间结构是由中心城市、外围与网络三者组成的，缺一不可。但是，起核心与支配作用的则是中心城市。中心城市的发展状况及其完善程度直接决定其产业空间结构的发展状况及其地域组合程度。正因为如此，才有增长极理论、点轴开发理论、产业扩散理论和网络化理论的出现。

当一个中心城市，尤其是大城市与特大城市，如我国的省级中心，当它们没有达到规模经济效益时，始终是以极化与集聚作用为主，以便进一步发挥核心城市在区域发展中的作用，以此来带动外围与网络的发展。当中心城市发展到一定规模时，其扩散与对区域的带动作用则日益显现出来，点轴开发、卫星城建设与发展城市群或城市带等，才提到了重要日程。总之，在一个省级的区域里，中心城市的发展大致经历集聚—扩散—卫星城与城市群发展—中小城镇建设—轴带建设与城市带形成等这样一个过程。由于形成了区域城镇体系框架，进而带动了外围地域建设和网络系统的发展。

4．外围地域的发展状况是区域产业空间结构发展水平的重要标志

在一般情况下，中心城市都是在区域经济发展的基础上产生的。早期的城市是在农业的基础上产生的，以后又有在工矿业的基础上形成发展的。但是，当城市形成之后，尤其在产业革命以后，它以很快的速度向前发展，远远地走在周围地域的前面。

在一般情况下，周围地域往往是以被动地位在产业空间结构中发挥作用。落后的农村与先进的城市是区域发展过程中一种普遍现象，发达的国家也经历了这一过程，目前在发展中国家，这种现象尤为突出。人们称城

乡之间这种差别为二元结构。

外围地域的发展初期，主要为农业与农村所充填，其地域分布是一种受行政区划所制约的均质状态，是一种省府—县城—村镇—村庄—农户的格局。工业革命以来，在工业化与城市化的进程中，中心城市与外围地域的情况都发生了很大变化。就周围地域而言，其总的发展趋势是处在工业化、城市化和农业现代化与农村产业化的发展过程之中。在我国，由于新的工业城镇的出现，新的矿产地的开发、旅游地的开辟，乡镇企业的发展与中小城镇的建设，都在不断地扩大城市人口和缩小农业和农村的领域。农业现代化和农村产业化将最终消除经济地域二元结构的痕迹，最终走向区域和谐发展。

在一个大的经济地域内，也可能又会形成一个大的区域核心，进而与原有地域核心形成新的分工，带动其周围地域形成一个新的经济区域。

5．网络是促进区域一体化的纽带和桥梁

网络、核心与外围是区域产业空间结构中三位一体的概念，三者相互促进、互为联系。网络在区域产业空间结构中起着传输纽带的作用，网络系统发达并组合得当，则有利于区域核心集聚与扩散效应的发挥和促进周围地域工业化、城市化、农业现代化和农村产业化的进程。

21世纪是网络经济发达的世纪，网络将把世界联结成为统一整体，世界各地间的距离在不断缩短，经济联系将空前加强。但是，具有各自特色、形形色色的经济地域仍将存在并不断发展，其整体性在不断加强。

6．条件决定区域产业空间结构的个性

世界各国各地区的条件（自然、经济、社会）多种多样、千差万别、各具特色。在生产力水平相同的情况下，条件对区域产业空间结构格局、结构内容、网络关系与布局特点等，均有决定性的影响。因此，对产业空间结构条件的研究对于认识区域个性与类型，有针对性地协调区域核心、网络与外围的关系，促进产业合理布局，都是至关重要的，对条件的研究也是地理学的优长。

第四节　地域空间结构类型

经济地域的空间结构由于所处的地理位置及其他自然、社会、经济诸条件以及各个地域经济职能的不同，其空间结构的类型多种多样，各种类型的结构层次又有高低之分，概括起来有下述几组主要类型：

一、依据地域区位的不同所形成的空间结构类型

1．主要枢纽地域

主要枢纽主要处于全国大的综合枢纽地位上，多种交通运输与通信信息形式相配合，成为区域的核心。这种类型地域其空间结构有如下特点：

（1）核心城市的规模大，经济内容也比较复杂。知识密集产业，如信息产业和工业、交通运输业在城市生活中往往发挥重要作用，核心城市在区域里的地位十分突出。核心城市的作用不仅在区内，而且也远远地影响着其他地区，如我国的北京、上海、香港，日本的东京等都属于这一类型。

（2）以主要枢纽为核心的放射状的网络系统十分发达，各种交通形式和通信信息种类齐全。例如，俄罗斯的莫斯科市，仅铁路线路就有11条，公路线路更多，内河、航空、管道以及各种通信线路错综复杂。这种放射状的网络和一些环状线路相配合，对其外围地域给予强有力的影响。类似的核心城市还有芝加哥、巴黎等。

（3）外围地区经济发达，环状地域结构明显，城镇体系比较发达，与核心城市共同组成城市群，外围地域的城市规模远比核心城市要小，以核心城市为中心所形成的近郊、中郊、远郊的地域结构体现得十分明显。这方面的典型地域是大巴黎地区，我国以上海为中心的长江三角洲城镇群亦初具规模，大东京城市圈也是这样。

（4）外围地域是核心城市控制其人口规模和城市范围、分散其职能的主要场所。核心城市的辐射与扩散作用，主要体现和作用于这一地区，

如伦敦、巴黎等。我国在处理北京、上海与其周围地区关系的问题上也遵循这一思路。但国内外的实践都证明，这类地域的核心城市自身的扩展几乎势不可挡。

2．港口地域

面临港口的地域，多形成不同等级的、以港口为核心城市的地域空间结构。其核心、外围、网络三者的组合具有不同特点：

（1）面临港口的地域，其港口多为所在地域的核心城市。核心城市的大小直接与港口腹地的大小有关。例如，上海腹地延伸到长江中下游，从而，促进了上海港口城市规模的不断扩大；大连港口城市的腹地几乎遍及东北，因而，其规模不断扩大，其作用不断增强，核心城市在区域空间结构中居于十分突出的地位。有些港口由于腹地狭小，将影响港口城市的发展。

（2）扇面状的网络系统。由于港口处于海湾或半岛，又面向海洋，因而形成内扇面和外扇面两个扇面网络。内扇面网络直接联系其腹地；外扇面网络则直接联系国内外一些港口；港口城市的枢纽作用十分明显，如俄罗斯圣彼得堡港口城市向内放射出12条铁路线路，公路、内河、管道等许多线路也汇集于此，有10多条国际客货航线通向世界许多港口。规模较小的港口城市，其网络状况则较简单。

（3）较大港口城市的外围地域，其经济比较发达，形成较发达的城镇体系，有的连同核心城市发展成为城市群。许多港口城市的外围地域，多发展成为外向型经济的地域。一般地说，港口外围地域的经济发展水平比内地要高。

3．过境地域

这种地域的形成是由于处在几大经济地域之间，成为强大的经济要素的流动通道。在世界各国各地区，都有一些地域处于明显的过境位置上。例如，俄罗斯的乌拉尔和伏尔加河流域区均位于其欧洲与亚洲部分的联结带上；我国吉林省处于东北地区辽、黑与内蒙古东部之间，也位于过境的地理位置上。由于过境的地理位置特点，其空间结构具有许多明显特征：

（1）"格"字状的网络系统。由于这类地区处在过境地位，因而，其交通与通信信息网络也明显地具有纵向和横向的过境特点，往往形成"格"字状的网络系统。如伏尔加河流域区为"井"字状系统，吉林省则为"井"字状系统。

（2）多核心地域。网络状况对城镇分布有直接影响，当网络呈线形分布时，网络的走向即成为地域发育轴线，城镇则沿该轴线分布。例如，伏尔加河流域区形成了萨马拉、萨拉托夫和伏尔加格勒三个核心。而在网络形状比较丰满的条件下，在网络的各个结节点上往往形成区域核心，如吉林省在哈大铁路、平齐铁路、白阿、长白、长图铁路和四平—通化铁路的影响下，在铁路枢纽点分别形成了长春、四平、白城、吉林、通化等中心城市。显然，这与上述两类单核心的地域很不一样。

（3）外围地域的内容分布得较分散。主要是由于网络分散、多核心和城镇分散等所造成的。外围地域的发展水平程度不一，主要受多核心和网络的发展水平所制约。

4．陆地口岸地域

各国的边境地区都有一些陆地口岸，依靠口岸实现了相邻两国之间的经济联系，带动了口岸地域的经济发展。

陆地口岸往往构成所在地域不同等级的核心城市，依靠口岸和过境运输带动城市的发展。当境外或境内两侧为经济发达区，甚至是经济核心城市时，往往形成口岸群并且推动境内或境外两侧经济地域的迅速发展。这类地域中较典型的有美国—加拿大东段边界上两侧的城市，美国—墨西哥边界上的城市，以及我国的香港、澳门与深圳、珠海等。边境两侧均为经济不发达地区则只形成一般的口岸城镇，较大的陆地口岸如我国的满洲里、绥芬河、阿拉山口（霍尔姆斯）等；同时，也还有次一级的地方贸易口岸。

网络状况比较简单，其走向很少交叉，往往由互相平行的或单一的交通线路构成，交通方式以陆路为多。少数口岸也有河道通过，线路的货运量虽然较高，但是网络的密度比较低。

口岸外围地域虽然较其他一些边远地区要好一些，但往往比不上内地的一些地域发达，城镇分布状况较松散。

有的陆路口岸几国相邻，又临近出海口，其地理位置重要。例如，我国图们江地区与俄罗斯、朝鲜两国接壤，又有国际性河流——图们江穿行其中，与日本海最近距离只有15千米，有珲春、圈河、沙坨子三个陆地口岸，现已着手进行国际合作开发，其发展潜力是很大的。

5．偏远地域与边境地区

由于偏远地域与边境地区远离经济重心，一般说来，在国内经济中多为不够发达的地域。

这类地域的空间结构比较松散，其地域范围比较大，经济内容相对简单，其核心的规模一般不够大，网络系统也比较简单。这类地域只有通过区域开发、重点建设项目的安排或开展边境贸易与加强经济联系等办法，才能促进地域空间结构层次的不断提高。

二、依据地域产业主要功能的不同所形成的空间结构类型

1．以加工工业为主的地域

在当今的工业社会里，加工工业成为许多地域的主导产业，并对其空间结构给予强有力的影响。

加工工业主要分布在位置交通条件优越的地域，发达的网络系统有利于从其他地区获取能源和原材料及各种信息，也有利于向区外销售其加工产品。因此，在网络结节点上，易于形成不同规模的加工工业城市。

核心城市往往成为加工工业的中心，外围城镇多以生产零配件为核心城市服务，形成空间结构的有机配合。例如，日本东京地区以丰田市为核心的汽车工业体系，我国长江三角洲、珠江三角洲以上海、港穗为核心的工业体系。

外围地域的发展水平与经济规模多与核心城市的规模与水平有关。核心城市的辐射作用对外围地域的影响甚为明显。

2．以工矿与森工为主的地域

这类地域以较为丰富的矿产资源或林业资源为基础，随着资源的开发，陆续形成一些分散的矿点和森工点，进而发展成为一些分散的城镇或相当规模的城市。这类地域的空间结构特点是：

（1）城镇的分散性与核心城市地位不明显、不突出。城镇的分散性与矿点和林场分布分散有关，如一个煤田或油田均由许多采矿区组成，在各采矿区就近形成许多工矿城镇，工矿城镇的规模一般都不太大。城镇的分散性影响了核心城市的规模，甚至有的工矿区或林区则由两三个核心城市所组成。例如，以煤田为基础的德国鲁尔区，其面积仅为4600平方千米，形成几十个中小城镇，5万人口以上的城市达24个，50万人以上的城市只有3个，没有百万人口以上城市；俄罗斯的库兹巴斯煤田等的城镇状况也是如此；大庆油田形成龙凤、让胡路等三四个较大的中心。

（2）网络系统复杂。由于工矿点分布分散，运量大，必须用交通线路将之联系起来，发达的矿区其交通线路密如蛛网。例如，鲁尔矿区内仅铁路线就拥有9850千米，平均每平方公里有2千米多的铁路线路，区内拥有70多个内河港口。

（3）核心城市周围的外围地域主要分布一些工矿城镇以及为工矿业服务的郊区经济。

（4）这类地区的空间结构层次也有高低之分。高层次的工矿区，其加工业已比较发达，城镇密布，网络密集，空间结构紧凑；低层次的工矿区和森工区主要以采掘与采伐为主，城镇层次较低，网络分散，空间结构也很松散。

3．工业农业地域

这种类型的区域多位于农牧业地区，在农牧业基础上发展了加工工业，形成以农牧业为基础的空间结构类型。

这类地区农牧业发达，都是国家级或大区级的农业基地或畜牧业基地，在此基础上形成了集散、加工与管理中心，并带动了制造业的发展。

这类地区的城镇分布得较为均匀，与行政区划往往一致，形成层次分明的城镇等级系统，如我国的一些农牧地域形成镇—县（旗）中心—地区（盟、市）中心等。城镇的主要职能为：农畜产品集散、加工中心，商品批发与销售中心，行政管理中心和地区交通运输中心等，有些城镇的制造业也得到了相应地发展；在有一定矿产资源的地区，也相应地发展了开采业与加工业。

交通网络不够密集，但分布较均匀。公路或水运线由各个乡村通向乡镇，公路或铁路由各个乡镇通向县城，公路、铁路或水运又将各个县城与地区中心联系起来，形成较为均匀的网络系统。

核心城市的外围地域处于一种均质状态，主要为农牧业及其加工业。农牧业遍在地分布于各地，外围地域分布得也较均匀。

工业农业地域的空间结构也有高低层次之分。高层次的地域生产力发展水平高，商品经济发达，核心城市的地位突出，空间结构较紧凑；低层次的正好相反。

4．商业贸易地域

有的地域以商业贸易为主，由此带动了金融业的发展，如国内或大区内大的市场、国际上的自由贸易区和商业金融中心等。这类地区的空间结构也有自己的特点。

核心城市的地位比较突出，其商业、金融贸易比较发达，依靠商业贸易带动了核心城市和外围地域加工工业的发展。例如，东南亚的新加坡和我国的香港为自由贸易港，福建石狮市为服装贸易中心等，它们都带动了周围地域相应的加工工业的发展。

这类地域的交通运输业都比较发达，依靠发达的水陆交通网络，促进了商业贸易的发展。

这类地域的范围一般说来都不是很大，其空间范围仅停留在为商业贸易服务的范围内。

5. 旅游疗养地域

这类地域主要分布在旅游资源富集、疗养条件好的地区，以旅游疗养业作为该地域的主要功能。其空间结构的主要特点是：

城镇多是在旅游疗养网点的基础上发展起来的，分布得较分散，其规模多为中小城镇，核心城市的规模也不大。大多数城镇本身就是旅游疗养网点，旅游疗养业为城镇的主要功能，食品工业、商业与服务业比较发达。

交通网络多与旅游线路相一致，从总体上讲，区域的交通运输业比较发达，有利于满足旅游疗养地区的需要。

为了保护旅游疗养资源，这类区域内的城镇分布与产业布局多比较分散，主要分布一些农业、食品轻工工业部门。

6. 以高科技、文教为主的地域

随着世界有些发达国家开始步入后工业化社会，少数以高科技、高等教育为主的地域开始出现。这类地域的范围一般都不大，但集中许多高科技企业、科研机构和高等院校，拥有十分便捷的交通与通信信息条件，高质量的人才在这类地区的发展中起着十分重要的作用，如美国波士顿城与其外围地区（128号公路）、我国北京的中关村等。

第五节 我国区域产业空间结构研究面临的主要课题

产业结构研究是一个十分复杂的大课题,其中以产业部门结构与产业空间结构的研究更为重要。产业部门结构研究是基础,但是对产业空间结构研究也是十分重要的。针对我国的具体情况,在区域产业空间结构领域,下述问题值得深入研究与探讨:

一、区域核心与区域城镇发展

在我国,已有一部分区域核心(主要指省级中心)已从以极化集聚为主,走向以扩散为主的阶段,明显地带动了外围与网络经济的发展。但是,针对多数核心城市仍处于极化与集聚阶段,核心城市还不够强大,对周围地域还难以发挥带动作用这一情况,对多数省区而言,首要任务仍然是发挥大城市和特大城市的作用,结合产业结构调整,发挥其极化与集聚功能,以增强其对区域的核心带动作用;与此同时,应该重视区域中心城市与城镇的发展,中等城市往往是地区级政治经济中心,其作用也很重要,但其发展应具有特色;小城镇则是城乡的接合部,是推进区域工业化、城市化与农村产业化的前沿。小城镇在一个地域里大量发展起来,会使外围地域具有坚实的经济基础,大量的农村剩余人口被吸收到城镇中,成为解决就业的重要渠道。值得注意的是,我国特大城市与大城市目前都在无限地向四周扩张,但由于体制机制影响,对周围县域带动作用不大,长此以往,既不利于解决城乡二元结构问题,又不利于解决大城市发展的诸多矛盾与问题。

二、关于解决区域发展的二元结构问题

区域发展的二元结构问题是工业化过程中出现的一种普遍现象。所谓二元结构是指区域发展过程中出现的由产业层次上的差距与城乡结构的不整合而形成的先进城市和落后农村这种现象。我国许多地区由于原有的

工业基础差，新中国成立后开始迅速推进工业化，又处在计划经济的条件下，二元结构现象更为突出。

对二元结构问题，只有通过发展区域经济才能解决。其途径包括：①发挥核心城市的扩散带动作用，带动周围地域的经济发展。②推进农村产业化、工业化与城市化进程，增强区域的经济基础，把区域经济提高一个层次；区域网络建设与加强城乡联系，也是消除二元结构现象的重要途径。③推进体制机制改革，扩大地方自主权，减少行政界限的阻碍。

三、关于区域产业的合理布局问题

在区域经济的发展过程中，产业部门的正确选择与合理组合至关重要。如果产业布局不合理，其所造成的后果是十分严重的。针对我国的情况，存在的突出问题是：不从区域的实际情况出发，重复建设，区域间产业结构雷同；区域产业特色不突出，地域分工效益没有得到发挥；区域产业关联度弱，难以发挥区域综合效益与规模效益；条块分割，各自为政，局部利益与整体利益矛盾，也是造成产业布局不合理的重要原因。凡此种种，都须通过发展市场经济，通过市场需求拉动与政府宏观调控去解决。

四、区域开发模式

地域空间结构是遵循劳动地域分工与经济地域运动规律，在地域诸地理条件基础上形成的，因此其形式和类型多种多样。区域开发模式是根据地域空间结构类型和区域发展预测而提出的区域开发形式。

目前，国内外有很多学者提出过不同的区域开发理论和模式，其中影响较大的是梯度开发理论、跳跃式理论（反梯度理论）、增长极理论、点轴理论和地域生产综合体理论等。这些理论和模式丰富了区域研究内容，都有其合理的成分，但也都有一定的局限，因而不可能普遍地适合于所有地域，也不可能完全适合于不同生产力发展水平的国家。因此，必须结合具体国情、区情，特别是各国、各区的发展趋势，提出切合实际和合理可行的地域开发模式。

针对我国的具体情况和国内不同地区的巨大差异，特别是地域空间结构的明显不同，下列诸区域开发模式可供参考：

1．梯度推移的地域开发模式

从大的地域范围看，我国存在着东、中、西三大经济地带，在一些大区和有的省内也存在经济地带这一地域现象；在大的开放地带内，也存在开放程度不同的地域梯度。对这些地域的开发，应采取地域梯度推移的开发战略，以先进地域带动落后地域，促进产业的不断推移和扩散。

2．城市群开发模式

在一批首位度城市十分突出的地域，依靠特大城市或大城市的突出功能和发达的放射状网络系统，带动周围地域中小城市的发展。这类地域应采取发展城市群的地域开发模式，促进以核心城市为中心的圈层地域结构的形成与发展，如北京、武汉、沈阳等，均可采取这一类开发模式。

3．点轴开发模式

在水陆交通干线所在地域，随着城市与产业的集聚，可能逐渐形成城市带和经济地带，这类地带应采取点轴开发模式，充分发挥点轴的集聚效应。例如，在哈大铁路与高速公路沿线，长江中下游等地区，可以采取点轴开发模式。应当指出的是，并不是所有的铁路、公路和水路经过的地方，都要采取点轴开发模式，还必须看线路现状及其潜力、支撑点（城镇）的现状与潜力等，绝不要把点轴模式庸俗化。

4．加工贸易模式

在沿海或内陆边境地区，可创造条件采取开放办法，利用内外两个市场、两种资源，借助外力，特别是加工贸易带动区域的发展。

5．生产地域综合体模式

对自然资源富集、并有一定开发条件的地区，应采取重点开发的办法，即通过组建地域生产综合体的办法，促进地区经济的发展。

第三篇　经济地域系统

第九章　经济地域系统的基本特征

第一节　经济地域系统形成发展的客观性

一、经济地域系统的形成过程

在当今世界，市场经济迅猛发展，科技、信息、通信产业高速增长，生产力水平迅速提高，人类经历农业社会、工业社会，并开始走向知识经济社会（信息社会），全世界已经形成十分复杂的经济地域复合巨系统，包括多种多样的经济地域组织形式、多层次与多功能的结构体系和稠密复杂的网络传输系统。这个庞杂的经济地域巨系统的形成，经历了一个很长的发展过程，而且这一过程仍在继续进行之中。

在前资本主义的农业社会里，以自然经济为主，商品经济与地域分工均不发达，各国各地区几乎形成内容完全相同的产业结构：以农牧业为主，辅之以一定的手工业和商业；形成以农牧产品集散、加工和行政管理中心为核心，周围为广阔农牧业区域的无数的内容相同的小地方市场之网。各地区生产的农牧产品和手工业产品主要是为满足当地的需要，所以地区之间的经济联系十分有限，只是在经济比较发达、海陆交通方便的地方，商品经济才较为发达。严格来说，这一阶段还不可能形成经济地域，当然也就谈不上经济地域系统了。

经济地域系统是以商品经济为主要特征的工业社会的产物，是商品经济与劳动地域分工和经济地域运动发展到较高阶段所形成的地域组织形式。产业革命标志着人类已从农业社会进入到工业社会阶段，加快了商品经济与地域分工的进程，加快了要素流动，促进了地域分化与重新组合。在工业化初期阶段，由于现代工业的迅速发展，首先形成工业城市和各个工业城市之间较为密切的经济联系，进而形成城市与周围地域日益密切的经济联系。在不断形成以专门化为主要特点的工业区和农业区的过程中，在工业、农业和现代交通运输业都较发达的地域，形成了综合性的经济区。

经济区的形成是一个逐渐的过程，与工业化进程、中心城市的发展、商品性农业的成长和现代交通运输网络的形成是同步进行的。经济区在一些条件优越、经济发达的地域首先形成起来，随着经济发展，其他地域也陆续形成了经济区，目前有的地域的经济区还处在形成过程之中。世界各国不只形成国家一级的经济区，而且还形成多层次的直至基层的经济区，从而形成了经济区系统。例如，俄罗斯的经济区，最早形成于19世纪下半叶，首先是在欧洲部分的中央区、草原区和南方乌克兰等地区形成发展起来；十月革命以后到第二次世界大战以前，在工业化的进程中，在原苏联欧洲部分的所有地区，都陆续形成了不同层次的经济区；战后，其亚洲部分的一些经济区也陆续形成和发展起来，有的还处在形成过程中；作为原苏联的经济区系统已经形成。原苏联解体之后，俄总统按七大地区管理国家，这七个地区实质上是全俄的七大经济区。

第二次世界大战以后，由于工业化进程加快，城市化的迅猛发展和地域分工的日益深化，除经济区系统继续发展外，其他地域组织形式和经济地域系统也日益形成并发展起来。工业化与城市化的明显结果是包括城市群和城市地带在内的城市地域系统的形成与发展。在一些地域里，城市与城市间、城市与周围地域间的有机联系加强了，城市地域系统具有自己的独特功能，在经济地域巨系统中发挥着重要作用。经济地带系统是工业化进程中逐渐出现的另一种重要的地域组织形式。任何国家的经济发展都要充分利用其优势区位和资源条件，采取重点开发与逐渐推进的办法，以便取得最大的宏观经济效益；在这一过程中，必然形成具有明显梯度差异的经济地带系统。例如，我国东北地区形成了以辽东半岛沿海与哈大线为轴带的中部地带、山区与半山区的东部地带和半干旱草原的西部地带这样三个经济地带，三者的生产力水平与产业结构层次存在明显差异，相互间形成较为密切的经济联系和区域互补关系。

随着区域开发成为一些政府的行为和政府进行区域规划、国土规划、国土治理以来，另一种新型的地域组织系统，即规划区系统产生了。人们遵循客观规律，在诸种资源富集地区或重点开发区，有目的地划分各种规划区和组建地域生产综合体，如开放区、开发区、特区、开放城市、实验区、出口加工区以及各种基地等，有效地促进区域经济的综合发展。诸种规划区在地域上不完全连片，人为的因素较多，其边界完全是政府确定的，与上述三种经济地域系统有所不同，但也是有规律可循的，形成了一个大的经济地域系统。

在世界经济一体化与区域集团化不断发展与地缘经济作用不断增强的形势下，一种新的地域组织形式——地缘经济区与地缘经济地域系统，于第二次世界大战以后，尤其是20世纪70年代以后，陆续形成并发展起来。如欧盟与东盟的形成、各种经济合作的地域组织和多国合作开发区等，均属于地缘经济地域系统类型。地缘经济地域系统的形成是世界政治经济形势重大变化的结果，是地缘政治让位于地缘经济的必然产物。这种地域组织形式，随着跨国公司与各国之间区域合作的进一步发展，还将继续发展和扩大。

以现代信息、通信产业为主体的知识经济是与农业经济和工业经济迥然不同的一种经济形式，但知识经济是在农业经济和工业经济的基础上发展起来的新型经济，二者有着密切的经济联系。由于知识经济与以通信信息技术为基础的新型网络经济关系密切，一种新型的结构网络地域系统开始形成。

总之，当今世界的经济地域系统是由经济地带系统、经济区系统、城市地域系统、规划区系统、地缘经济地域系统和结构网络地域系统等六种主要地域系统所组成的巨系统。六者错综复杂、犬牙交错，紧密地联结成为一个复合地域巨系统。六者的形成机制、结构功能与发展特点虽有联系，但各不相同。

因此，对六个主要系统的深入研究，探讨各自的形成发展机制与各自的结构功能，研究各自的发展趋势，探讨六者的相互关联，对于有针对性地、自觉地从事区域开发与建设，都具有重要的实践价值与理论意义。

二、经济地域系统发展特点

1. 经济地域系统是地域巨系统的重要组成部分

经济地域系统与自然地域系统和社会（人文）地域系统有着密切的联系，但也有许多不同的特点。经济地域系统主要是在经济规律作用下形成的，其形成的时间远迟于自然地域系统，但是发展变化要比自然地域系统迅速得多。社会（人文）地域系统主要是受社会（人文）规律支配的。

经济地域系统的形成过程与工业化和商品经济的发展过程是相一致的，生产力是其形成发展的总动力，劳动地域分工的不断深化和经济地域运动的不断拓展是形成发展的直接原因。由于劳动地域分工和经济地域运动的不断深化，带动了商品经济的不断发展，进而促进经济地域形成、发展与分化组合过程，从而逐渐地形成了各种形式的经济地域系统。

2. 经济地域系统是由众多经济地域分化组合而形成的

经济地域系统的基本细胞是基层经济地域，即基层经济区或城市经济区。各个基层经济地域由于所处的地理条件、生产力水平、产业结构与空间结构及其内外经济联系的特点不同，因此，其分化与组合的方向与方式也不同。由于上述原因，在经济地域分化组合过程中，有的组合成经济区系统，有的则形成经济地带系统，一些城市经济区则组合成城市地域系统，有的则形成规划区系统，地缘经济地域系统，网络结构地域系统。它们具有新形式和许多新特点，各种地域系统错综复杂地组合成经济地域巨系统。

3．世界各国各地区自然、经济、社会条件的巨大差异性是形成经济地域系统的自然、经济与社会基础

由于存在上述差异，产生了广泛的地域分工和紧密的地区联系。由于自然、社会、经济等资源的地区差异，实现了地域间的资源流动与区域互补，有利于以专门化与综合发展相结合为特点的经济区系统的形成，也有利于各种资源富集区（如规划区系统）和富集带（如城市带与资源开发地带）的发展。由于生产力水平的地区差异，产生了经济发展的地域梯度，因此成为形成经济地带系统的主要客观依据；各国之间的地区差异与经济互补是产生地缘经济区的重要原因；在工业社会，人类知识资源和信息通信条件的地区差异，则成为网络结构地域系统形成发展的前提；与此同时，生产力水平的地区差异，也是形成具有不同层次特点的经济地域巨系统的重要原因。

4．经济地域系统是一个复合地域系统

由于经济地域形成发展条件的多样化和复杂化以及各个子系统形成发展机制及功能的不同，经济地域巨系统是一个复杂的复合地域系统。一方面表现在这一巨系统是由结构、功能各不相同的六个子系统所组成的，另一方面表现在各地域系统的界限上呈现出复合形式，犬牙交错，网络系统的"复合"功能十分突出。因此，对经济地域系统的研究不能采取简单化的办法，要从条件、机制、结构、功能等诸方面，揭示经济地域系统的多样性与复杂性。

另外，应该强调的是，代表不同时代的子系统可以同时存在于一个空间内，因此不应以反映未来知识经济的网络结构系统，替代或否认其他经济地域系统形式的存在；这些都是以偏概全的研究思路，应该予以避免。

第二节　经济地域系统结构

一、经济地域系统结构类型

经济地域系统是指人类经济活动在地域分工不断深化和地域运动不断拓展作用下所形成的多功能、多层次、结构复杂、网络发达的空间地域体系。它是由经济地带系统、经济区系统、城市地域系统、规划区系统、地缘经济地域系统和网络结构地域系统等所组成的庞大的复合地域系统。这些子系统相互紧密联系、互为制约、相互交错，统一于经济地域巨系统内。

经济区是商品经济条件下最早出现的经济地域组织形式，世界各国各地区现已形成或正在形成不同等级的经济区系统。经济区主要以地域专门化与地区综合发展为主要标志；中心城市的经济吸引与扩散作用，对经济区的形成与发展产生重要影响；交通运输网络成为区内外经济联系的重要纽带和桥梁。经济区及其地域系统在促进劳动地域分工深化，充分发挥各个地区的优势，加强地域专门化与综合发展，发展商品经济和形成有机协调的全国经济体系等方面，发挥着重要作用。

经济地带出现于20世纪初，是由工业化与城市化的发展，以及地域经济发展不平衡规律的作用而产生的。它主要表现在大的地域范围内，经济呈带状分布和地带间经济发展水平具有梯度差异的特点。经济地带反映了世界各国各地区经济发展逐步推进的趋势，也是工业生产不断集中和逐渐分散的必然结果。对于经济地带系统的认识与研究，有助于自觉地运用生产集中分布的规律，保证投资重点，加强各种基地的建设，因此具有重要的理论与现实意义。

城市地域系统是世界工业化与城市化的产物。城市分布往往受产业分布的影响，并表现出有规律的地域分布特点。在世界范围内出现了城市带、城市群、中心城市与卫星城市，以及不同等级的城市，组成统一的城市地域系统。不同等级与类别的城市，完成不同的职能，成为不同地域的经济核心，在促使区域经济的综合发展、协调城乡的经济等方面发挥着重要的作用。

规划区系统是指为某种目的而人为划分出来的地域系统。世界各国各地区的自然、经济与社会资源的分布是不平衡的，在自然资源、位置与交通信息条件与经济基础和基础设施优越的地方，往往成为区域开发优先选择的地区。20世纪20年代以来，世界一些主要国家纷纷开展区域规划工作，在诸种资源富集地区，纷纷形成特区、开放区、开发区、工业规划区、农业规划区、流域规划区、其他内容规划区和地域生产综合体等各种类型规划区。一些国家对于边疆落后地区往往也进行规划，使其尽快地得到发展，如我国对老、少、边、穷地区的规划。规划区虽然与上述三个系统有一定区别，在地域上不完全连片，不全面覆盖，但是分布也是有规律的，构成为一种地域系统。规划区系统对于择优选择资源富集地区进行有目的的重点开发，加速区域经济建设与生态环境建设等均有重要的作用。

地缘经济地域系统是指地缘相近的一些国家或相邻国家的一些地区，为了谋求共同发展而选择的新的地域组合形式。其最主要特点是多国合作，发挥各国各地区间的区域互补关系，实现不同程度的联合，以促进共同发展为目的。这类地域一般具有对内保护与对外排斥的特点，如欧洲联盟、北美经济区、东南亚联盟，一些经济共同体与经济同盟，较小的地域如图们江国际合作开发区等。地缘经济地域是新形势下的产物，它不同于过去的殖民地、附属国与宗主国的关系，也不是过去的政治同盟与军事同盟，而是在地缘政治影响下，地缘经济起主导作用所形成的国际经济合作的地域组织系统。

网络结构地域系统是指在信息产业与通信产业的直接作用下所形成的新型地域组织形式，主要以信息网络传输系统而表现出来，这一系统的发展主要受制于知识经济的发展水平，具体而言，受制于信息产业、通信产业、科技文化、信息源与信息扩散地等的发展水平及其分布状况。大分散、小集中，网络传输则是网络结构地域系统的主要表现形式：硅谷、硅平原、高新技术产业区、高校与科研集中区是系统的结节点与信息源；通过网络将信息传递给各企业、各公司、乃至个人。对网络结构地域系统的组织形式还有待进一步研究。

上述六个子系统错综复杂地分布于世界各地，组合成世界经济地域巨系统，可见图9-1。

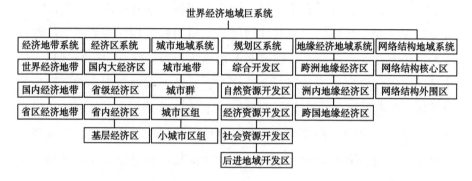

图9-1 世界经济地域巨系统略图

世界经济通过广泛的地域分工与密切的经济联系，成为一个地域巨系统。但是，由于形成发展机制和功能等的不同，各个子系统形成相对独立的体系，各自承担不同的经济发展任务。六者的不同特点可见表9-1。

表9-1 经济地域系统形成发展机制与功能

名 称	形成发展的主要机制	系统的主要功能
经济区系统	地域专门化部门的发展，中心城市的核心作用，交通网络的传输作用	促进地域专门化与综合发展，发挥中心城市的核心作用及其对区域的带动作用
经济地带系统	经济地域发展不平衡，地域间经济的梯度差异，大地域间的物质流动特点	促进优势地域的发展，加速地域梯度推移进程，加强基地建设

名　　称	形成发展的主要机制	系统的主要功能
城市地域系统	城市化与工业化的产物，城市群体与地理条件综合作用的结果	协调区域骨架——城市群体组合关系，发挥城市群体与地区的总体协调功能
规划区系统	自然、经济、社会资源富集区在经济地域形成中的重要作用，规划者行为的重要作用	对自然、经济、社会资源富集区的重点开发，用以带动其他地区的发展，开发落后地区
地缘经济地域系统	地缘经济的主导作用，各国间资源互补，国际经济合作	对内合作促进其共同发展，促进区域一体化，对外的保护与排他作用
网络结构地域系统	知识经济时代的重要地域组织形式，信息、通信产业发展的结果	促进信息通信产业核心区的发展及其向外的扩散作用

二、经济地域系统的基本特征

经济地域系统的基本特征与经济地域的基本特征有许多一致的地方，如形成发展的客观性、地域物质内容的综合性以及地域经济专门化与综合发展的一致性等。但是，经济地域系统还有一些各自的特点。

1．经济地域系统结构类型的多样性

过去，人们认为经济地域系统只有一种形式，即经济区系统。实践证明，经济区系统只是经济地域巨系统的一个子系统，是这一巨系统的重要组成部分。除此之外，还存在着经济地带系统、城市地域系统、规划区系统、地缘经济地域系统和网络结构地域系统，将来也还会有新的地域系统出现。

经济地带系统已开始被人们所认识，并用来制订国民经济计划和地域发展战略。

但是，人们往往把经济地带与经济区混为一谈，实质上两者既有联系，又有区别，在形成发展机制与主要功能方面两者有许多不同之处。城市地域系统是第二次世界大战后，随着城市化过程而出现的新的地域组织形式，对城市地域系统的研究日益引起人们的关注。但是，对城市地域系统的研究是将其作为经济地域巨系统的子系统来进行的，并以劳动地域分

工与经济地域运动的理论和系统科学的理论方法为指导，否则，不可能把城市地域系统研究清楚。

规划区系统也是第二次世界大战前后形成的一种新的地域组织形式，虽然有分布分散、在地域上不全面覆盖的特点，但是在经济地域巨系统中发挥着其他地域组织形式不能替代的作用。

地缘经济地域系统是世界经济一体化和区域集团化的产物，随着经济全球化的进展，这一种地域组织形式还会有进一步发展，其形式也会多种多样，对世界各国各地区的影响也会愈来愈大。

网络结构地域系统是新经济的产物，将成为知识经济时代的主要地域组织形式。对这一地域系统的地域结构特征及其表现形式，以及其未来发展趋势，均有待深入研究。因此，本书第三篇不单独设章论述之。

2. 经济地域系统的层次性

由于经济地域发展不平衡和自然、经济、社会诸条件的地域差异，在经济地域系统形成发展过程中，必然存在明显的层次性。首先表现在结构系统的层次性，如经济地域巨系统与六个子系统之间的从属关系；各个子系统内也形成明显的层次系统，如经济区系统就形成全国一级的经济区、省级经济区、省内经济区和基层经济区等几个层次。就经济地域发展水平而言，也存在明显层次，如经济地带主要是根据生产力发展水平而划分的，从世界范围看就存在着发达的、次发达的、发展中的和待开发的四个层次的经济地带；同一层次的经济地域往往也有不同的生产力发展水平的层次之分，如省级经济区的生产力发展水平也有高、中、低的层次之分。经济地域的生产力水平的层次不是固定不变的，而是始终处在不断提高（在大多情况下）或下降的过程中。

3. 经济地域系统功能的多样性

在复合地域巨系统内，各种经济地域子系统由于其形成发展的机制与地域分工的要求不同，各自在国民经济体系中的功能也会不同。正如表9-1所反映的：经济地带的主要功能在于发挥先进地带的作用，解决地带梯度推移和能源与原材料基地建设等问题；而经济区的主要功能在于发挥各地区的优势，促进地区的专门化与综合发展和发挥中心城市的作用以带动周围地区的发展；城市地域系统的主要功能在于协调城市等级系统内部及其与周围地域的关系；规划区系统的功能主要在于解决自然、经济、社会资源富集区的重点开发以及重点地区的建设，以此带动其他地域的发展；地缘经济地域系统主要是利用地缘关系，促进区域国际合作和与国际经济接轨，并依此带动国内经济的发展；网络结构地域系统是知识经济的地域表现形式，是未来的主要地域组织形式。

由于机制、功能不一样，各个子系统的界线不可能完全吻合，必然出现相互交错的情况。

4. 经济地域系统网络联系的紧密性

构成经济地域系统就意味着其网络传输系统的逐渐完善和地域间经济联系的频繁、紧密和复杂。其经济联系的手段是诸种交通、通信、信息线路和输电线路等，区域间传输的主要内容是能流、物质流、资金流、人流和信息流等，复杂的网络传输系统是经济地域系统形成发展的前提条件。不同类型和不同层次的经济地域系统与传输的物质内容及频率有着密切的关系：发达的地域系统间传输的频率高、密度大，以资金、信息与高科技产品为主要内容；而后进的经济地域则相反，向外传输的主要是能源、原材料和劳动力。

三、经济地域系统形成发展的共同机制

1. 生产力与地域分工和地域运动是经济地域系统形成发展的原动力和直接原因

经济地域系统是生产力发展达到较高水平、地域分工与地域运动发展到相当深度和商品经济获得普遍发展的情况下形成的。生产力的发展和地域分工与地域运动的不断深化，使世界经济形成一个统一的整体，形成经济地域巨系统，并形成紧密相连的各经济地域子系统。

2．位置与交通信息条件的制约

位置与交通信息条件制约着经济地域系统形成发展的全过程。早期的经济地域往往都是在位置与交通信息条件优越的地区首先形成的，在距离主要航线与主要交通轴线的远近，成为经济地带和城市地带形成发展的重要因素。主要交通枢纽在形成城市群和经济区系统过程中发挥着重要的集聚作用。优越的位置、交通信息条件是一大社会经济资源，有些规划区就是在此基础上形成发展起来的。

3．自然条件与自然资源的作用

自然条件与自然资源是经济地域系统形成发展的自然物质基础。自然地带、矿产带对经济地带乃至城市带的形成有重要影响；矿点、矿区和各种自然资源富集区对工业城市和规划区的形成与发展，均有重要作用。自然资源的集中分布与多种资源的有机配合是形成经济区系统的重要资源保证。自然条件的好坏对区域开发的先后顺序、梯度差异以及地域系统结构的层次等均有重要影响。

4．城市作用

城市是所有经济地域形成发展的核心，也是经济地域系统的支撑体系与核心力量。不同等级城市往往构成不同层次经济区的经济中心；一些大城市和特大城市是城市群形成发展的核心；城市带是发达经济地带形成发展的基本骨架；所有的规划区都必须以城市作为其发展的支撑点。

第三节　经济地域系统研究的理论与实践意义

本书第二篇将经济地域作为一个实体进行全面研究，从条件、结构再到类型，对经济地域进行区域经济地理的理论分析与实证研究。第三篇则是把世界的经济地域作为一个整体，用系统科学的理论方法，对其客观存在的庞杂经济地域巨系统进行全面剖析，这无疑具有重要的理论与实践意义。

一、理论意义

（1）经济地域系统既是区域经济地理学的研究实体，又是学科理论体系建设的重要组成部分，是区域经济地理研究的归宿与落脚点。劳动地域分工与经济地域运动这一基础理论，以及条件论、产业结构论和地域类型论等，最终都要在对经济地域系统研究中体现出来，所有理论都将贯穿在经济地域系统研究的始终。

（2）在劳动地域分工理论与经济地域运动的支配下，经济地域系统也形成自己的理论体系，如经济地域整体运动理论、经济地域分化组合理论、经济区与经济区划理论、经济地带与经济地带划分理论、城市地域系统与城市体系规划理论、规划区系统与区域规划理论、地缘经济地域系统与地缘经济区规划理论、网络地域系统理论，以及区域关系与协调理论等。这些理论均有其共同性：都受基础理论的指导，受生产力发展水平的制约，又都受自然、社会、经济的地域差异性所左右。其不同点在于：各种经济地域系统的形成发展机制不同，功能不同，其在国民经济中的作用也不同。经济地域系统的共同性与区别性，把各个经济地域系统紧密地联系起来，相互联系、互为制约，共同促进世界各国各地区社会经济不断地向前发展。

（3）经济地域系统理论是在广泛实证研究的基础上，借助系统科学、类型学、经济学等理论方法所形成的区域经济地理学科理论系统的重要部分，也必将丰富其他学科的理论方法，成为参与解决社会经济重大问题的指导性理论。

二、实践意义

区域经济地理学是基础应用学科，学科的理论是为了指导实践。经济地域系统理论在实践应用领域十分广泛，主要有以下几个方面：

（1）经济地域系统理论是指导区域规划、城市总体规划、经济区划与主体功能区划的基础理论。经济地域系统理论直接影响所规划地区的功能及对内对外联系，乃至其主要物质内容。制定任何地区的规划，绝不能就区域而论区域，必须在经济地域系统中找准该地区的定位。

（2）经济地域系统理论是指导人们认识区域和从事区域开发的有力武器。任何一个区域或城市都是复杂地域系统的一个环境，它用复杂的网络系统与大系统发生各种密切的联系。因此，人们认识一个区域，必须要在系统中，在复杂的联系过程中去进行。可见，真正认识一个区域是一件很不容易的事情。

指导一个区域或城市的开发实践更不是一件容易的事情，绝不能就事论事。只有用经济地域系统的思想把握宏观大格局，才能高屋建瓴地去正确指导区域开发；否则，有可能事倍功半。

（3）经济地域系统理论是指导区域研究与区域地理教学的理论武器。区域研究必须要在区域系统与区域联系中进行，这样才能把握区域或城市的宏观定位和主要的发展方向。因此，经济地域系统理论规律是区域研究的基础性理论。

中外经济地理是研究本国乃至世界各国各地区的产业分布与地域组织结构的学科。因此，经济地域系统不仅为其提供理论框架，也为其提供实证研究成果。

第十章 经济地带系统

第一节 经济地带形成发展的客观性

一、经济地带的内涵

经济地带是指具有世界意义或区际意义的大面积并呈条带状分布，具有特定结构、功能、层次的综合性的经济地域。

经济地带是经济地域系统中的子系统，与其他子系统相比，在形成发展的条件机制、结构功能、分布状况与发展特点诸方面均具有个性。

大范围、呈条带状是其地域分布的主要特点，依据诸形成条件因素的不同，有的地带呈东西向排列，有的为南北向展开，也有的呈环状分布。一般说来，经济地带在地域分布上呈全面覆盖的状态。

梯度差异是经济地带的明显特征，因此，各个地带在生产力发展水平、产业结构层次等方面存在明显差异。

经济地带是一个动态的概念。从纵向上看，它处在不断发展变化的过程，从横向上看，各地带之间生产要素始终处于流动互补状态。

二、经济地带的客观存在

纵观世界各国各地区的经济地域分布状况，明显地存在着经济地带系统。

首先从世界范围进行考察，客观存在着生产力发展水平不同的几个经济地带：以发达的工业地带、城市地带和发达的交通网络、轴带为基础的发达经济地带，包括北美洲东部沿海经济地带、北欧与西欧经济地带和环太平洋（包括日本、澳大利亚、新西兰及美国与加拿大的西部沿海地带）经济地带；以较为发达的工业、城市体系和交通干线网络为基础的次发达的经济地带，如东欧、南欧与地中海沿岸地带等；发展中的经济地带，包括亚洲中部、南部广大地区、非洲大部分地域和拉丁美洲中部与西部地带等；待开发地带，如南北极地区、世界广阔沙漠地域、亚马逊河流域等。就一国而言，经济地带性的分布规律也甚为明显。例如，经济高度发达的日本就明显地存在着经济高度发达的表日本和经济不够发达的里日本这样两个均为临海的经济地带；美国虽然已经进入到工业化后期，产业分布已经发生很大变化，但是，东北部、南部和西部三个地带仍然存在着明显的差别；俄罗斯也明显地存在着西部与东部两大经济地带；澳大利亚则形成了明显的环状经济地带；我国形成了东部（包括沿海各省、自治区和直辖市）、中部和西部三个经济地带。关于经济地带的思想在制定第七个社会经济发展五年计划和国土规划总纲要的过程中已有很好的体现，根据各个经济地带的特点，确定投资重点和基地建设，加速重点地区的发展，经济地带已成为我国制定地域发展战略的重要依据之一，也是目前进行主体功能区区划的重要依据。

在一国之内，在某一个大的地域或一省之内，也可能存在着经济地带。例如，中国的东北大经济区已经形成了中部、东部和西部三个经济地带；东北经济区内的黑龙江、吉林和辽宁三省，也都各自存在着中部、东部和西部三个经济地带。

上述事实说明，经济地带确实是客观存在的。只有承认具有梯度差异的经济地带的存在，才能遵循客观规律，主动创造条件，促进梯度转移，加快后进经济地带的发展。正因为如此，许多国家，尤其是我国和俄罗斯的地理学家和经济学家都将经济地带的研究提到了重要日程。

第二节 经济地带的形成发展机制与主要影响因素

一、生产力发展不平衡规律的作用

纵观世界经济的发展史，可以清楚地看到，世界各国各地区的经济总是在不平衡的状态中向前发展的，在不平衡中求得相对平衡，绝对的平衡是不存在的。在历史的不同阶段，世界各国各地区的经济总是不平衡地向前发展着；当今时代，无论是资本主义国家，还是社会主义国家，也无论是生产力处于低级阶段的国家或地区，还是处于高级发展阶段的国家和地区，经济发展不平衡是一条客观规律。

经济发展不平衡的规律必然要在地域上明显地表现出来。任何国家的经济，尤其是现代经济的发展，都不是全面铺开、均衡发展的，而是由点到面逐步铺开，并循序渐进的，经济总是在条件好、效益高和容易开发的地区首先发展起来。现代经济往往是在临海地区发端，然后逐渐向内地推进的。例如，俄罗斯的经济，最早是在欧洲的中北部首先发展起来，随着资本主义的发展和工业化进程的加快，以圣彼得堡为中心的波罗的海沿岸地区成了前进的基地，之后逐渐向东、向南推进，直到20世纪50年代，其开发建设的重点均在其西部欧洲地区；后来才把开发东部地区的任务提到日程；从而逐渐形成了生产力水平具有梯度差异的西部与东部两个地带。美国的现代经济起步较晚，现代经济最早是从面临大西洋的东北部13个州开始的，之后扩展到整个东北部，然后又向西部和南部推进，从而形成了东北部、西部和南部三个经济地带。

世界范围的经济地域扩展也是如此。产业革命以后，现代产业首先是在英、法、德等西欧国家开始的，之后波及美国和日本，使这些国家先后成为世界工业带的重要组成部分，再不断向外扩散，乃至形成今天这样生产力水平各不相同、梯度差异明显的世界经济地带。

二、地理位置的作用

距离优势区位的远近是经济地带形成发展的重要地理因素。在现代经济的发展过程中，位置与交通信息条件已经成为十分重要的制约因素。距离国际主要海上航线、主要水陆交通干线（轴带）的远近及其交通运输的方便程度，对于经济地带的形成与发展具有重要意义。

产业革命以来，北大西洋航线和欧洲稠密的铁路网（尤其是主要干线）以及后期的太平洋航线与莱茵河和密西西比河水路轴带等，对经济地带的形成起到了促进作用。例如，北大西洋航线、五大湖和圣劳伦斯水道以及北美东海岸铁路干线，对北美东部发达经济地带的形成其作用十分明显；美国东北部13州和加拿大东南部地域，都是由于临近这些重要水陆交通运输干线而首先获得了发展，并不断向南、向西延伸，形成世界性的发达的经济地带；而距离这些主要干线较远的地域，其经济发展则较缓慢，从而形成地带性的梯度差异。

北大西洋航线、西欧发达的铁路网和莱茵河对欧洲经济地带（包括西欧、北欧和部分中欧地区）的形成，发挥着十分重要的区位作用。太平洋航线对太平洋经济地带，尤其对日本经济地带的影响十分明显；紧临太平洋航线的表日本，由于获利于得天独厚的地理位置优势，其经济发展十分迅速，形成了临海的五大工业区，并以此为基础形成了发达的表日本经济地带；而距离太平洋航线较远的里日本，虽然面临日本海，但是，其地理位置远不如表日本那样优越，因此其经济发展缓慢，形成了与表日本有相当经济差距的里日本经济地带。

我国经济地带的形成受地理位置的影响也十分明显。封建社会时期，我国的经济重心在中原一带，但随着商品经济和现代工业的发展，经济重心逐渐向太平洋沿岸地区转移。新中国成立后，在工业化进程中，我国充分利用太平洋航线、东部干线铁路轴带（哈大、京沈、京沪和京广等干线）和已有的经济基础，加速了东部地带的开发。现在，以距离东部海陆干线的远近而逐渐形成了东部、中部和西部三个大的经济地带。再以中国东北经济区为例，哈尔滨至大连的铁路与高速公路和以大连为核心的港口群，以及大庆、哈尔滨、长春、吉林、沈阳和大连等主要工业与交通枢纽，构成东北经济区的主要点轴带，在此基础上形成了东北中部地带，距此轴带较远的两侧地带则形成了生产力发展水平相对较低的东部地带与西部地带。

三、生产地与燃料、原料地和消费区三者的宏观地域变化的影响

关于生产地与燃料、原料地和消费区三者地域变化规律的研究是经济地理学探讨的重要内容，对经济地带的研究也离不开它。经济地带一方面反映各自生产力发展水平的高低、开发顺序的先后和距离优势区位的远近；另一方面，也从大的范围表现出生产地与燃料、原料地和消费区的地域组合关系。

现代工业的发展与生产地、原料与燃料地和消费区关系的变化，大致经历了如下过程：在工业革命初期阶段，由于工业资源还未被大量利用，从大的地域范围看，生产地与原料、燃料地和消费区三者基本上分布在一个地域范围内，三者是紧密结合的；随着现代工业的不断发展，能源和原材料的消耗与日俱增，工业生产地区已保证不了能源与原材料的需求，必须在其他地区另行开辟能源与原材料基地，这样就使生产地、消费区与

能源和原材料基地逐渐分离，在大的地域间呈现出地带之间工业产品与能源、原材料广泛流动的局面。从宏观上观察，发达的经济地带一般是世界各国各地区的主要生产地与消费区，世界大部分国民生产总值产生在发达经济地带，大部分贸易额也是在各发达经济地带之间实现的；次发达的，尤其是发展中经济地带是世界各国各地区主要的能源基地与原材料基地，发达地带需要的能源和原材料，则大部分来自次发达的，尤其是发展中的经济地带。待开发地带是未来的能源和原材料基地。

俄罗斯与中国等国内经济地带的形成与发展，充分反映了生产地与燃料、原料地和消费区三者的宏观地域变化规律与特点。苏联自十月革命胜利到第二次世界大战前，其经济建设的重点在西部欧洲地区，那里拥有丰富的工业自然资源，已有的经济基础也比较雄厚，西部地区是苏联人口最集中的地域，是巨大的消费市场。因此，从总体上看，其生产地与燃料、原料地和消费区三者基本处于西部欧洲地区这一广阔的地域内。这一阶段，苏联的东部地区还未进行大规模开发，作为苏联全规模的经济地带还未形成。第二次世界大战后，苏联首先对其西部欧洲地区的经济进行了大规模的恢复与建设，尽量发挥老工业基地的作用，大力进行改建、扩建与新建工作。由于其西部地区经过近百年的工业开发，有些资源日渐耗竭，尤其是能源问题日益突出，因此，加速开发其东部地区以解决其西部地区能源、原材料不足已成为刻不容缓的任务。苏联于20世纪50年代把开发以水电资源为重点的安加拉-叶尼塞工程提到了日程；60年代着手开发秋明油气田；70年代进行了贝加尔-阿穆尔铁路的修筑。为了开发能源和原材料以及发展耗能和耗原料工业，原苏联在其东部地区有计划地组建了10多个地域生产综合体。这样，东部地区把大量的煤炭、原油、天然气、铁矿石、有色金属矿石和电力等，源源不断地运向西部地区；与此同时，西部地区则把大量的工业设备和工业产品、一些先进的技术和人才以及大量劳动力输往东部地区。这样，西部地区与东部地区之间形成了更为紧密的经济联系，从而逐渐形成了西部经济地带与东部经济地带。现在，从俄罗斯的宏观地域看，西部地带是全俄的主要生产地和消费区，而东部地带则成为全俄的主要能源和原材料基地。

我国的商品经济与现代工业开始于东部沿海地区。长时期主要依靠东部沿海地区的能源和工业原材料，着重发展当地的工业，其产品主要满足广大东部地区的需要。这一阶段，其生产地与燃料、原料地和消费区三者基本结合在一起。进入20世纪70~80年代，由于工业的迅速发展，东部地区能源与原材料紧张问题日益突出，于是大力开发中部地带的能源和原材料任务就迫在眉睫。为此加强了山西煤田、内蒙古煤田、黄河与长江中上游水电站和江南有色金属基地等方面的建设，使中部地区（包括部分西部地区）成为我国现代化建设的重要能源基地和原材料基地，以及重要的粮食基地。在这种情况下，东部、中部和西部经济地带逐渐形成。

由此可见，生产地与燃料、原料地和消费区的地域变化，尤其是能源基地与原材料基地的地域变化和三者在大范围地域间经济联系的加强，是经济地带形成的重要因素。

四、自然条件的作用

自然条件与自然资源是经济地域系统形成发展的自然物质基础，也是经济地带系统形成发展的自然物质基础。诚然，矿产带与燃料、原料地对经济地带形成、发展的作用是重要的（前已述及），而自然条件的作用也十分明显，自然地带对经济地带的影响是多方面的。例如，我国的平原、山地、高原三大自然单元对于形成东、中、西三大经济地带具有重要影响。澳大利亚的环状经济地带几乎与其环状自然带相吻合。原因在于：①各国各地区的经济首先总是在自然条件优越的地区发展起来，在相当一个时期内，各种产业多向这里汇集，之后逐渐向相邻地带扩散。例如，我国东北中部地带地处松辽平原与辽东半岛，农业自然条件优越，人口首先向这里汇集，哈大铁路与公路穿行此区，这里已形成东北的主要农业基地，工业地带也处在形成过程之中。②由于各地带的自然条件不同，在其基础上形成的产业结构也不同。例如，我国东北的中、东、西三个经济地带分别地处平原、丘陵山地与草原地带，其主导产业，前者以加工业和农业为主，中者以林业、森工、能源与原材料开采、加工为主，而后者则以农牧业、石油开采加工、煤、电开发及食品、轻工业为主。③由于各自然地带自然条件的不同，各自面临的自然条件改造、利用的任务以及国土整治面临的课题也不一样。因此，自然条件在经济地带形成过程中是一个不可忽视的重要因素。

五、经济利益的推动作用

经济利益和经济效益是经济地带系统形成发展的原动力。人类的经济活动总是希望能在谋取更多经济利益的地方进行。一些发达的经济地带大多是在沿海和水陆轴带以及其他生产条件优越与已有社会经济基础好的地方首先发展起来，因为这些地区交通运输条件优越、运费低，便于获取资金、设备、技术和信息，又便于向外输出其产品，这些地区可以充分发挥水陆交通轴带的作用，吸引更多人才，发挥集聚效应和区域扩散效应，从而使发达经济地带的产业结构层次高、产品质量好、成本低、劳动生产率高。但是，当集聚（极化）作用达到一定规模时，由于外来燃料、原料以及工资与其他费用的上涨，生产成本不断提高，某些产业的优势逐渐减弱，一些企业向外扩散、转移的趋势不断加强，必然推动下一级经济地带产业结构的升级和经济效益的不断提高。这就是经济扩散的过程，也是经济地带的形成过程。

第三节　经济地带的基本特征

一、经济地带间生产力发展水平的梯度差异性

生产力发展不平衡规律的作用和距离优势区位远近的影响，以及能源、原材料基地逐渐推移的作用，必然使经济地域发展水平出现渐次的过渡性，以距离优势区位的远近而形成发达经济地带、次发达经济地带、发展中经济地带和待开发经济地带。生产力发展水平呈现出由高到低、逐渐过渡的发展趋势，各个经济地带充分反映生产力发展水平的不同阶段。例如，我国的东、中、西三个经济地带充分反映出现代经济发展与开发的先后顺序和生产力发展水平的明显差异。东部经济地带紧临世界主要航线，便于同经济发达国家进行经济联系，又有骨干铁路、公路穿行其间，主要农业区也分布在这里，因此，现代经济首先在这里发展起来，现在已有比较好的经济基础，其生产力水平高于中部和西部经济地带；而中部经济地带距太平洋航线与骨干铁路、公路较远，现代工业与经济基础和生产力水平低于东部地带，但却高于西部地带；西部地带远离主要航线、主要干线和我国的经济重心，虽然地域辽阔，自然资源丰富，但交通不便，新中国成立以来，尽管经济有了很大发展，然而绝大部分地域还未得到开发，生产力水平还比较低，可以说还是一个待开发地带。

但是，必须说明：经济地带只是经济地域系统的一种地域组织形式，而不是唯一的地域组织形式，即使在经济地带内，也还有其他地域组织形式存在；经济地带的梯度差异，是就宏观整体水平而言，并不意味着经济发达地带内没有后进地区，或后进地带内没有发达的地域。例如，我国东部地带里就有较为后进的福建、广西壮族自治区和鲁西南等地区，在中西部地带内，还有武汉、重庆等经济发达地域。因此，对经济地域系统的研究，一定要具体问题具体分析。

经济地带的梯度差异可以通过许多方面表现出来，如单位面积的工农

业总产值、交通网密度、社会劳动生产率、万元产值利税、万元产值能耗和物耗等，均能度量出经济地带的客观存在。

二、经济地带间产业结构的明显差异

产业结构层次的高低和产业结构类型都直接或间接地受生产力发展水平所制约。生产力发展水平高的经济地带，其产业结构的层次高，产业部门复杂多样，高层次的加工工业很发达，带内带外经济联系都十分密切；生产力发展水平低的经济地带，其产业结构的层次低，部门也不够复杂，往往以资源型占主导地位，部门联系也不够密切。

北美洲东部经济地带是世界上生产力发展水平最高的经济地带，以五大湖与波士华城市带为轴心，以稠密的铁路、公路和水运网以及大西洋沿海航线为纽带，形成强大的高层次产业结构，其产业以知识技术密集型为主体，生产与出口高技术产品，第三产业非常发达，部门繁多，内外经济联系都十分密切。

我国东部经济地带的生产力水平虽然低于北美东部经济地带，但带内的有些地区，其经济发展已进入工业化中后期阶段。这一地带的产业结构层次比较高，属于技术、劳动密集型，部门结构较复杂，第三产业比较发达，内外经济联系比较密切。

我国中部经济地带还是一个发展中的经济地带，从总体看，经济还不够发达，仍处于工业化中期阶段，能源和原材料工业在产业结构中居于重要地位，农业比重还比较大。这一地带的产业结构应属于劳动、资源密集型，产业结构层次偏低，部门结构不是很复杂，第三产业不够发达，经济联系还不甚密切。

我国西部经济地带地处内陆，远离经济重心，交通不够发达，人口也比较稀少，除个别地区外，大多数地区的经济还处于工业化初期阶段，虽然资源丰富，但多数未被开发。从总体上看，这里还是一个待开发的经济地带。其产业结构属于资源密集型。西部大开发迎来了这一地带的发展机遇，但仍须从实际出发，稳步推进。

可见，各经济地带随着生产力水平的不同而呈现的梯度差异，必然在产业结构的层次、类型等方面表现出来。产业结构层次有高、中、低之分，产业结构类型则呈现出知识技术密集型、资金技术密集型、劳动资源密集型和资源密集型的逐渐过渡的形式。

三、经济地带地域层次、类型的多样性

经济地带系统是经济地域系统的子系统，而经济地带本身也是个系统，呈现明显的地域层次性。最大的经济地带有世界范围的经济地带，进而有全国范围的经济地带、跨地区的经济地带、省内的乃至地区的经济地带。

经济地带的地域类型也多种多样：既有纵向的经济地带，如我国的三大经济地带和东北区的三个经济地带等，也有横向的经济地带，如我国正在形成的长江中下游经济地带和连云港到乌鲁木齐的未来的经济地带等；还有环状经济地带，以澳大利亚最为典型。

经济地带的地域分布总的呈现连续分布、带内生产力发展水平相近、带间差异明显等特点。但是，也有个别现象，有的经济地带并不连续分布，只呈现条带状的点轴开发地域形式，与周围地域联系并不密切，也未形成次一级的经济地带。

总之，经济地带的地域类型受江海主要航线、铁路、公路主要干线、矿产带与自然带和地理位置等因素的制约，由于这些因素地域分布的多样性，产生了经济地带地域类型的多样性。

四、经济地带间存在着能源流、物质流、人流和信息流等特有的移动规律

经济地带之所以存在，除具有上述特征属性外，还由于其具有内外较为紧密的经济联系。经济地带内部的经济联系以发达的和次发达的经

济地带内部之间的联系更为密切。主要表现为加工工业的技术、设备与零部件之间的联系，即多为横向经济联系。在发展中的与待开发的地带内部，其经济联系则不甚密切。在各经济地带之间，则在能源流、物质流、人流、资金流和信息流等方面，存在着十分密切的关系，主要为纵向经济联系。

必须强调的是，只有大范围的自然或社会经济的地域差异，以及生产力发展水平的差异，并不能构成经济地带；必须既有差异，同时又有较为密切的经济联系，才构成经济地带。因为前资本主义时期也存在这些差异，但是由于商品经济和劳动地域分工都不发达，还不具备形成经济地带的条件；只有在生产力有了很大发展，商品经济占据重要地位，劳动地域分工已经相当发达，现代工业获得很大发展，在世界各国各地区已经形成强大的能源流、物质流、人流和信息流的时候，才能形成经济地带。

各经济地带间的能源流、物质流、资金流、人流与信息流的移动是有规律的，体现了地域分工和密切的经济联系。这种物质移动即分工与联系的简要情况，可参见表10-1。

由表10-1可以看到，各类经济地带由于生产力发展水平和产业结构类型的不同，相互间经济联系的内容也不同。先进设备、资金、技术、人才、管理经验和信息等，由高层次经济地带流向低层次经济地带；而能源、原材料和劳动力等，则从低层次经济地带流往高层次经济地带。这种大趋势、大格局不以人们的主观意志为转移，而是客观存在的。人们应该承认经济地带和梯度差异的客观性，遵循这一规律，因势利导地促进地带间的物质流动，不失时机地推动较后进地带的经济发展。我国是一个发展中国家，除东部一些地域处于次发达地带外，大部分地域处于发展中地带，为了加快我国的经济发展和提高我国产业结构的层次，必须遵循梯度推移的理论，坚持改革开放政策，千方百计地从世界各发达的、乃至次发达的经济地带，将先进和较先进的技术、设备、管理人才和经验及资金等吸引进来并不断向内地扩展，以加快梯度推移的进程，否则，必将延缓全国的经济发展进程。

表10-1　各经济地带间的差异与联系

经济地带	类　型	经济联系内容
发达经济地带	技术知识密集型	信息↓　资金↓　技术管理人才↓　高技术产品↓　先进设备↓　先进技术↓
次发达经济地带	资金技术密集型	↑部分加工品　↑劳动力　↑农牧轻工产品　↑能源原材料　信息↓　资金与技术↓　技术管理人才↓　加工业产品↓　较先进设备↓
发展中经济地带	资源劳动密集型	↑劳动力　↑农牧林产品　↑原材料　↑能源　生活用品↓　设备信息↓　资金技术↓
待开发经济地带	资源密集型	↑原材料　↑能源

五、我国西部大开发战略与经济地带规律

我国西部大开发战略所确定的地域绝大部分指西部地带，并包括少部分属于中部地带的地域。那么，西部大开发与经济地带及其地域推移规律是什么关系？这是需要认真回答的问题。

（1）西部大开发战略的制定和实施与经济地域及其地域推移规律是一致的，两者并不矛盾。西部大开发必须遵循经济地带及其地域梯度推移

规律，从西部后进地区的实际出发，循序渐进地推进其开发事业。西部大开发脱离不了经济地带的宏观地域框架。

当今，在区域开发理论中存在梯度推移理论与反梯度理论，两者对效益与公平的侧重点不同，开发模式不同，但都承认区域发展的不平衡及经济梯度的客观存在。因此，在区域开发实践中，既要遵循梯度推移规律，重视宏观经济效益，又要注意不断缩小地区的差距，重视社会公平，并把两者有机地结合起来。

（2）西部大开发战略的提出有其主客观的条件与环境。经过30年的改革开放，我国的综合国力已大为增强，为提出与支持这一战略提供了一定的经济基础。东部沿海地区的开放开发已取得了明显效果，为技术、资金与产业转移，支持西部开发创造了有利条件。西部地区的开发开放环境已大为改善：西安、重庆和成都等特大城市与大城市拥有了较为雄厚的科技与经济基础，成为西部大开发的支撑点与增长极；西部地区对中亚、北亚、东南亚的开放环境也已大为改善，通边与达海的条件已经有了基础，西部地区将在对外开放过程中获得实惠。

（3）西部地区开发将是一个长时期的发展过程。在21世纪前一二十年里，将主要以基础设施建设与改善生态环境为重点，加强西安与重庆等增长极的集聚作用；加强与周边的国际合作，为下一步开发打好基础和创造良好的内外环境。

第四节　经济地带的主要功能及其划分目的和主要依据

一、经济地带的主要功能

经济地域巨系统有其共同的功能，即通过合理的地域分工与地域运动实现科学的地域组织管理体系，促进商品经济的不断发展和社会劳动生产率的提高，以推动所有经济地域的社会经济发展水平的不断提高。但是，各个经济地域子系统有其具体功能。经济地带系统的特殊功能主要有以下三个方面：

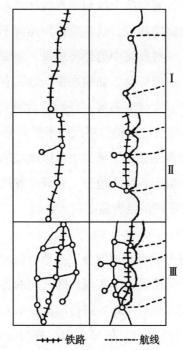

++++ 铁路　　-------- 航线

Ⅰ. 发展初期；Ⅱ. 发展中期；Ⅲ. 发展末期

图10-1　经济地带集聚过程图

1．集聚功能

在经济地带形成发展过程中，集聚功能表现得十分突出，主要表现在产业向交通轴带（骨干水陆交通线路）和主要城镇集中，向资源富集地区（矿点、矿带）和富集地带集中的趋向，经过长期集聚过程则形成经济地带。

发达和比较发达的经济地带在集聚的作用下，往往首先形成水陆骨干交通线路和一些大中城市及港口，并以此为轴带和增长极，吸引众多产业向这里集中，形成许多新城市，并逐渐形成工业带和城市带，进而形成经济地带（图10-1）。例如，我国东北中部经济地带，最初是以哈大铁路为轴带，以哈尔滨、大连为两端，以沈阳为中心而开始发展的；由于哈大铁路和大连港的作用，使集聚过程不断加快并逐渐向外扩展，现已形成北起齐齐哈尔，南至大连，包括大庆、哈尔滨、吉林、长春、四平、沈阳城市群直至辽东半岛港口群，贯穿哈大线与滨洲线和辽东沿海的串珠状的经济地带，随着哈大高速公路的建成，其集聚作用还将不断增强，经济地带的层次还将不断提高。在一些发展中的经济地带，集聚作用首先表现在产业向自然资源富集地区和地带集聚，如向煤铁产地、有色金属产地、水力资源富集地区、大农业区或大林区集聚，进而带动加工工业和交通网络的发展，促进这一类经济地带产业结构与层次的不断完善与提高。

经济地带的集聚功能主要在于依据大范围地域的点轴优势，充分发挥集聚的乘数效应，不断增强各经济地带，尤其是发达和次发达的经济地带的实力，为带动后进地带提供经济基础。

2．传输功能

由于地域之间发展不平衡和地域分工与地域运动的作用，在经济地带之间存在着频繁的物质交换关系，实现地区之间的各种传输功能。经济地带系统是一个开放系统，只有与外界进行广泛联系才能维持自己的存在。经济地带须充分发挥内部潜力，依靠人力、物力、财力，促进其经济发展；但是，如果不进行广泛的物质交换，不充分发挥其传输功能，那么，经济地带生产的产品销售不出去，所需要的先进的设备、技术、人才和资金等则吸引不进来，势必严重阻碍经济发展。

经济地带的传输功能就在于，通过地带间的广泛物质交换，带动各地带经济的同步发展。对于较后进的经济地带（如我国的西部经济地带），认识这一功能并充分发挥传输功能的作用，加速改革开放进程，积极从发达地带引进资金、先进设备、先进技术、先进管理经验和信息，并积极向外输出工农业产品，扩大对外交流，这样，才能加快后进与较后进地带的发展进程。

3．梯度推移（扩散）功能

由于生产力发展及其地域分布不平衡的规律，经济地带呈现出梯度分布的特点。由于有了梯度就必然产生生产力要素的广泛流动，即其传输功能。通过流动与传输，即其扩散作用，促进经济地带的梯度推移。

经济地带的发展需经历一个由低级到高级的过程，一般经历由资源密集型、劳动与资源密集型、技术与资金密集型，进而达到知识与技术密集型这样一个发展过程。要想加快这一发展过程，就须充分发挥其流动与传输的功能，使由高层次地带向低层次地带的扩散作用加强，加速梯度推移的进程。

例如，亚洲当时的"四小龙"在20世纪50~60年代，经济发展水平几乎与亚洲大陆相差无几，但是由于主、客观的原因，加强了与发达经济地带的联系，接受发达经济地带的辐射扩散作用，从而逐渐形成了一个低于发达经济地带、高于亚洲大陆的新的梯度地带。经济地带的经济推移并不是平均推进的，而是波浪式向前发展的，有的发达地带可能停滞下来，一些次发达地带可能赶超上去。由于经济地带具有梯度推移功能，人类经济活动遍布于世界各个经济地带，并不断地缩小各个地带生产力水平的差距。

二、划分经济地带的目的

经济地带划分是人们对客观存在着的经济地带的主观认识与科学划分。划分经济地带的目的在于：遵循经济地域梯度差异的规律，发挥各个地带的区位优势，实现宏观的地域分工和地带互补，充分发挥先进地带的作用，以带动后进地带的发展，不断地缩小地区间生产力水平的差距。

1. 发挥优势区位地带的经济集聚作用，以便取得更大的宏观经济效果

世界工业化的历史表明：在工业化初期和中期阶段，从大范围地域上观察，其经济地域运动仍以产业的相对集中为主要发展趋势，其产业主要向发达的经济地域和大中城市集中。只有集中才能发挥优势区位和大中城市与交通枢纽的优势，发挥集聚效应，以取得更大的宏观经济效益。因此，在这一阶段，地域间生产力发展水平的差距可能进一步拉大。当工业化进入中后期阶段，地域的扩散作用将会突出出来，地域的均衡化趋势将会有所发展，地带间生产力水平的差距将会缩小。从总体上看，我国仍处于工业化中期阶段，东部地带有些地域已开始进入中后期阶段，生产集聚的势头有增无减。划分经济地带的目的，就是要进一步发挥集聚效应，加速我国东部经济地带的发展，着重发展加工工业和高技术产业以及现代第三产业，通过建设特区、开放区、开发区等，大力引进国外的资金、技术，逐渐缩小与发达地带的差距。在不断增强我国东部地带经济实力的基础上，带动中部和西部经济地带的发展。

2. 加强能源、原材料、粮食、林业、牧业等基地的建设，满足经济发展的需要

任何国家在工业化过程中，都存在着能源和原材料等基地建设问题，大多数国家的这些基地在国内，但也有些国家（如日本与新加坡）是建在国外的。国土辽阔的国家能源、原材料基地与生产地和消费区的关系有地域变化规律。例如，我国和俄罗斯都是地域辽阔的大国，在工业化的进程中，其能源与原材料基地，前者已转向中部地带，后者已转向东部地带，与各自的加工工业地带（我国的东部地带和俄罗斯的西部地带）形成了紧密的物质交换关系。划分经济地带的目的就是为了遵循地域运动规律，加强各种基地建设，以适应工业化的需要。又如我国东北的吉林省是一个能源和原材料不足的省份，依据其生产力发展水平的不同，客观地存在中部、东部和西部三个具有梯度差异的经济地带，中部是较为发达的加工工业地带和粮食基地，东部为具有全国意义的林业基地和省内重要的煤铁基地，西部是农牧业基地和省内石油基地。因此，划分省内经济地带对于加强诸基地，尤其是东部省内煤铁基地建设，对吉林省的经济发展是很重要的。

3．确定与完成大范围的国土整治任务

经济地带往往与自然地带有着密切的联系，各个自然地带所面临的国土治理任务及问题很不一样，因此，经济地带的划分不仅有助于发挥各地带的优势，加强经济建设，而且也有助于因地制宜地开展大范围的国土整治工作。例如，我国东、中、西三个地带和东北地区东、中、西三个地带自然条件都不一样。正因如此，在制定全国国土规划总纲要和有些省的国土规划纲要过程中，以经济地带作为主要客观依据是有科学根据的。

4．制定正确的宏观地域战略

经济地带划分是对经济地带系统的战略性划分，主要是为解决区域开发的宏观地域战略问题。在当今国内外激烈竞争的社会背景下，各国各地区都十分重视发展战略的制定，而经济地域战略则是社会经济发展战略的重要组成部分。经济地带的划分可以为制定宏观发展战略提供科学的地域框架，在此基础上可以制定区域资源开发战略、产业战略、投资战略和实施正确的地域战略与策略，推动经济地带健康地向前发展。主体功能区的划分与建设，是属于宏观战略的一部分，对于合理开发、利用与保护资源，积极进行生态环境的保护与治理，是十分必要的。

三、认识与划分经济地带的主要依据和指标

基于上述对经济地带形成发展机制、主要功能与划分目的的认识，划分经济地带的主要依据和指标可以概括为下述几个方面：

1．各个地带生产力发展水平的差异

（1）人均指标。指各个地域的人均国民生产总值（或国内生产总值）、人均工农业总产值、人均能耗与原材料消耗、人均产量、人均利税、人均土地占有量、人均交通线路等。

（2）社会劳动生产率指标。指各个地域每个职工和农民的平均工农业产值、万元产值的能耗与原材料消耗、设备更新周期与固定资产折旧状况、万元产值的科技投入量、单位面积农牧产品产量与产值、万人科技力量、单位产品可比成本等。

2．各个地域产业结构层次与类型的差异

包括下述方面：各产业部门所占比例、对各自的主导产业部门的分析、高层次产业所占比例、对各地域产业结构投入产出的分析。

对各地域诸物流（能流、物质流、人流、资金流、信息流）的分析，输入与输出的主要物资的比例。

3．自然条件与自然资源大的地域差异

指大范围地貌条件与地质条件的差异，自然条件地域组合的宏观地域差异，自然地带与自然区，各地域自然条件存在的主要问题与面临的国土整治任务的差异等。

以上述指标为依据，可以对各个经济地域进行定性与定量分析，在此基础上可将相似性较大、特点较一致的地域划分在一个地带内，并确定经济地带的界线。省内经济地带的划分以不打破县级界线为原则。但是，由于经济地带的范围过于广阔，经济梯度是逐渐过渡的，因此，经济地带的界线往往较为模糊，通常是一个过渡带。

第五节　经济地带划分实例

现以吉林省经济地带划分为例，对经济地带理论与经济地带的划分方法加以说明：

　　吉林省地处东北经济区中部，是我国具有中等发展水平的工农业省份。东北经济区依据自然、社会、经济的特点，已经形成东、中、西三个经济地带，吉林省居于东北经济区的中间部位，三个地带穿行其中。现在着重分析吉林省已存在的东、中、西三个地带。

　　吉林省东部地带为长白山地区，林、矿资源丰富，形成全国重要的林业基地和省内重要的能源与原材料基地，资源型的地域特点十分明显，居于省内的中等经济发展水平。吉林省中部地带为山前台地丘陵与松辽平原的东半部，哈大与沈（吉）哈铁路与高速公路纵贯省区，长春、吉林二市为省内主要经济中心，加工工业比较发达，又是我国和吉林省的重要农业基地，城市化水平较高，是吉林省的经济发达地域。吉林省的西部地带地处松辽平原的西半部，为半湿润、半干旱的草原地区，石油与油页岩资源较丰富，农牧业与轻工业有一定基础，风沙、盐碱现象较严重，国土整治任务较艰巨，是吉林省经济发展较后进地区。

　　吉林省经济地带的划分工作，主要经过三个步骤：第一，对吉林省各地域经济发展的条件、因素进行全面分析，找出各个地域发展经济的有利与不利条件，为分析地域产业结构提供基础；第二，分析吉林省及各个地域的产业结构的优化模式，从而为划分经济地带提供基础；第三，根据划分经济地带的目的和指标，认真进行分析，根据基本差异，对吉林省经济地域进行经济地带划分。经济地带划分必须坚持定性与定量相结合、传统方法与现代方法相结合的原则。最后，将吉林省划分为东部、中部和西部三个经济地带，其基本情况见表10-2。

　　吉林省经济地域划分为三个地带，其目的在于使决策人和经济管理人员在指导区域经济时，有明确的地域意识与区域观念，根据不同地带的特点，遵循客观规律，按经济规律办事，进行正确的宏观地域决策，避免盲目性，为取得最大的宏观经济效益服务。在制定中长期国民经济计划和进行区域规划，以及安排重大的国民经济项目时，应以三个地带作为主要的地域依据，扬长避短，充分发挥各地区的优势。为此，本书提出：

表10-2 吉林省东、中、西三个经济地带的基本情况

经济地带	地带范围	面积占全省比例（%）	人口占全省比例（%）	人口密度（人/km²）	自然条件与自然资源特点	农、林、牧业用地所占比例（%）	产业结构特点	国土整治面临的问题与任务	地带发展方向
东部	包括延边朝鲜族自治州，白山市，通化市和吉林市的部分县、市，共1州、2市和15个县市	43	21	60.34	地处长白山地区，多为中山与低山丘陵区，林业资源与非金属矿产丰富，水力、煤炭、有色金属与水资源较丰富	林业用地：80.18 农业用地：9.04 牧业用地：4.95 其他用地：5.83	资源型产业结构，森林、煤炭、钢铁、有色与采金属矿开采为区内的主要部门	森林采育失调，林地面积渐少，自然生态遭破坏；加强抚育更新，扩大林地面积，进行山、水、林、田综合治理	全国森林工业基地，省内能源与钢铁原材料基地，发展原矿加工工业，由资源密集型逐渐向资金技术密集型转变，图们江地区开发与向型经济发展
中部	包括长春市，吉林市所属部分县，四平市，通化市所属部分县市，共5市、17个县市	34	64	232.60	地处松辽平原东半部，为平原与低山丘陵区，农业自然条件优越，除一定的煤炭、石油、页岩外，天然及其他矿产资源贫乏	林业用地：29.41 农业用地：47.48 牧业用地：7.34 其他用地：15.77	加工型产业结构，工业部门较全，种植业发达，机械、化工、粮食与食品加工为区内的主要产业部门	水土流失、春旱、早霜、内涝灾害突出，大中城市的空气污染与水污染须加强防治	全国重要的机械工业与化学工业基地和粮食基地，发展传统工业的同时加速新兴工业发展，向高层次产业结构转变，农业应向农牧结合方向发展
西部	包括白城地区及双辽四平市所属的双辽县，共1市、8县	23	15	79.23	地处松辽平原西半部，草原面积广阔，除一定的石油、硅石等矿产外，其他矿产资源贫乏	牧业用地：38.76 农业用地：34.57 林业用地：9.25 其他用地：17.42	基本为资源型产业结构，放牧业、经济作物种植业、轻纺与食品工业等部门较发达	干旱、风沙、盐碱与草原退化问题严重，植树种草，恢复与提高草场质量，扩大草原面积	逐渐发展成为重要的畜牧业基地与食品、轻工基地

（1）在相当一个时期内（在工业化中期内）应以中部地带的建设为重点，以中部地带带动东部地带和西部地带的发展，以促进吉林省经济的振兴。加工工业（尤其是汽车工业与化学工业）和新兴工业部门，以及以粮食生产为主的农业生产基地建设的投资与发展，应集中于中部地带，促进以长春、吉林、四平和辽源等城市为骨干的中部城市群的发展。中部地带发展了，才会有更多的人力、物力、财力带动东部与西部地带的开发，吉林省的经济才会出现繁荣的局面。因此，在经济地域开发与建设过程中，必须突出重点、保证重点；平均使用力量时将减缓吉林省经济发展的速度，削弱吉林省的经济实力。

（2）东部经济地带是吉林省的生态屏障，应以发展林业、矿业及其加工工业为主，成为全国重要的林业与森工基地和省内主要的能源和原材料基地。加速森林抚育更新，控制采育比例，发展省内煤炭基地、钢铁基地和电力基地，成为东部地带建设与投资的重点，以缓解全省能源与钢铁原材料供需紧张的局势。

图们江地区国际合作开发为东部经济地带的发展带来新的机遇。珲春口岸经济，边境经济合作区与出口加工区，以及毗邻的俄罗斯、朝鲜诸多的深水港口，为这一地带发展外向型经济，加快经济发展提供了现实可能性。

（3）西部地带主要加强草原的恢复与建设和人工林网的建设工作，建成为省内的畜牧业基地、经济作物（向日葵、甜菜等）基地和轻工、食品工业基地和原油生产基地。在相当一个时期内，对西部地带的投资主要应放在草原生态建设、林网建设、经济作物种植和轻工、食品工业的发展上。重视对风沙、盐碱、干旱地区的治理。

这里需要注意的是，吉林省的经济地带代替不了省内经济区，两者的形成发展机制、功能不一样，在国民经济中的作用也不同。

第十一章　经济区系统

第一节　经济区系统形成发展机制及其基本特征

经济区系统是经济地域系统中的重要地域组织形式，也是最早形成的地域系统。经济区是以中心城市为核心，以地域专门化为主要标志，以区域综合发展为基本特征，以广泛的内外经济联系为纽带的开放型经济地域。经济区系统则是由诸种经济区组合而成的结构系统，是商品经济发展的必然结果，是生产力发展和劳动地域分工不断深化与经济地域运动不断拓展的必然产物。

一、经济区系统形成发展的机制

经济区系统与其他地域系统一样，在其形成发展过程中，生产力的发展、商品经济的活跃和地域分工与地域运动的深化等，都发挥着共同的推动作用。但是在经济区系统形成发展过程中，存在着反映其个性的形成机制，主要包括下述几个方面：

1. 地域分工机制

劳动地域分工虽然是整个经济地域巨系统形成发展的主要机制，但是，它是经济区系统形成发展最直接的原因和主要表现形式。

在前资本主义时期，由于地域分工不发达，地域之间的产业构成几乎相同，彼此之间的经济联系还处于低级阶段。因此，前资本主义社会的地域分化还不明显，不足以形成经济区。

到了工业社会，由于能源动力与生产工具及交通运输工具的不断变革，部门分工越分越细，地域分工不断深化，以专门化为主要内容的地域分化过程加快了进程，以商品经济为主要特征的各种农业区和各具特色的工业城市和工业区陆续涌现出来。现代交通运输业的发展促进了地域分化过程，同时也使城市之间、城乡之间、工业之间和工农业之间的经济联系得到不断加强。在这一过程中，才开始形成以专门化为主要特征的经济区。

总之，地域分工是地域分化的催化剂，是形成地域专门化的直接原因。地域专门化使这一地区为其他地区生产产品，其他地区为这一地区生产所需要的产品成为可能。在工业社会，由于地域分化过程的加快，各个地域都不同程度地反映出各自专门化的特征，这就为以专门化作为主要特点的经济区系统的形成提供了基础条件。

2．城市吸引机制

城市在经济区系统形成发展过程中，发挥着重要的凝聚与核心作用。任何等级的经济区的形成与发展，如果没有与其相应的中心城市的存在，是难以形成经济区的。

城市在经济区系统的形成过程中的核心吸引作用，主要从以下两个方面集中地表现出来：

一方面，城市是一定地域的经济中心。一般来说，城市是在周围地域的经济（尤其是农业）发展基础上形成的，成为周围地域农、林、牧、矿产品的集散、加工中心、商业中心和行政管理中心；但是，有些工矿城市是在空旷的地域上形成的，之后，再促进周围地域工农业的发展。城市一经形成，就以高出周围地域的功能向前发展，并以较为先进的技术与组织管理的职能、现代化的加工工业和第三产业共同影响周围地域，将周围地域产业提高到一个新的水平。

另一方面，城市是一定地域的吸引核心。城市的核心作用主要是通过市场吸引、人流吸引、货流吸引、资金吸引乃至行政管辖范围等反映出来。依据城市强有力的吸引作用并通过复杂的交通网络系统，使这一中心城市与另一中心城市的吸引范围大致区别开来，乃至形成不同等级的经济区的区界。

3. 条件因素的作用

条件因素对经济区的物质内容与产业结构类型均有着直接影响。位于矿区的经济区往往形成重型经济结构，依据各地资源的不同种类，形成钢铁、能源、有色金属、森工和化工等为主的经济区。位置、交通、信息条件优越的地域，往往形成加工型经济区；远离经济重心的地域，一般经济发展水平较低，有些经济区还处于形成阶段。在劳动力素质高和科研机构与高校集中的地区，往往形成以电子工业为主的高层次的产业结构。

自然条件与自然资源的多样性，有利于经济地域的综合发展。

总之，各个经济区都将在各自的生产力发展水平条件下，与当地诸条件紧密结合，充分发挥各自的优势，以其专门化部门与其他经济区进行广泛的经济联系。

二、经济区系统的基本特征

1. 经济区是以地域专门化为主要特征的经济地域单元

许多学者认为，经济区系统是具有区际意义专门化的不同等级的地域生产综合体。这一定义首先强调了专门化特点，其次强调了经济区的综合性与综合发展方向。国家一级的大经济区是指具有全国意义的专门化大地域单元，如我国东北经济区包括辽宁、吉林、黑龙江和内蒙古的东五盟市，生产的钢铁、原油、煤炭、重型机械、电站设备、汽车、化工原材料、木材和粮食等，在全国劳动地域分工中占据重要地位。基层经济区是指具有地方意义的专门化小地域单元，如一个县级规模的经济单元，通常以几种农业产品或某些工矿产品为其专门化部门。总之，任何等级、任何类型的经济区，都必须拥有自己的具有区际意义的专门化部门，否则就无法构成经济区。在商品经济不断发展的条件下，各个经济区都要充分发挥各自的自然、社会、经济诸条件的优势，着重发展那些经济效益大或国内其他地区所急需的产业部门，以其产品与国内其他地区和国外进行产品交换；同时，又以特有的专门化部门与其他经济区区别开来。可见，经济区不是封闭的自给自足的地域单元，而是开放型的商品经济的地域单元。

2．经济区是国民经济地域系统中的一个子系统，是国民经济总链条中的一个环节，是劳动地域分工中不可缺少的重要部分

经济地域系统是一个结构、网络十分复杂的巨大的复合地域系统，经济区系统是其中的一个大系统。经济区系统又是由若干层次的众多经济区所组成的。因此，任何一个经济区都在这个系统中占据一定的地位，通过能源流、物质流、人流、资金流、信息流及一切网络与整个系统进行着频繁的物质交换，同时，经济区的发展变化对整个经济区系统有所影响。因此，经济区的存在和发展离不开全国的总体利益要求，离不开全国统一的宏观的区域协调与平衡，也离不开世界经济与国际市场，尤其是社会主义市场经济条件下的经济区更体现了这一特色。

任何一个经济区都要充分发挥地区优势，考虑区域利益和经济效益，从大系统上考虑全国的利益。从原则上讲，局部与全局的利益是一致的，但在具体问题上往往又是矛盾的。例如，我国东北经济区的木材与原油等，当地如能进行更多的深加工，显然会给地区带来更大的利益，但是由于全国急需更多的原油与原木，因此必须服从全国统一计划的要求。烟叶和棉花等工业原料也是如此，如在生产基地就近加工，会给当地带来一些好处，但是，考虑到全国总体布局，特别是老工业基地对原料的需求和经济效益的要求，首先应该保证经济效益高、基础好的老企业对工业原料的需求。总之，经济区的发展与建设应遵循全国一盘棋的思想，服从全国的统一安排，经济区的发展与规划首先须从全局、从大系统考虑问题，避免

"大而全""小而全"和重复布局等，尽量使全局的利益与局部利益统一协调起来。

3.经济区是地域专门化与综合发展相结合的统一体

任何经济区都应发展各自的专门化部门，用以增强区域的经济实力和加强与全国各个地域乃至世界的经济联系。但是，各专业化部门都不可能孤立地发展，必须与许多产业部门相协调、相配合，形成合理的产业结构。因此，每个经济区都要适当地发展一些为主要专门化服务的辅助性部门（包括基础设施部门）和为当地居民服务的自给性部门，使一个地区的经济得到综合发展。但综合发展与封闭的、自给自足的"大而全"或"小而全"完全是两回事。

区域专门化与综合发展相结合，也体现在经济区的带动产业、支柱产业、前向、后向与侧向产业的有机协调发展上，并不断增强企业间与部门间的关联度。

一个经济区的地域专门化程度和综合发展的水平，与该区的生产力发展水平、地域分工及商品经济的发展程度相关，也与经济区的层次和地域规模相关。

地域辽阔的大国的一级经济区，不只是主要专门化部门较多、影响大，而且其他国民经济部门也较为齐全，尽量使大经济区成为部门相对完整的经济地域单元。这样有利于充分发挥大区的诸种自然、经济、社会资源的优势，减少不必要的长距离运输；促进区域的综合发展，也有助于加强大区的经济管理，并发挥大经济区在地域组织与协调管理方面的作用。例如，东北经济区是我国的一级大经济区，拥有较为完整的工业体系与交通运输网，并拥有统一的电力网，农业比较发达，除了拥有多个具有全国意义的主要专门化部门外，辅助性部门和自给性部门都比较发达。这样，东北经济区在与全国乃至与国外的交往中，着重发挥专门化部门的作用，向外输出专门化产品，输入东北区需要的物资，可以减少许多不必要的运输。

4．经济区是受中心城市和城市群强烈吸引的地域

任何经济区都以一定的经济中心作为其经济发展的核心，经济中心以其现代工业、发达或比较发达的商业、交通运输业和金融、信息、服务业，以及较高的科学技术和文化教育事业，对其周围地区进行辐射；同时，周围地域为中心城市的发展提供各种物资和进行各种服务，充分体现了中心城市与周围地域紧密联系与互相依存的关系。

中心城市的吸引强度与其规模和经济实力呈正相关。中小城市其吸引的范围小，只能是省内经济区和基层经济区的经济中心；大城市和特大城市的吸引范围则较为辽阔，往往成为全国一级或省级经济区的经济中心。受中心城市吸引所构成的经济区，一般说来是一个中心城市在发挥着强烈吸引作用，但有的经济区是由两个中心城市所组成的，如辽宁省就是由沈阳市和大连市两个经济中心组成的。有的经济区则是城市群发挥着核心作用，如莫斯科城市群对俄罗斯中央区，辽中（沈阳）城市群对东北经济区的关系就是如此。

一般说来，城市是其所吸引范围内的经济缩影，城市的主要专门化部门，往往也是经济区的主要专门化部门，经济区的特征往往通过中心城市而表现出来。

三、经济区系统的主要功能

由于经济区系统的形成发展机制及其基本特征与经济地带系统有所不同，其主要功能也有所不同。经济区系统在国民经济系统中的作用（其主要功能）主要有以下几个方面：

1．促进区域专门化的不断发展

遵循地域分工规律和商品经济的发展特点，在工业社会里，各个地域都要依据比较利益的原则，充分发挥各自的自然、社会、经济诸条件的优势，发展那些经济效益（包括社会效益和生态效益）大的产业部门，以此带动区内其他产业部门和商品经济的发展。

地域专门化与经济区的发展是互相促进的关系。地域专门化使经济区初具雏形，地域专门化的不断发展促使经济区的逐渐形成。经济区一旦形成，就要进一步发挥优势，促进专门化部门的进一步发展，以便在商品交换过程中不断增强经济区的实力。

总之，经济区的发展水平与区域专门化的发展程度是相一致的。经济区是以其专门化为主要标志的，只有地域专门化不断得到发展与加强，才能把经济区的发展水平提高到一个新的阶段。

2．发挥中心城市的核心作用

在经济区形成发展过程中，中心城市起着核心作用和首位作用。中心城市的形成与发展，促使区域工业和主要专门化部门的发展，促使区内不同等级工业中心、交通中心或枢纽的形成，并带动科技文化中心、商业中心和行政管理中心的形成与发展。中心城市稳定的吸引范围往往也是该经济区的界限。

发挥中心城市核心作用主要是通过加强城市的吸引（极化）作用和辐射（扩散）作用来实现的。吸引（极化）作用主要是加强中心城市的经济实力与凝聚力和对周围地域的带动力；辐射（扩散）作用在于使整个区域经济的内容不断充实，使城乡之间的联系不断加强，并使城乡之间的差距不断缩小。在一个经济地域内，中心城市的吸引与扩散作用是同步进行的，但在发展前期往往以吸引与极化作用为主。只有当中心城市达到相当实力时，其辐射与扩散作用才能明显地表现出来，中心城市的带动作用才能明显加强。

3．发挥交通、信息的网络作用

交通信息网络是经济区发展的纽带，是发展商品经济的桥梁。没有现代交通、通信、信息事业的发展，不可能加速地域专门化与中心城市的发展。各种交通、通信、信息网络都以不同层次的城镇为纽带，向外辐射到各个地域。

经济区系统的发展必须以现代的交通、通信、信息网络作保证，反过来又促进了交通、通信、信息网络的发展。可见，经济区系统和交通、通信、信息网络是互相依存、互相促进的。

4．促进区域的综合发展

专门化与综合化发展相结合是经济区最基本的特征。在经济区的发展过程中，遵循地域分工规律和商品经济的发展要求，区域经济的综合发展主要是通过下述途径来实现：

（1）加强专业化与协作，发展横向联合；通过配套协作、零部件生产，为专门化部门服务等多种途径，促进区域的综合发展。

（2）不断调整产业结构，促进地区产业结构的合理化、高级化，使带动产业、支柱产业、基础产业、辅助性产业和自给性产业等有机配合和相互促进。

（3）在经济区发展过程中，要重视社会效益和生态环境的保护，使经济效益、社会效益和生态效益三者统一起来。

第二节 经济区系统与经济区划的实践意义

一、经济区系统的层次性

经济区系统是经济地域系统中的重要子系统。全世界是一个统一的经济区系统，国家经济区是一级经济区系统。一些地域辽阔的大国还有二级的大经济区系统，下一个层次为省级经济区系统，进而为省内经济区系统和基层经济区系统。各级经济区不只反映地域范围的大小、经济实力的强弱和层次的高低，也反映出它们在经济区系统中的地位与作用的不同。即或是同一个层次的经济区，生产力发展水平与产业结构的层次也有高低之分。

1．国家级经济区

世界各国各地区都是世界经济区系统中的一个相对独立的经济地域单元，国家的政治作用在这一级经济区的形成发展过程中发挥着决定性的作用，世界经济一体化过程则使这一级经济区的作用不断加强。国家的幅员有大有小，其经济实力有强有弱，但都在世界经济体系中占有一定地位。各自都形成自己的经济体系和产业结构，并发挥各自优势，以其专业化产品、资金、技术、人才等与世界各国进行经济交往，并从世界各国获取其经济发展所需要的各种商品、技术、人才和信息等。

社会主义市场经济国家与资本主义市场经济国家，大国与小国，虽然在管理体制方面以及在产业结构的完整程度等方面有所不同，但是，国家对外经济联系的广度与深度，都反映在生产力的发展水平、商品经济的发展程度和地域分工的发展深度上。

但是，世界各国各地区的生产力发展水平相差很悬殊，各国的国情也很不一样，各自又有其国家和民族利益。因此，在对外经济联系与开放过程中，必须从各自水平与国情出发，在考虑国家与民族利益的前提下，在不断加强对外联系的过程中，不断增强经济实力。

2．国家一级大经济区

在一些地域辽阔的大国里，客观存在着大经济区，原苏联称之为基本经济区，我国称之为大经济区。大经济区拥有广阔的地域，面积多在10万或上百万平方公里（如我国东北经济区的面积在百万平方公里以上，人口在1亿以上），并拥有丰富多样的自然资源与经济资源。大经济区具有全国意义的突出优势和主要的专门化部门，以特大城市或城市群为其经济核心，面向国内与国际两个市场，在全国劳动地域分工中居于十分重要的地位。大经济区在社会主义市场经济大国的宏观经济布局与宏观管理中，发挥着不可替代的特殊作用，是国家管理经济的地域大格局与大框架。大经济区在遵循客观规律，协调各个省区的关系，促进更大地域范围国民经济的协调平衡以及进行大范围的国土整治等方面，都是绝对不可缺少的经济地域组织形式。

大经济区的发展水平有高有低。例如，我国东北经济区的发展水平较高，其地域较为完整，发展得也较为典型，而西北和西南大经济区的发展水平相对较低，许多地区虽然资源潜力很大，但并没有得到充分开发与发展。

为了促进大经济区的协调与可持续发展，国家开展了东北经济区、长江三角洲地区与京津唐地区综合规划，并已显现出实施规划的效果。

3．省级经济区

我国即是以省级行政区为单元所组成的经济区。省级经济区在大国是二级经济区，在中等国家则为一级经济区。其地域面积在几万平方公里以上，人口在几百万以上（我国在10万平方千米和千万人口以上）。区内有相当数量的自然与社会经济资源，有多个具有区际或全国意义的专门化部门，有一个或几个主要经济中心。我国省级经济区在形成发展过程中，长时期的行政职能与较为完整的行政界线发挥了重要作用。

我国省级经济区的行政界线几乎是几个世纪都无重大变化，许多省的行政中心都有很长的发展历史，在长期历史过程中，形成了较为稳定的政治、经济联系，乃至形成今日的省级经济区的历史、政治、经济基础。我国省级经济区由于兼有行政与经济双重管理职能，因此，在经济地域系统中居于稳定的重要地位。

4．省内经济区

省内经济区相当于我国的三级经济区和省内的地区一级，也相当于俄罗斯的州和美国以120多个中心城市为核心所划分的经济区。这一级经济区的地域面积一般在1万平方千米左右，人口在百万以上。省内经济区往往以一个主要城市为核心，中心城市的吸引范围较为明确，在我国大致相当于市带县的范围。这一级经济区在充分发挥地区优势，发展工矿业和综合性大农业，发展优势产业部门和发挥中心城市对周围地域带动等方面，均起着重要作用。

省内经济区的发展水平有高有低，如以沈阳为中心的城市群是辽宁经济区内的省内经济区，其经济发展水平已达到很高的程度，成为整个东北经济区的核心，工业与城市密集，交通通信网络密布；而吉林省的白城经济区其经济发展水平较低，在较广阔的地域上，基本上反映行政上的隶属关系，均匀地分布着地区中心—县中心—乡中心这样的等级系列，现代工业和交通网络等不够发达。

5．基层经济区

基层经济区是经济区系统中最基本的经济地域单元，在我国以县为单位。基层经济区具备经济区（经济地域）的基本条件，是包括工业、农业、交通运输业、第三产业和中心城市（县中心）的综合性地域。基层经济区多为工业-农业区或工矿区，某些加工工业、开采业、乡镇企业和农业比较发达，一般说来，基层经济区多以初级加工产品和农矿产品为其专门化产品，也有些基层经济区发展高层次产品部门，以其产品支援国内其他地区乃至出口。行政管辖作用在基层经济区的形成发展过程中起主要作用，县级行政中心往往也是其经济核心。

在经济区系统中，人们对国内大经济区和省内经济区的研究，给予更多的关注，主要是由于这两级经济区在国民经济发展和经济地域宏观战略中居于重要地位，又由于这两级地域单元多半都不是政治实体，但在经济发展中都起着重要的作用。

二、经济区划的实践意义

经济区划是对客观存在的经济区系统的主观认识与划分，是经济地域系统理论服务于国民经济建设最早开拓的实践领域，对计划经济国家的经济建设尤其具有重要意义。

1．经济区划是社会主义市场经济国家有计划发展国民经济的宏观地域格局

经济区系统是客观存在的，不依人们意志为转移而形成和发展着。经济区划的主要目的在于认识这一客观规律，对经济区系统进行主观划分，为发展国民经济服务。资本主义市场经济是自发的，靠市场调节为主，虽然也要进行宏观的地域指导，但是对经济区划问题并没有给予应有的重视。而社会主义市场经济国家，不仅要重视国民经济各部门协调发展，也要重视各个地域国民经济的合理协调发展。我国改革开放以来，国家不断减少指令性计划，增加指导性计划并逐渐增加市场调节的因素，在这样的情况下，就更需要加强对国民经济的宏观控制和宏观指导。经济区划为社会主义国家有计划地发展经济提供了一个宏观地域格局和框架。

一些大国各个地域的情况十分复杂，生产力发展水平也很不一样，其自然、社会、经济资源的潜力各不相同，要因地制宜地发展国民经济，正确地发挥各个地区的优势，避免盲目性，并对各个地域进行宏观引导与宏观控制，就需要有一个大的框架，要有一个大的地域战略格局，而经济区划网（系统）就提供了这样一个框架和格局。

全国的国民经济好像一盘棋，其领土犹如一个大的棋盘。这盘棋如何下？要有一个大的格局，要有大的棋眼，要有一个大框架，之后再摆布棋子，以致最后实现总战略。因此，经济区划就是在全国一盘棋思想指导下，对全国经济地域所进行的战略划分，服务于经济地域发展战略的制定。

2．经济区划是制定国民经济中长期计划和进行区域规划的重要依据

制定国民经济中长期计划需要依据的因素是多方面的，如国民经济发展现状、国土资源状况以及整个国民经济的发展要求和国际环境等。但是，在考虑国民经济各项发展任务如何落实到具体地域时，即在制定生产力布局中长期计划时，如果事先有了全国的经济区划网，即大的经济地域战略格局，就会有所遵循并有了科学依据。否则，势必增加盲目性，造成重复建设、重复引进和诸多不合理状况。

区域规划和城市规划的制定离不开全国总的规划框架，即局部离不开整体、子系统离不开母系统。有了经济区划的框架，才能明确所规划的区域或城市在总的地域系统中的地位、作用和发展方向，使区域规划和城市规划有所遵循。否则，就区域规划谈区域规划，闭门造车，脱离开大的地域战略格局，必然违背商品经济与劳动地域分工规律，造成诸多失误和经济损失。

3．经济区划是合理进行生产力布局的重要依据

生产力布局是人们遵循经济规律，依据合理地域分工的原则，对产业的合理安排。合理地进行生产力布局，需要考虑的因素是多方面的，从全国一盘棋和经济全球化角度看，正确发挥地区优势是首先需要认真考虑的问题。而经济区划正是合理进行生产力布局的重要依据，为各个地域的生产力布局提供一个宏观控制框架，有助于各个经济区因地制宜、健康地向前发展。否则，会造成生产力布局的失误。造成生产力布局不合理的原因是多方面的，主要是未从全国一盘棋出发，未能正确地发挥地区优势等。例如，能源短缺的区域盲目发展高耗能产业，生产原料地域不顾条件盲目加工上档次，有的盲目设厂、重复建厂，造成不合理的远距离运输，等等。关系百年大计的生产力布局失误，必然会造成严重后果。

4．经济区划是协调部门与区域关系（条块关系）的重要手段

世界各国各地区的经济是统一的，部门与地域是有机结合的。但是由于受政治与经济管理体制的影响，往往出现条块分割的不正常现象。在我国的现行体制中，部门所有制与地区所有制的现象都同时存在。部门所有制是指国民经济只按部门垂直领导，很少考虑诸部门间的横向关系，更不关注在一定地域内国民经济诸部门的有机组合，从而造成部门与综合地域的脱节。地方所有制是指一个行政地域单元，只从局部的地方利益出发，制定地方政策，采取封闭办法发展经济，进而割断与其他地区的经济联系。

这两种现象都有其片面性，违背了经济规律，忽视了部门与地域的结

合和局部与整体的关系。

经济区划的重要目的是遵循客观经济规律，从全局与整体的角度，在一个经济区内使部门与地域组成一个地域综合体，并用这一思想去规划经济和发展经济。

为深入贯彻科学发展观，促进区域可持续发展，对经济区划与经济区的研究仍然具有重要意义。但是，在研究实践中，应该重视三个地带的理论与主体功能区理念对经济区系统的影响，达到相互协调与相互促进。

第三节　经济区划的原则与方法

一、经济区划的原则

经济区划的原则是人们对经济区系统形成、发展规律性的认识方法与理论概括，也是认识经济区的一种手段。

经济区划的原则可以概括为以下几个方面：

1．经济原则

经济原则是经济区划的根本原则。经济区系统是地域分工不断深化的产物，是商品经济发展的结果；而经济区划则是对全国各个地域的经济所进行的战略划分。可见，经济区与经济区划均属经济范畴，都遵循经济规律，因此，经济原则是经济区划的根本原则。

遵循经济规律和依据经济原则进行经济区划时，主要应处理好以下三个关系：

（1）专门化与综合发展的关系。专门化是经济区的基本特征和主要标志，而综合发展则是地域专门化的基础和保证，两者是相辅相成、互为促进的关系。

（2）中心城市与周围地域的关系。核心与外围是紧密结合的，构成一个地域综合体，经济区划的重要目的就在于促进中心城市与周围地域的紧密结合和综合发展。

（3）一般经济联系与稳定经济联系的关系。经济区系统是一个十分复杂的经济网络系统，其生产、技术、经济联系多种多样，其联系的地域范围也很广阔，但是，任何一个地域都有较为稳定的经济联系，构成经济区的稳定因素。因此应注意一般经济联系与稳定经济联系的关系。

2．社会政治原则

经济区划虽然应以经济原则为根本原则，但经济原则不是唯一的原则，在经济区划过程中，还必须考虑社会政治因素，否则就不能使经济区划的作用得到充分发挥。为此，在经济区划过程中，必须认真处理好下述三个社会政治问题：

（1）正确处理经济区划与民族区域自治的关系，即民族原则。尤其在社会主义建设初级阶段，更应处理好这一关系。苏联在20世纪20年代初开展经济区划时，只强调了经济原则，忽视了民族问题。之后，随着民族区域自治的开展，原已拟定的经济区划网几经修改，并明确各级经济区划以不打破民族区域界线为原则。随着社会主义建设事业的发展，由于地区间经济联系的加强，民族交往的增多和地区间生产力水平的接近，民族原则的意义可能会逐渐减弱。

（2）正确处理经济区划与行政区划的关系。计划经济国家的经济区与行政区就其职能而言，既有一致的方面，又有不一致的地方。计划经济行政区很重要的职能是组织与管理经济，这与经济区的职能相一致。但是经济区与行政区的发展规律和基本职能不完全一样，前者主要遵循经济规律，经济职能为首要职能；而后者主要遵循社会规律，政治职能是其主要职能。因此，在经济区划时，一方面不能将两者混为一谈，完全用经济区取代行政区。如苏联20世纪20年代的区划，试图将全国划分为21个行政经济区，使大经济区与州的界线完全一致，实践证明，两者的发展方向并不完全一致。另一方面，在进行经济区划时，又要充分考虑行政区划界线，比如在划分全国大区级经济区时，应尽量不打破省级行政区的界线。

（3）正确处理经济区划与国家安全和社会稳定的关系。经济区划主要遵循经济原则，注重区域经济的相对完整性，同时，还必须考虑国防安全与社会稳定这一因素。尤其对全国一级的大经济区的划分时，要使各个大区都具有相当的经济实力并拥有较为广阔的土地。

3．可持续发展原则

经济区系统主要是在经济规律作用下形成的，但经济区系统与社会人文系统和自然生态系统有着密切联系。因此任何一个经济区都体现了经济、社会、自然、生态之间的统一。虽然经济区划的目的主要是追求更大的宏观经济效益，但是也必须考虑社会效益与生态效益，尽量保持大的生态地域单元的完整性，以便于生态的建设和环境的治理。只有如此，才能保证长远的宏观经济效益。

4．远景性原则

远景性原则是社会主义经济区划的重要原则，也是经济区划目的所要求的。远景性原则主要表现在两个方面：

其一，经济区划的目的就在于指出各个经济区的长远发展方向。经济区划不是就区域现状论现状，主要在于指明区域的发展前景。

其二，经济区划应全面覆盖，对于正在形成或尚未形成经济区的地域，也应将之划分为远景区，指出其发展方向和经济联系的途径，并对其进行规划。

二、经济区划的任务与步骤

1．经济区划的任务

经济区划的任务主要是由经济区系统形成发展机制、基本特征和主要功能所决定的，与区域规划和城市规划有所不同，主要是为解决区域的宏观发展方向与宏观任务服务的，为解决区域的具体宏观任务提供科学依据。

各级经济区划的共同任务有以下几个方面：

（1）认清拟区划地域的自然、社会、经济现状及其地区差异，为经济区划工作提供基本资料和科学依据；

（2）明确拟规划区发展经济的主要优势与劣势，科学地论证其在国内、国际劳动地域分工中的地位，为确定区域的经济类型和产业模式提供依据；

（3）论证并确定拟规划地域各个地区的主要专门化方向与综合发展途径，指出各地区的合理产业结构与空间结构；

（4）指出各个地区经济发展过程中存在的问题及区域发展方向与对策；

（5）论证并确定各个地域的界线，进行经济区的划分。

2．经济区划的步骤

经济区划的步骤，大致可按图11-1进行。

三、经济区划基础工作调查提纲

为了开展经济区划工作，前期的基础工作是十分重要的，只有搞好基础工作，才能认识各个地区在国内、国际地域分工中的地位，地区的优势与劣势，进而认识地区的经济类型与产业结构特点，明确各个地域的主要专门化与综合发展方向，乃至最后确定经济区划界线和各地区的总体发展战略等，提供科学依据和基础数据。

经济区划的基础工作主要包括下述几个方面：

1．自然条件

开展经济区划工作，重点不在于单项地对各种自然条件的考察与了解，主要应研究将要进行区划的地域（全国或地区）自然条件和地域组合特点及其地域类型和自然分区。对于不同地区的主要自然灾害也应进行了解。

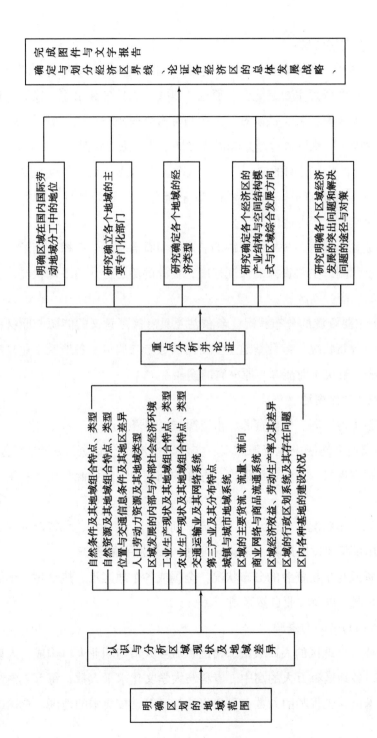

图11-1 经济区划的步骤图

2．工业自然资源

主要包括矿产资源、森林资源、水资源与水能资源和动植物资源等。发展工业的自然资源主要是能源（原油、煤炭、天然气和水能、风能与新能源等）和工业原材料（铁矿石、有色与稀有金属矿石、化工原料、轻工原料与木材等），水资源也越来越成为发展工业的重要资源。

（1）搞清工业资源的储、产、销状况。全国或各地区各种主要资源的总储藏量（远景储量、地质储量、保有储量），资源品种、种类、质量，在全国或地区所占地位。

全国或各个地区各种主要资源的总产量与总需求量、勘探（储量）、生产及需求预测，主要资源的保证程度，资源的储、产、销平衡状况，主要资源的储、产、销区划。

（2）主要资源的分布状况。着重注意具有区际意义的能源与原材料基地的地域分布状况，各种基地主要资源的数量与质量。各地区工业自然资源平衡表，解决工业能源与原材料的途径。

3．农业自然资源

主要指土地资源、气候资源、水资源与生物资源。

全国或各个地区土地资源状况：类型与分布、土地资源的数量与质量、土地利用现状、土地资源潜力、存在的问题、土地资源与土地利用现状图。

水资源分布状况：地表水系（河流、湖泊）、地下水、水资源区划、水资源利用现状及发展预测、远景与问题、水资源平衡表。

热量资源与生物资源的分布状况：全国或各个地区水、热、生、土的地域组合状况，以及农业自然区划。

4．人口与劳动力资源

全国或各个地区的人口数量、密度、城乡人口与职业人口构成。人口质量状况，各地区每万人的高中、专科与大学文化水平人数，每万人熟练工人、技术员、工程师的人数，科研机构与高等学校集中的地区。全国或各地区城乡人口移动与地区人口移动的现状与趋势，人口净移入地区与人口净移出地区，人口与区域产业结构模式。

区域人口容量，就业状况，失业率，解决人口就业的途径。

5．国民经济概况

全国或各个地区的国民生产总值：工业、农业、交通运输业、第三产业、国内外贸易等的产值及其占总产值的比例，三大产业比例。工农业总产值与工农业比重。各主要部门产品产量、产值及其在国内外的比重。主要输出与输入物资，进出口的数量与金额。生产力发展水平，对全国或各个地区产业结构与经济类型的初步认识，区域在国际、国内劳动地域分工中的地位与作用。

6．工业生产状况

工业按地区、按部门、按主要中心的基础统计资料，包括职工人数、企业规模、主要产品产量、产值、能源与原材料消耗、工业劳动生产率、工业分布图。

对各个地区工业结构状况的研究，主要工业部门的状况，地域专门化程度，主要部门与其他部门的结合程度，产业关联度，对地区经济的带动作用，工业与地域结合的紧密程度，存在的问题。各个地域工业部门组合状况，部门结构图表。

对各个地区主要的、有代表性企业的调查：企业规模、主要产品种类、产量、产值，能源与原材料消耗量及其来源，主要产品的销售方向，生产的联系与协作，对地区经济的带动作用，企业劳动生产率，万元产值能耗、原材料消耗、利税等，企业生产存在的主要问题，今后发展设想。

7．农业生产状况

全国或各个地区农业生产基本状况，主要农业部门的地域分布，主要农畜产品产量、自给状况与商品率。各地区的农业部门构成，比例协调关系，农业机械化与水利水平存在的主要问题。主要农牧业基地、地域范围、生产条件、单产、总产、商品率、可调出总量、销售范围。农业现状图与农业区划图。

8．交通、通信、信息状况

全国或各个地区交通网状况，各种主要运输形式及其线路，骨干线路，主要交通枢纽与交通中心、交通运输网。对主要运输形式的客货流分析（侧重货流），客货流流量流向、主要交通枢纽客货流吸引范围、客货流预测。客流图、货流图、客货流区划。对主要交通枢纽的剖析，吞吐能力、吸引范围、主要吞吐物资种类与数量、发展预测。

各个地区的通信信息状况与通信信息网络。信息产业、信息网站、邮政通信服务种类、范围、发展趋势。

9．第三产业

全国或各个地区的商业贸易状况，国内商品零销总额，主要商业中心、商品调拨系统与商业区划，进出口额，进出口主要物资与数量，贸易对象国、外贸出口重点企业与出口基地。

各个地区的科技文教状况，高校与科研机构的分布，主要科技优势，科研与生产的结合程度，现代第三产业（如物流业、电子商务等）的发展状况。

各个地区的旅游资源及其开发程度，旅游业与旅游网点。

10．城市与城市地域系统

全国或各个地区的城市分布状况，城市人口比例与城市化水平，城市规模等级系统与城市地域组合状况。各级城市的地域吸引范围，可从行政隶属管辖范围、商品调拨流通系统、客货流吸引范围、生产专业化与协作及经济网络等方面进行考虑。城市对周围地域的作用与联系程度。

11．行政区划网状况

行政区划的历史变动情况，现今的行政区划网，民族区域自治状况，行政区划网存在的主要问题，等等。

需要着重强调的是，野外工作与实地考察非常重要，是室内工作与计算机网络查询所不能替代的。经济地理工作者应该发挥学科优势，在区域

分析过程中，坚持室内工作与室外调查相结合的工作路线。

四、关于确定区域专门化部门与综合发展方向问题

（一）主要专门化部门的选择与确定

在进行了大量基础工作之后，选择和确定区域的专门化部门成了经济区划的核心问题。专业化部门选择得合适，就可以用最小的消耗取得最大的经济效益，以较少的投入获取较大的产出。一个大国如何在全国一盘棋的思想指导下，充分利用各个地区自然、社会、经济条件的差异，发挥地区优势，正确选择地区的主要专门化部门，这不只是一个重要的理论问题，也是一个很有实践意义的重大课题。

根据已有的经济区划实践，确定地区专门化部门需要解决两个问题：一是如何确定地区专门化的经济指标；二是如何检验地区专门化的经济效果。

确定地区专门化部门的经济指标，主要有以下三种描述性的定量方法：

1．按输出指标确定专门化部门

设 F 表示 A 类产品的调出量、G 表示调出量的价值、D 为 A 类产品的生产量，T 为全国（或上级区）A 类产品的总调拨量，E 为全地区调出产品总价值。则有

A类产品的商品率　　　　　　　　　　$s_A = F/D \times 100\%$

A类产品占全国（上级区）调拨总量比例　　$d_A = F/T \times 100\%$

A类产品输出总额占地区输出总额比例　　$e_A = G/E \times 100\%$

这三个指标中，s_A 越大，表明该地区A类产品生产的商品率越高；d_A 越大，表明该地区的A类产品在全国的地位越高；e_A 越大，表明A类产品在地区商品经济中的作用越大。但具体达到什么值才具有专门化意义，则需借助于其他指标，特别是通过地区之间的对比之后，才能得出结论。由于 s_A，d_A 和 e_A 均是从某一侧面反映A类产品的专门化程度的，为了避免片面性，有时也把这三者综合起来，即综合商品率（h_A）为

$$h_A = \sqrt[3]{s_A \times d_A \times e_A}$$

应尽可能全面地从调出角度反映出A类产品的专门化程度。

2．按生产指标确定专门化部门

主要是根据某部门产值的相对大小来说明这个部门的专门化程度。设B，B_0分别表示该地区A类产品的产值和上级区（或全国）A类产品的产值；H，H_0分别表示地区的总产值及上级区（或全国）的总产值；P，P_0表示地区人口和上级区（或全国）人口，则有以下两种相对专业化程度的指标（集中系数）：

（1）相对于总产值比重的指标$L_1 = \dfrac{B}{B_0} \Big/ \dfrac{H}{H_0}$

（2）相对于人口比重的指标$L_2 = \dfrac{B}{B_0} \Big/ \dfrac{P}{P_0}$

显然，当L_1与L_2小于等于1时，该地区A类产品的生产没有专门化意义，因为它尚未达到上级区（或全国）的平均水平。

3．按就业人口确定专门化部门

设L，L_0分别表示研究地区A部门的就业人数和上级区（或全国）的A部门就业人数；Q，Q_0分别表示研究地区的总就业人数及上级区（或全国）的总就业人数，则有区位商（L_Q），即

$$L_Q = \frac{L}{Q} \Big/ \frac{L_0}{Q_0} \text{ 或 } \frac{L}{L_0} \Big/ \frac{Q}{Q_0}$$

当$L_Q \leqslant 1$时，表明该区在A部门集中的职工比例小于或等于全国的水平，因而构不成区域的主要专门化部门。当$L_Q > 1$时，表明研究地区A部门的就业比重高于全国的平均水平，因而有可能是专门化部门。但究竟是不是主要专门化部门，或这个专门化部门的专门化程度有多大，则还要考察L_Q的具体数值和A部门总产值的相对大小（见本书第七章第一节）。显然，L_Q越大，专门化程度越高。

上述三种方法计算出来的指标，从不同角度客观地反映了地区经济现状中不同部门的专业化程度。这些指标数值越大，说明其对应的部门专业化程度越高。但要明确地说明哪些部门是具有较大意义的专门化部门，或

哪些部门的专业化水平,则要通过与上级区、其他同级区及区内其他部门的产值效益相比较才能得知。而且这样计算推得的专业化部门,是当前客观存在的。这些部门在地区经济中的前景与当地资源条件结合的好坏,以及在全国乃至世界未来发展中的地位等,则不是用这些简单的指标或指标体系所能回答的。因此,应注意定性分析与定量分析的结合,注意现实存在的专门化部门和未来可能出现的专门化部门之间的区别与联系。

确定地域专门化部门的经济效果,也是一个较为复杂的问题,一般说来,应从几个方面加以考虑,如生产地的产品成本;运达消费地过程中的运输耗费;投资的经济效益;全部劳动资源的有效利用比率;等等。总之,既要保证最大限度地节约活劳动和物化劳动,又能及时有效地解决国民经济中提出的问题。

原苏联经济学家普罗勃斯特强调,检验区域专门化经济效果要同产业合理的运距结合起来,若利用本区自然资源远比利用其他地区资源更能取得较大的劳动生产率。所以,应尽量利用区内的劳动力资源,发挥有利的位置与交通条件作用,利用已有的经济基础和区域专门化与协作条件,以减少过远的运输。

(二)关于区域综合发展的问题

区域综合发展是指在确定地域专门化的基础上,处理好区内各部门的协调关系。区内各部门之间应具有合理有效的经济技术联系与比例关系,以便最大限度地发挥专门化部门的作用,又能有效地依靠区内资源,满足当地居民的需要。

区域综合发展主要是要解决专门化部门(带动产业、主导产业)与辅助性部门(基础产业)和自给性(服务性)产业之间的关系。前两项有的称为基本活动部门,后者称之为服务性活动部门。专门化部门是地区经济发展的基础和动力,地区水平与地位的提高,主要依靠专门化部门。辅助性部门是地区经济的重要组成部分,它直接影响专门化部门的发展。辅助性部门不齐备,就会导致能源、原材料、半成品和成品的过远运输,从而增加产品的生产成本。能源、原材料、建材基地和基础设施的建设，对保证专门化部门的发展有着重要意义。每个经济区都应尽量发展为满足地方需要的食品、轻工工业和第三产业部门，以满足区内人民生活的需要。

研究一个地区综合发展问题，需要研究产业的关联度以及主导产业的前向、后向、侧向的关联带动作用，探讨区内各部门的相互关联程度。区域综合发展不只要求区内各部门形成有机整体，同时也应有利于区域生态环境的改善。

五、关于经济区界线的确定

关于经济区是否有明确界线问题，在学术界有不同看法。有些经济学家只承认经济网络，认为经济区没有明确界线；而多数地理学家认为经济区是客观存在的，并有明确界线。但是经济区之间都是逐渐过渡的，界线往往比较模糊，只能大致确定下来。

确定经济区界线的方法有很多，过去常用的方法是叠置法，即将自然区划图、行政区划图、农业区划图、工业区划图等叠置在一起，得出一定的网络，然后选择其中重叠最多或界线密度最大的地带作为经济区划的界线（经济区之间的分界线）。这种方法简便灵活，实用性强。但要确保科学合理，其农业区划、工业区划等必须以系统的统计（或实验）数据为依据，并采用定性分析与定量分析相结合的方法。比如，农业区划实质是对均质区的划分，可用聚类（统计聚类、灰色聚类、模糊聚类）分析、判别分析等方法，先进行类型的划分，然后依据经济区之间的地域共轭关系（不重复、不遗漏、同区连片），将分类结果归并成分区结果。工业区划主要是以产业结构为基础，以生产过程中的联系（工艺协作和动力循环）为依据，对工业生产地域进行划分，可用的定量方法有部门间的投入–产出分析和地区间的投入–产出分析等。

经济区是以城市为中心的经济地域。从这个角度看，经济区之间的界线划分，也是对相邻的同级城市的作用范围的确定（确定相邻城市作用均衡点的位置）。可根据空间相互作用原理逐级确定各城市的作用范围，然后综合考虑各城市的上属或下辖问题，从而实现对经济区的划分。

确定城市作用范围的方法基本上可以分成两种类型。其一是从城市本身作用强度出发，设i和j是两个相邻的同级城市，则处于二者之间的k地点若属于i城的作用范围，则有$S_{ik}>S_{jk}$（其中S_{ik}，S_{jk}分别表示i城、j城对k地的作用强度）。若k地是在i城与j城作用的分界线上，则有$S_{ik}>S_{jk}$。如果能够适当地定义城市的作用强度，则分界线是不难求得的。

一般说来，一个城市对某一地点的作用强度与这个城市的人口（P）、工业产值（V）、货物周转总量（C）及这个城市距研究地点的距离等有关。可以定义i城市对k地点的作用强度，即

$$S_{ik} = f \cdot \frac{\sqrt[3]{P_i V_i C_i}}{d_{ik}^{-b}}$$

式中：f为作用系数，b为距离衰减指数，这两个值要参照i城的性质及i城与k地之间联系的便捷程度等情况确定；P_i，V_i和C_i分别表示i城的人口、工业产值和货物周转总量；d_{ik}为i城与k地之间的距离（直线距离或运输距离）。

如果k地是相邻的同级城市i和j的作用分界点，则在不考虑f，b的差别的情况下，有$S_{ik}=S_{jk}$

或
$$f \cdot \frac{\sqrt[3]{P_i V_i C_i}}{d_{ik}^{-b}} = f \cdot \frac{\sqrt[3]{P_j V_j C_j}}{d_{jk}^{-b}}$$

即
$$\frac{d_{jk}}{d_{ik}} = \left(\frac{P_i V_i C_i}{P_j V_j C_j} \right)^{\frac{1}{3b}}$$

式中只有一个未知数d_{ik}（d_{ij}已知，$d_{ik}=d_{ij}-d_{jk}$），因而d_{ik}可求，进而可确定k地的位置，即求出了i城与j城之间的分界线。

确定城市之间作用范围的另一类方法是考察物质流、能量流、信息流、资金流、技术流、人流的流量、流向及其随时间变化的特点。一般情况下，信息流、技术流、物质流（工业品）等都是从中心城市向周边地区扩散的，而农副产品、原材料等是从周边地区向中心城市汇聚的。这样，

通过考察中心城市各种流的扩散范围和对农副产品等的吸引范围，也能大致地确定出相邻同级城市对应的经济区之间的界线。

随着区划理论的逐步完善和电子计算机的大量引入，经济区划的方法也在不断发展。现代的经济区划大多采用多方法的结合，特别强调定性分析与定量分析相结合。

第十二章　城市地域系统①

第一节　城市地域系统研究的基本理论范畴

一、城市地域的概念及其基本特征

城市地域是指一定地区内相互之间形成较为密切的经济联系并具有特定结构和功能的城市、城市（镇）群及其职能区域共同组成的一种经济地域。不同地区城市地域受劳动地域分工规律制约，表现出不同的特点、结构和类型。

与经济地带、经济区等相比较，城市地域大都具有较小的空间范围，但却高度集中地反映了不同地区人类经济活动的内容和特点。从大的地域范围看，其自身运动和功能的发挥主要靠点（城市）与点和点与面（区域）的相互作用来完成。如果说经济地带、经济区研究是一种宏观地域研究的话，那么城市地域则可以更多地看作是一种中观地域尺度的研究。

城市地域系统具有以下几个基本特征：

① 本章为笔者所著、1991 年中国科学技术出版社出版的《区域经济地理学原理》中的一章，由王力撰写。这次在原书基础上经过了改写与补充。

1．城市地域是区域的高度集中地区

作为单一的城市，其自身最大特点就是人口和多种人类活动在此高度集中。在经济活动方面，主要为工业、交通运输业、商业、建筑业、金融业、科技、文化和信息等产业的集中地。而从城市地域角度看，则城郊农业也包括在内。这样，城市地域就集中体现了全部人类经济活动的表现形式和时间发展特征。所以说，城市地域构成经济地域的基本骨架与核心。正是由于这一点，人们往往通过分析城市地域的各种特点和发展水平来揭示某些地区的经济发展特点和水平。某些地区城市地域发展较好，则这一地区经济也一定较为发达。世界许多经济发达国家和地区及我国东部沿海地区发展的实践早已充分证明了这一点。正因如此，在区域经济地理分析中，地区城市化水平（程度）及城市密度等指标，经常被用作衡量区域发达程度的指标。

2．受不同区域条件影响，城市地域可以具有不同的结构和类型

城市结构是指在城市地域内组成要素之间的组合方式和程度；类型则是根据不同结构对城市的概要区分。结构反映了城市地域的各种组合特点，不同结构特征的城市地域对外发挥着不同的功能作用，同时根据不同的结构，城市地域亦可分成不同的类型。例如，从职能结构看，可分成首位城市型和等级规模型等。不论何种结构或何种类型的城市地域，都是地区发展条件的根本写照。例如，经济发展条件较好的地区，城市化开始较早，则城市结构和类型往往表现出高水平类型。因此，根据不同地区条件，分析其对城市地域结构和类型的影响，是城市地域研究的一个基本方面。

3．城市地域经济活动形成网络

城市地域是地区经济中心，其作用的发挥是通过各种连接城市与城市及城市与区域的网络来实现的，如交通网络、通信（信息）网络、商品流动（批发、零售）网络和资金流动网络等。这些网络通过城市（结节点）联结起来，对内保证区域经济的正常运转，对外促进区域经济与外区的交

流。因此，城市地域间的联系程度及其网络通畅与否，也是衡量地区经济发展状况的一个重要方面。

正是由于城市地域系统的这些基本特征，决定了其在促进区域发展方面极其重要的作用。因此，区域经济地理研究必须要研究城市地域。

二、城市地域的作用

作为区域发展的核心地域，城市地域在促进地区发展方面主要发挥着经济、政治和文化中心的作用。就其经济功能来说，传统上一直认为具有生产中心和流通中心两大方面的作用。近来，人们还认识到城市地域具有明显的区域经济的中观调控作用，并对大经济区和经济地域形成和发展起着重要的促进作用。

1．作为生产中心，城市地域是区域经济增长的基本框架

区域经济增长主要表现为物质性生产的不断扩大及其经济价值的充分实现。在这方面，城市地域主要发挥以下几方面的作用。首先，城市地域通过提供多方面的集聚效益和规模经济，来保证和促进第二、第三产业在城市的集中发展，特别是工业的发展，从而形成区域经济发展的"骨架"。其次，受人口高度集中特性所决定，城市地域往往又作为区内外各种产品的主要消费市场，来实现生产所创造的价值，满足人们的消费需求。最后，作为科技教育中心，城市地域为区域经济发展积蓄潜能。所以，自工业革命以来，城市一直成为各种经济增长的策源地。

2．作为流通中心，城市地域推动区域经济的整体形成和动态运行

首先，城市地域通过各自的职能、规模和空间结构，将各种经济功能由高到低或由低到高逐级传递，组织并完成各种经济地域内部及其与外界"能量流"的循环和交换。其次，作为交通、金融、商业、信息中心，城市地域通过各种流通网络（道路和交通体系、通信路线及邮政体系、银行体系、商品批发体系）等，促使并保证地区经济的整体运行。正因为如此，往往城市地域发展较好的地区，区内经济空间差异相对较小。而城市

地域不太发达地区，则区内差异较大。

3．作为生产和流通中心，城市地域还可以协调区域宏观经济的运行，发挥地区经济发展的中观调控作用

这主要表现在城市地域为宏观经济和微观经济的运行提供了交融的场所。一方面，区域宏观经济决策在这里制定（最高级城市决策层），并逐级传播直至最低层基本经济单位（工厂、企业等）的实施；另一方面，微观经济活动单位（个人、团体、企业等）也在这里集中，并随城市分布而在全区依次铺开，构成地区经济宏观整体。作为一种中观地域，首先，地区产业结构的宏观调整必须通过各城市部门（职能）结构调整来实现，而这又只能进一步通过各级城市企业生产方向的调整来实现。其次，地区宏观经济政策的实现和微观经济效益的"集中"亦需要有良好的城镇等级结构及相应组织机构与之配套，从而使得高级中心城市的政治、行政职能可以较好地扩散到全地区，同时亦可有效地将各种基层组织收益逐级集中，形成全区宏观效益。最后，地区经济布局的宏观战略必须通过不同城市（镇）布局调整来实现，而很大程度上又靠调整城市企业布局来实现。因此，从这几方面看，通过城市地域的结构调整，实际上可以实现对地区宏观和微观经济的中观调控，从而有助于加强区内与区外联系和交流，发挥地区经济发展的整体效益。这对于我国社会主义市场经济条件下地区经济运行更具有重要意义。

三、城市地域系统形成发展的条件及空间过程

1．城市地域形成发展的条件

城市地域是在单一城市发展基础上形成的，因此，所有影响城市发展的各种条件也都制约着城市地域的发展。从城市发展历史过程看，其影响因素可以概括地分为社会经济和自然两大方面。

从社会经济因素来看，首先，经济发展水平决定城市化的产生和发展速度。早期城市的产生需要满足两个条件：一是农业剩余产品的出现，二是农村剩余劳动力的产生。这两点只有生产力水平发展到一定阶段才能实现。早期城市都产生于农业发达地区的历史事实已充分证明了这一点。城市产生后其发展速度快慢也很大程度受经济发展水平的制约。几次大的科技革命，每次都推动生产力的提高，导致经济的大发展，从而促进了城市的发展，尤其是20世纪50年代以来，这一现象更加明显。目前从世界范围来看，多数发达国家城市化水平高，而发展中国家城市化水平较低。从国家来看也存在着城市化水平与地区经济水平成正比的关系。这些都表明了经济发展水平对城市发展的重要制约性。其次，交通条件是城市发展的必要保证，不论是早期还是现代，任何交通方便的地方都会出现城市，因为城市的存在和发展需要依赖与周围城市和地区之间人员和物质的交流。而这种交流没有交通条件作保证是不行的。交通条件好的地方，往往城市发展较快，交通条件不好的地方城市发展较慢，而且发展起来的城市甚至会衰亡。我国西南内陆省份许多城市发展现状及古"丝绸之路"沿线一些城市的兴衰，都很好地说明了这一点。面对今后越来越明显的全球性地区经济一体化的趋势，交通运输在促进城市地域及区域发展方面的地位将会更加重要。最后，一定条件下的政治和文化因素也可对城市的形成和发展产生极大影响。城市形成和发展并不完全受经济条件制约。特定条件下的政治、文化或其他因素也能促进城市的发展。例如，一些国家的首都（如堪培拉、华盛顿等）只是作为政治和文化中心而得到发展，并不具有多大外向经济功能；有些城市是作为宗教、旅游、文化中心得以发展（如我国的拉萨、敦煌，沙特的麦加等）；有些城市的发展则更大地依赖于政策或其他目的（如我国的深圳、珠海，日本的筑波科学城等）。总之，社会经济因素对城市形成和发展有着很大的影响。但一般情况下，经济发展水平是决定性的因素。

从自然因素考虑，各种自然地理条件，如地形、气候、水和矿产资源等都能对城市形成和发展产生不同程度的影响。平原地区便于农业、工业和交通运输业发展，人口较稠密，有利于城市发展；气候过冷或过热的地区都不利于人类活动和居住，因此城市较少；有便利水运条件或充足淡水资源的地方，不论是古代还是现代，都是城市（特别是工业城市）发展的理想区位；具有一定规模矿产资源的地区，往往促成一些以采掘和加工工业为主的城市在此发展。所有这些都表明，诸多自然要素对城市形成和发展共同提供了一种自然基础，从而对城市形成和发展的场所（位置）、范围、主要职能类型和作用程度等各方面都产生相应的影响。由于不同地区、不同时间、不同要素组合形成的影响程度是不同的，因此，在对城市地域发展条件和机制进行分析时，必须结合实际情况具体分析。

2．城市地域形成的空间过程

城市地域形成主要表现为两种形式的空间扩散过程：一是城市的自身扩展，也可以称为郊区城市化过程；二是城市的地域扩散。城市自身扩展主要有两种表现形式：一种是内衰外扩型，即中心区发展达到饱和以至于出现各种弊病（环境污染、交通住房拥挤等问题），于是市中心各种企事业单位及高薪阶层居民纷纷迁往郊区，形成新的企业、商业和生活居住区，而市中心区则逐渐变得萧条并为外来移民和贫困阶层的人占据。这一过程的不断重复，导致城区面积不断扩大，而原市中心区则日趋衰落。这种形式的自身扩展主要表现在许多发达国家的大中城市里，国外学者将其称为大的"空心化"现象。另一种为内盛外扩型（大都在发展中国家），即大量农村人口向内集中，使中心区日益繁华，不断扩大，同时郊区亦向外扩展，最终也导致城区面积的扩大。这种郊区城市化过程若伴随着卫星城的建设，则往往形成一种特定形式的城市群，一般称为大城市地域。

城市自身扩展主要表现为城市地域景观的扩大。而城市的地域扩散则更多的是城市各种职能作用在较大地域范围的扩大和传播。这种扩大不仅增强了中心城市从周围地区获得工业原料和农产品的能力，而且通过向周围地区提供多种物资和服务，也加强了对周围地区的控制和影响。城市地域扩散也有两种主要形式，一是相邻扩散，二是等级扩散。前者指一个城市的影响或者说职能作用通过其相邻城市和地区逐渐渗透性地向四周区域扩散，因此也有人称之为辐射扩散；后者指一个城市的影响，特别是一些大城市的影响，往往先向同等规模或次级城市传播，然后再依次向中小城市传播，直至整个地区。

城市地域扩散较之城市自身扩散在实际中不易掌握和测定，因为并不具有明显的空间界线变化和表现，但这种地域扩散的意义却较大，其结果是加强了一定地区各级城市之间及城市与区域之间的联系，从而形成特定结构的城市地域。用系统科学的观点看，这是一个系统的有序过程，是城市地域系统不断完善和高级化的表现。

第二节　城市地域系统的内涵及其形成发展特点

一、城市地域系统的内涵

城市地域系统是指在经济地域巨系统中，在工业化和城市化推动下，所形成的规模不等、职能各异、结构复杂、相互联系、互为制约的城镇有机整体。

这一定义的基本内涵是：

（1）城市地域系统是经济地域巨系统中，日益引起人们关注的重要的经济地域子系统，其原因就在于城市化的迅猛发展日益成为当代社会经济生活的重要现象。

（2）城市地域系统是由城市地域分化组合而形成的世界范围的城镇地域体系，大到跨国的城市地带，小到一个地区的城镇组合。

（3）城市地域系统是结构、功能、类型完备的、地域各异、紧密相连的地域有机体，始终处在不断发展变化与分化组合的过程之中。

（4）城市地域系统是经济地带系统和经济区系统的基本骨架与核心，即后两个大系统的主要经济内容均集中在城市地域系统之内。

二、城市地域系统的发展过程

城市地域系统的形成与发展与生产力的发展、商品经济的日趋活跃和地域分工的不断深化与地域运动的不断加速紧密相连，而工业化与城市化则是促使现代城市地域系统形成的原因。

城市本身形成的历史很早，最先出现的城市距今已有四五千年，但是，作为城市地域系统，其形成得很晚，产业革命以后是其形成发展的快速阶段。

在前资本主义的农业社会，包括奴隶社会与封建社会，商品经济不发达，城市虽早已出现，但分布得十分分散。城市主要是政治与商业职能，行政隶属关系明显，商业与集散职能十分清楚。城镇形成小地方市场之网，主要体现低层次的城镇体系关系，严格说来，还没有形成城市地域系统。

产业革命是现代城市形成发展的直接动因。由于开始了工业化，进而才推动了城市化，使以现代工业为主要内容的城市如雨后春笋般地发展起来。由于诸城市等级规模不等，尤其是工业地域分工的内容不同，以及其他职能分工的差异，以紧密经济联系为主要特色的城市地域系统开始迅速形成并发展起来。

最早形成的城市地域有两种地域组织形式：一是低水平的区域城镇体系，以分散的中小城镇为主，没有明显的中心城市，其产业以农产品加工与商业服务业为主，城镇体系主要反映在行政的隶属关系上，这类体系层次低、经济发展缓慢，产业与城镇发展仍然处于均质阶段。二是开始形成明显的区域中心，加工业与第三产业向中心城市集聚的作用明显加强。在区域中心已形成几组主要产业，第三产业已有一定规模。通过行政隶属关

系与经济的集聚作用，区域中心仍处在发展阶段，区域中心对外围城镇的
经济带动作用不明显。我国多数地区级的城镇体系属于这种类型。

　　进而，是城市地域的集聚-扩散阶段。这一时期，一些中心城市已发
展到相当规模，产业已有相当基础，主导产业有很大发展，产业间的联系
不断加强，产业在进一步集聚的同时，开始向外扩散，区域的二元结构状
况开始变化，城市群开始出现。例如，吉林省的长春市与吉林市均属于这
一阶段，二市均为百万人口以上的特大城市，汽车、化工成为各自的主导
产业，二市仍处于以集聚为主的发展阶段，距网络化的城市群的形成还有
一个阶段。

　　网络化城市群发展阶段。在一个区域里已形成一个或几个特大城市，
还形成了大中小城市相配套的城市体系。区内已形成航空、铁路、高速公
路、公路、通信和信息等密集的网络系统，各城市之间已形成密切的生
产、生活联系，从而形成了以网络化为特色的城市群。例如，美国东北部
的"波士华"地带，俄罗斯的莫斯科城市群等，我国的辽中、京津唐、沪
杭甬和珠江三角洲等城市群，都处于形成发展的过程中。

　　城市地带形成发展阶段。城市地带是城市地域系统发展的最高地域组
织形式，是在工业化和城市化已发展到很高水平的地域，在诸多中心城市
与城市群的基础上，以主要航线、主要铁路、公路（主要为高速公路）为
轴带，而形成的城市连绵带，如北美东海岸的城市带，日本太平洋沿岸城
市带等。我国由于经济发展水平还不高，目前还没有形成城市带。

　　通过上述对城市地域系统形成发展过程的简要回顾，可以看到：

　　（1）城市地域系统是一个多层面的地域体系，最基层的是城镇地域
（或称城镇区组），进而为城市地域（或称城市区组）、城市群和城市
地带。

　　（2）城市地域系统的四种主要地域组织形式，依次反映工业化与城
市化发展水平的高低。城镇区组反映区域经济仍处于工业化初始阶段；城
市区组是工业化与城市化处于初期与中期的产物；城市群只有在区域经济

发展到工业化与城市化中期，乃至中后期才能形成；城市地带则是工业化后期的产物。

（3）四种主要地域组织形式最初都是由城镇区组逐渐发展、分化组合而向前发展的。在工业化和城市化的推动下，城镇区组将会发展为城市区组；进而由几个城市区组分化组合而形成城市群；城市地带则是由诸多城市群与城市区组分化组合而成的，成为城市地域系统的高级地域组织形式。

（4）由于受区位条件与地理环境的影响，不可能所有经济地域的城市都成为城市群或城市地带，有的仍然是城市区组，个别少数的仍为分散的城市。

三、形成发展机制

生产力的发展、工业化与城市化是城市地域系统形成发展的总动力，其具体机制与原因有以下几个方面：

1. 地域分工与地域运动规律的作用

产业革命以后，由于工业部门大分工的带动，以不同工业部门为代表的现代城市迅速发展起来。分工的深化必然带动诸产业要素的地域流动和城市之间经济联系的加强。在区域中心和大城市的作用下，城市不断地形成发展、分化组合，形成不同类型的城市地域体系。总之，以工业为基础的产业地域分工是形成城市地域系统的内在机制。

2. 位置、交通、信息条件的作用

能量交换是构成为系统的前提。而城市地域系统的形成也是以物质交换为前提的，通过物流、人流、能源流、资金流、信息流、科技流和文化流等，把城市与城市联系起来，构成为城市地域系统。实现这种流动与联系的载体则是交通、通信信息网络。交通、通信信息网络的发展程度与城市地域系统的发展水平呈正相关。城市群与城市地带都是以发达的网络系统为基础的。交通、信息网络建设是城市地域系统不断完善与发展的前提。

位置在城市地域系统形成发展过程中发挥着重要作用，如临近主要航线，主要干线的临海、临江等区位，成为城市地带形成发展的有利条件，而平原居中的位置则对城市群的发展十分有利。

3．自然条件与自然资源的作用

自然条件、自然资源对城市地域系统的职能、结构和类型特色有重要影响。大的矿田、矿带有利于形成独具特色的工矿型城镇体系或工矿型的城市群。平原农牧区有助于形成均质的初级城镇体系，沙漠地带往往形成环状的城镇分布，等等。

4．社会经济因素的作用

社会经济因素对城市地域体系的作用主要有下述几个方面：

一是社会历史因素影响各国的城市发展道路，进而影响其系统的结构和类型。例如，德国在历史上形成360个邦，因此缺少大城市和特大城市。

二是长时期首都、首府的作用。在工业化与城市化进程中，首都、首府有助于城市群的形成与发展。各主要国家长时期形成的首都及其周围地区多已发展成为城市群，有的已成为城市地带的一部分。

三是行政区划系统对城市地域系统的影响。在我国，省级行政区和地区级行政区对城市地域系统影响较为明显。多数城市群是在省域内形成的，多数地区级地域仍停留在均质的低层次的城镇体系状态中。

第三节　城市地域系统的结构与类型

从城市地域的组成及功能发挥情况来看，城市地域结构主要有三种表现形式，即职能结构、规模（等级）结构和空间结构。每种结构的制约因素和对城市地域发挥外向功能的影响都有所不同，据此又可以将不同结构特点的城市地域分成若干类型。了解一定地区城市系统的结构及类型，对该地区经济活动的主要内容就可以有较好的把握，因此，在城市和区域经济地理研究中，城市地域结构分析一直是一个最基本，也是很重要的研究领域。

一、城市地域系统的职能结构和类型

城市职能是指一个城市在区域发展中所能发挥的主要作用。城市地域系统的职能结构则指一定地域范围内不同城市间主要职能（专门化职能）的组成状况。城市地域的经济职能构成往往可以反映该地区经济部门的结构。研究的目的是要搞清楚各城市的职能构成及其地区职能作用（专门化职能情况），分析城市地域职能作用的整体情况，搞清不同结构对城市地域功能发挥的影响，以便为优化城市地域系统和区域经济结构奠定基础。研究城市地域系统的职能结构，还可以明确一定地区城市群在区域经济发展中不同职能的分化和组合情况，从而可根据地区条件和发展需要，通过合理调节城市地域系统的结构进而调节区域经济结构。

1. 职能结构的确定

确定城市地域系统的职能构成，主要通过单一城市分析来实现。首先要确定单一城市的职能结构，主要有两大类方法：一是直接确定各部门比重，二是划分基本和非基本经济部门。第一类方法具体又可以有三种形式：①通过分析各部门产值占各城市国民生产总值比重确定部门结构，但由于一些非经济性部门的产值不好估算，使此种方法在评估城市总体部门结构构成方面受到一定限制。②通过计算各部门就业人员占全部就业人员比重来分析城市职能构成。这种方式对各部门组成情况均能较准确地反映，是目前国际上较流行的一种分析方法。③通过实际调查各城市各种职能的机构数来加以统计分析。这主要是借助城市地理研究中门槛理论开展的。将城市各种职能机构数列成表，不仅可以清楚地看出各城市职能组成上的差异，而且还可以据此对城市的对外影响情况等构成状况进行深入分析。这也是国外区域和城市分析中运用较多的一种方法。在我国，因缺乏有关的统计资料，此种分析开展得还很少。第二类方法建立在城市具有对内对外两种基本影响的理论基础上，将城市主要发挥对外影响的部门称为基本经济部门，对内服务的部门称为非基本经济部门。从城市地域研究的角度讲，这种分析方法较为有效，因为它可以明确地表明各城市外向型作用的类型和性质及其程度，从而为区域整体规划提供较好的依据。但困难的是，由于现行统计部门统计口径不配套，有关部门内外影响和服务程度的资料不易搞准，加上此种分析方法本身也存在一定技术问题（如一个企业产品一部分内销，一部分外销，如何确定其性质等这类问题），因此这种方法的运用也受到一定限制。但在许多国外研究中此种分析还是时常见到。而且在国内也已有人开始运用此类方法开展实际研究。

确定单一城市职能结构，只是明确了每个城市基本职能构成。要了解城市地域系统的职能结构，还必须清楚每个城市在区域内所发挥的主要作用，因此要确定每个城市的地区专门化部门。在这方面应用比较多的是区位商方法。区位商是衡量一定区域内某一部门对该区以外地区影响程度的一个数量指标。其计算公式为

$$L_Q = \frac{A_i}{B_i} / \frac{A_r}{B_r}$$

式中：L_Q为区位商；A_i为i城A部门就业人数（或产值）；B_i为i城各部门全部就业人数（或国民生产总值）；A_r为地区所有城市A部门就业人数（或产值）；B_r为地区所有城市所有部门就业总人数（或国民生产总值）。

一般的，当某城某部门区位商大于1时，表明该部门在该市影响高于

全地区水平，往往都为产品输出部门，也即是专门化部门。L_q值越大，专门化程度越高。当区位商等于或小于1时，表明该部门影响未超过全区平均水平。

2．职能相互联系分析

研究城市地域职能相互联系程度有助于搞清区域经济发展的内在机制，从而把握区域经济运行的规律和城市地域发挥整体作用的程度。因此，城市职能相互联系研究，是职能结构研究中一个很重要的问题。城市之间职能相互联系主要表现在职能互补和单向依存两个方面。职能互补是指每两个城市之间主要专门化部门产品互为对方所需形成互利关系。职能单向依存则指若干城市间主要专门化部门产品形成单向依存补充关系，而非双向互补。搞清这两方面的关系，对于城市机制分析和整体功能的把握是十分重要的。但在现实中两种关系往往同时存在，难以分项区分。如辽中城市群体中几个城市之间就形成了较密切的联系。20世纪70年代以前抚顺市每年供给鞍山、本溪钢铁工业180万吨焦煤及两市所需的绝大部分成品油和燃料油，鞍山、抚顺则提供沈阳所需的大部分钢材，沈阳每年将40万吨的废钢铁返回鞍山、抚顺，并提供给其他几个大城市大量的采矿和冶炼设备。这里如要详细研究，就需要具体区分哪些属于互补关系，哪些属于单向依存关系，以便进一步明确各市间主要影响因素及其作用。但作为一般性研究，则可不必究其具体的细微差别，而只考察其总体效果。辽中地区城市之间的密切联系，其总的效果是使地区各城市之间相互补充结合，形成一种较强的整体作用。职能相互作用分析的主要目的之一，就是要搞清促成这种城市地域系统整体作用的职能联系状况及程度，从而把握城市地域系统运动发展的主要机制。

然而，目前这方面的分析恰恰也是城市和经济地理研究中较困难的问题之一，其原因主要在于缺乏较好地反映城市地域相互联系现状及程度的实用性指标和真实资料。区际投入-产出技术未能很好地推广应用即很好地说明了这个问题。区际投入-产出分析是目前国内外公认的在这方面分析中较为理想的方法。它是在单一城市部门投入-产出分析基础上的一种综合分析。其主要是按照投入-产出技术的原理，将几个城市投入-产出表汇成一体，并扩大其产品输出部分内容，详细表明某市某部门产品输出或来自某市某部门的数量，从而可以得出一个区域内各城市间相互联系状况及其程度的总体印象。这种方法虽然较为理想，但必须建立在大量准确的资料基础上。然而由于目前各国现行统计体系中均缺乏符合这一口径的资料，因此这种方法的真正实证研究所见不多。而目前实际应用的一些分析方法主要是对两城市间某一部门或产品联系的单要素分析，因而整体性显得不够。所以，就目前情况看，城市地域职能相互联系分析还仍然是职能结构研究中一个相对薄弱的环节。

3．城市地域的职能结构类型

不同结构的城市地域其外部功能作用亦不同。根据城市地域职能的组合情况，可以将其大致地分成三类。一类属于职能集中型，一类属于职能分散型，一类属于两者混合型。

职能集中型是指各种城市职能较为集中地体现在一定地区内某个或某几个主要城市中，从而形成以这个或这几个大城市为主体的城市地域，而这些城市同时也就形成区域经济发展的绝对极核（中心）。这种类型的城市地域目前较为普遍。如我国的长江三角洲城市群，京津唐城市群，武汉、重庆大城市地域等都属于这种类型。由于这种类型城市地域的极核（中心）城市往往综合功能较强，尤其在交通不便或较为落后地区，发展这种城市地域将有助于较快地带动地区经济的成长。但同时，如果这类城市地域发展规划和管理不力，也容易造成极核中心城市过度膨胀，或者因相邻大城市相互间经济互补关系弱，部门结构类似，发展方向相同，而造成不合理竞争和相互牵制等不利的局面。

职能分散型城市地域是指不同的城市职能分散于城市地域中不同的城市，从而使一定地区范围内形成几个不同的职能中心，并通过彼此间的有机联系和协调，发挥区域中心的整体带动作用。这种类型较典型的例子是荷兰兰斯塔德区城市群。兰斯塔德为环状城市带，是荷兰城市最集中的地区，仅占国土面积的5%，却集中了全国1/3的人口。在这一城市地域中，阿姆斯特丹是全国商业、金融和社会文化中心，为一综合性大城市；鹿特丹是国内也是世界最大海港城市和货物集散转运中心；海牙为中央政府及各国使馆、国际会议、国际法庭所在地，发挥着重要的国际、国内政治中心的作用；乌德勒支为省会及王室家族居住地，是宗教和文化中心。其他一些中小城市也各具不同专门化职能，如欧洲港为石化中心，德尔夫特和莱登则是两座古老文化城市和大学中心，等等。形成这样一种职能结构，有助于控制大城市和特大城市规模过度膨胀，避免相应的大城市问题，同时有助于各城市相互保持特定的联系，协调一致地带动整个地区发展。但这种类型需要有方便的交通和通信条件作保证。并且，由于各城市规模相对较小，其经济活动往往不易达到最佳规模效益。而且除去在荷兰这种特定环境下，是否也适宜于其他面积广阔的国家和地区，也是值得进一步探讨的问题。

混合型兼有前两种特性。一方面一些大中型的综合城市构成区域城市群的主体，另一方面这些大中城市之间专门化职能上（往往是经济专门化职能）又形成一定的分工协作关系。我国的辽中城市群，德国的鲁尔地区城市群基本属于这种类型。这种类型城市地域兼有前两类城市地域的特点，既可以通过相互联系和职能互补，推动地区经济的整体发展，又可以较好地实现各自的经济效益，并分别带动各自邻近地区的发展。从现实发展情况看，这类城市地域往往都是国家或地区经济发展重心区，或者说重要的工业区。这样往往又使得这类城市地域发展容易造成较大的环境压力，并成为区域内能源、资源、交通、资金占用比重较大的地区。因而，一旦出现问题，将对整个区域经济发展带来较大的影响。

二、城市地域系统的规模结构和类型

城市规模是指城市的大小而言，一般由城市人口及城市区范围两方面指标来表现。由于城市人口是一经常变换的因素，且人口统计数字有定期

普查与核准，因此现在绝大多数情况下都用城市人口反映城市规模。一定地区内大中小不等的城市组合起来，就形成城市地域的规模结构，亦称为等级结构。因受多方面因素影响，不同地区城市规模结构也存在着差别。研究规模的目的就是要搞清一定地区城市地域规模组合情况及其主要制约因素；搞清城市地域规模结构有助于对地区城市化进程和趋势、经济发展水平及城市经济活动效益等问题有更好的认识，并且可以通过建立有关的模型，对区域城市群发展机制予以较好分析，从而为合理控制和协调各城市规模及城市地域系统的发展奠定基础。

1．规模结构研究的两种主要理论

（1）首位城市理论。规模结构分析最早起源于西方学者的研究。早在1939年杰弗逊（Mark Jefferson）就提出了首位城市的概念。他认为在城市规模组合方面，一定区域内总会有一个突出的最大城市（一般为首府城市）来反映（代表）该区经济、社会、文化的总体面貌。这个城市在规模上往往比其他城市大出许多，并且在对区内影响和区外联系方面有着不可代替的地位和作用。他认为这是一种普遍的现象，并将之称为首位城市法则。

（2）等级规模理论。后来，另一位学者济夫（G.F.Zipf）在首位城市理论基础上又进一步发展创立了城市规模结构研究的等级规模理论。他指出：一定地区城市规模分布存在一种规模等级的变化规律，即高等级城市和低等级城市在规模上按一定数量关系依次递减，用公式表示为

$$P_r = P_1/r$$

式中：P_r为r级城市人口；P_1为最高级城市人口；r为城市等级数。按此，如果一个地区最高等级城市（首位城市）规模为200万人口，二级城市为100万人口，三级城市为66.6万人口，四级城市为50万人口，依此类推。济夫将这一规律称为等级规模原则。

从实际情况看，济夫的这一原则显然有些过于简单，因为现实中很少会有城市地域真正完全符合他提出的这一规模组成公式。但有意义的是他首次明确地提出一种分析这一问题的具体思维方式，因此他的工作一直受

到后人的尊重。目前，人们已认识到现实中确实存在城市等级规模分布的现象，但各级城市规模与首位城市的关系却不都是如济夫公式所表明的简单的数量关系，而是每个城市都可能与其他城市不相同。

这两种理论虽然在表现手法上都过于简单，也难免有偏颇之处，但都不同程度地揭示了现实世界城市规模组成上的某些规律，因而不仅为后人的研究开辟了新领域，而且也一直被作为城市地理研究中两个重要的理论看待。

2．规模的确定

确定规模的核心目的是要了解一定地区不同规模城市盈缺情况，这对于组成合理城市地域体系，较好地发挥各级城市带动地区发展的作用是十分重要的。这具体涉及两方面工作：一是确定规模等级；二是分析各等级城市数目的组合情况。

确定城市规模等级目前主要还是一项人为决定的工作，即根据不同地区城市发展情况相应制定各等级城市的规模标准。如我国目前将城市（不包括镇）一般划分为四个等级，即特大城市（200万人以上）、大城市（100万～200万人）、中等城市（20万～100万人）和小城市（20万人以下）。一般来说，规模等级数少，对城市地域规模结构的划分就较为简单粗糙，一些问题往往不易反映出来。如在我国现行划分等级中，如果一个地区几个城市大都为30万～50万人口，另一个地区几个城市大都为50万～90万人口，等级相同，都属于中等城市，但是他们的城市作用及城市化水平都可能有较大的差异。但如果等级划分得过细，又会感觉过于繁杂，且说明不了更多的问题。因一般城市相差20万或30万人，其功能作用上可能相差不是很大的。因此，根据地区实际情况制定相应等级标准也是一种较困难的工作。难就难在到目前还无法确定一个标准来检验某种等级划分是否合理。唯一的根据是等级划分是否较好地反映出地区城市结构有关问题。城市规模等级一经确定，则可根据每个城市人口数将其相应划分到各个等级，并统计出各等级拥有的城市数目。按照中心地理论的思想，理想的等级结构组成可以是每个高一级城市带有相对固定不变的几个低一级城市。如果用K表示每两级城市数的这种固定比例关系的话，一般情况下K=3为最理想。即每高一等级城市带三个低等级城市，依此类推下去形成城市等级体系。但现实中这种K值固定不变的情况是不多见的。往往两两不同等级城市数目上K值的变化是不同的。美国学者诺塞姆（R.M.Northam）对美国城市规模结构的分析（图12-1），就清楚地表明了这一点。

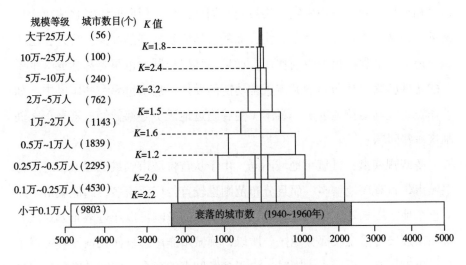

规模等级　城市数目(个)　K值

大于25万人　（56）　K=1.8

10万~25万人　（100）　K=2.4

5万~10万人　（240）　K=3.2

2万~5万人　（762）　K=1.5

1万~2万人　（1143）　K=1.6

0.5万~1万人　（1839）　K=1.2

0.25万~0.5万人　（2295）　K=2.0

0.1万~0.25万人　（4530）　K=2.2

小于0.1万人　（9803）　衰落的城市数　（1940~1960年）

5000　4000　3000　2000　1000　1000　2000　3000　4000　5000

图12-1　美国城市人口金字塔

　　由图12-1可见，美国25万人口以下城市中城市规模结构组成变化呈一上陡下缓的平滑曲线，基本符合等级规模原理。其中各等级城市数之间比例是不同的，K值有升有降，较高等级之间K值差距略大，较低等级之间K值差距较小。虽然整体上城市数目由高等级向低等级呈渐进性递增，但2500~5000人口等级中城市数相对略少。而2万～5万人口等级中城市又显得略多。可见，通过K值变化情况，可以对规模结构组成特点有一较好的了解，如果结合其他因素分析，将有助于研究不同等级城市发展的主要因素及机制问题。

3．规模结构的类型

根据规模结构分析的两个代表理论，目前可将城市规模结构大致分成两类，即首位城市型和等级规模型。

首位城市型：在结构组成上表现为首位大城市人口占全部城市人口比重极大的特征。在现实中则往往是地区内仅有一个大城市或特大城市发挥较强的地区极核作用。这种结构的城市地域在发挥地区作用方面往往可以通过相邻扩散使大城市影响很快波及其周围地区。但同时也会造成离大城市近的地区受影响大、发展较快，而较远地区发展慢的局面。另外，由于整个地区一个强极核的吸引作用，如果不加以控制，也很容易造成这个中心的恶性膨胀，从而影响城市正常功能的发挥。现实世界一些国家中，如菲律宾（大马尼拉地区）、泰国（曼谷附近地区）等都曾经、甚至正在面临这一些问题。

等级规模型：其城市地域不同。由于从首位城市到最低级城市之间各级城市数目有序地增多，而且分布范围也较首位广泛得多，因此城市功能对整个地区影响基本是同效力的。高级中心的影响可以通过散布方式从各级城市逐级传播至大部分地区。所以，其城市作用影响面无疑比首位城市型城市地域要广泛得多。同时，由于多级城市的存在，较容易避免和解决个别等级大城市无限度地膨胀问题。但相对于首位城市型，这种类型城市地域在发挥作用时，主要通过等级扩散形式从高级到低级逐渐传播，从而城市作用过程要相对略长，而且需有较完整和便利的交通、通信及行政网络来保证。

对于两种不同类型城市规模结构的成因，一般认为经济发展水平、历史基础、国土面积、人口数量和地形条件等是主要影响因素，尤其是前两者。美国学者贝利（B.J.Berry）曾通过对世界上几十个国家和地区城市规模结构的分析论证了这一点。根据他及后来一些学者的观点，一般认为在国土面积较小或发展中国家和地区，往往形成首位城市，因为在一个大城市作用足以达到全境的情况下，等级规模型城市体系显然既无必要，也发展不起来。而在面积较大的国家或地区，如果城市地域规模结构是首位城市型，则往往表明这是一个经济不甚发达地区。用增长极理论解释，即基本还处于极核的成长阶段。随着经济的发展，城市化水平的提高，地区城市体系亦得到逐渐完善，最终演变成等级规模型结构。所以在国土面积较大的国家和地区，经济发展水平成为一个重要因素。此外，像中国、印度这样的发展中国家，因国土广阔、发展历史悠久、人口众多，也往往可以形成等级规模型城市地域。

对上述论点，也有人提出一些疑问，认为有些现象是上述论点无法解释的，如认为澳大利亚的城市规模结构，基本倾向于首位城市型。澳大利亚仅墨尔本和悉尼两个200万人口以上城市，接下来是少数几个50万～90万人口城市，其余绝大多数是30万人口以下的小城市；澳大利亚国土平坦、广阔，城市化水平高达80%以上。这些似乎有悖于这两个传统的理论。因此，对不同类型城市地域规模结构的成因问题，还有一些新的情况值得进一步探究。

三、城市地域系统的空间结构和类型

城市地域的空间结构是指一定地区内各城市的空间地理位置状况及其组合形式。研究空间结构的主要目的是要明确城市作用的地区分布状况。具体说来，可以有三方面内容，即区域内城市（点）的组合形态、区内城市间总体联系（相互作用）状况和各城市职能区的分布状况。由于空间结构在很大程度上可以综合反映城市地域的职能和规模（等级）结构，因此，空间结构分析也是一种较综合性的分析。通过这种分析，可以明确一定地区内的经济重心区及其大致影响范围，可以揭示区内小区发展水平的差异及问题所在，可以明确未来发展的优势区位，还可以通过控制投资倾向，调整区内生产力布局，以达到促进全地区整体协调发展的目的。

1. 城市的空间组合

城市空间组合分析主要是明确区域城市群的分布特点。可以从两个

方面入手：一是城市密度，一是城市（点）的空间组合形态。通过计算城市密度，可以反映一定地区城市数量及城市作用的总体情况。密度大的地区，城市作用强，一般其经济发展水平和城市化程度也较高。例如，我国学者对我国各省份城市密度计算表明，我国东部沿海和中部经济发展水平较高的省份，城市密度都很高，平均不到1万平方千米有一座城市。

　　城市（点）的空间组合状况则反映城市在区域内的空间位置特点。一般来讲可以分成三类，即均匀型、集聚型、随机型（图12-2）。均匀型指城市整个地区较匀称地分布，各市间距离大体相当。这种城市分布一般出现在平原地区，且自然资源分布也较均匀，没有大型矿产地。集聚型则是城市紧缩在一个较小空间范围内呈簇团状分布，而周围较大范围内无城市。这种类型城市地域往往规模结构上呈首位城市型。随机型则是城市散乱分布，虽然基本上也是全区性分布，但不同小区疏密度不同，其规模结构往往以等级为主。在现实中，城市地域空间结构以随机型和集聚型多见，标准的均匀型则很难见到。

均匀型　　　　　　　集聚型　　　　　　　随机型

图12-2　城市空间分布的三种类型

2. 城市对外空间联系

　　城市对外空间联系是城市维持自身发展和对其周围地区或其他城市施以影响的具体表现方式，是城市保证其外向功能发挥的重要环节。如果一个城市与其外部空间联系不强，其影响也必然很小。从城市自身发展角度看，加强城市对外影响，实质也就是要加强城市对外联系。因此，城市空间联系分析对于明确城市的区域作用有重要的意义。

　　城市对外空间联系分析一般来说有两大类：一是城市之间相互影响

的总体分析，二是不同形式联系内容的具体分析。前一类研究主要是空间相互作用分析，其中应用较广泛的是引力模型。这一模型借助物质引力原理，将相邻的两城市看作两个互相吸引的客体，认为相互作用程度主要受质量（以人口规模等指标表示）及相互距离影响。用公式表示为

$$I_{ij} = K \frac{P_i P_j}{d_{ij}^b}$$

式中：I_{ij}为i城和j城相互间作用程度；P_i，P_j分别为两市人口；d_{ij}为两市间距离；K和b分别为经验系数。通过计算两城市间的相互作用程度，进而可以了解全区城市间相互影响总体情况及主要城市影响的空间分布情况。

　　然而目前国外研究中，较多的是对城市之间及城市与地区之间各种形式空间联系的具体分析。以美国学者罗德奈利（D.A.Rondinelli）的研究为例，他将各种形式空间联系分成七种类型（表12-1）。通过大量实际调查资料，对每类中几项主要要素流动情况分别分析并画出地图，从而综合确定各种城市地域的对外联系程度及作用程度。从现有研究看，大多数是对各种经济和服务（传递）联系分析较多。国内也有少数人开始了这方面研究。不论对哪种联系形式分析，其最终结果都是为确定城市作用范围提供有益参考。所以城市地域空间联系分析往往伴随着城市职能区的研究开展。

表12-1　城市间空间联系主要类型和形式

类　型	表现形式
自然联系	公路、铁路、水运网状况及生态系统相互依赖状况
经济联系	市场分布形态，原料和中间产品流动状况，资金流动状况和生产联系（包括前向、后向联系）状况，消费和购物空间形态，流动情况，部门和区域间物资流动及交叉联系情况等
人口移动联系	暂时和永久性移民情况，通勤人员流动情况
技术联系	技术相互依赖状况，灌溉系统、通信系统状况

续表

类　型	表现形式
社会相互作用联系	人员出访状况，亲属间的联系，礼仪和宗教活动模式，各社会集团成员相互交往状况
服务传递联系	能源流动网络状况，信用和金融流通网状况，教育、培训及有关的联系状况，健康服务系统状况，职业、商业和技术服务的方式，交通服务方式
政治、行政和组织联系	政府预算流动状况，组织间的相互依靠性，权力—批准—监督三者关联的方式，司法事务处理方式，非正式政治决策链情况

3．城市职能区分布研究

城市职能区的范围及其分布，可以较好地反映城市对外影响程度及其制约因素，因此，职能区划分研究对于确定城市影响及其地区分布是很重要的。城市职能区空间位置很大程度上受城市（点）分布的影响，而职能区面积和形态则主要受不同城市职能情况和区内其他条件制约。

确定城市职能区范围是一项较难的工作。因为一个城市不同职能对外影响程度和范围往往是不同的，且受地形、交通网、人们行为习惯等因素制约，不同职能影响区域形态也可能相差很大。因此，目前的研究大都依据几种主要职能，在理论分析和实际经验结合基础上求得一种基本近似实际的区域范围。具体分析大致有两类方法：一是在以理论为主的划分方法，二是在大量实际调查资料基础上的划分。

前一种方法主要建立在城市对外影响程度受其自身规模制约这一基本理论基础上。在这方面运用较多的是断裂点理论。该理论认为两城市之间相互作用线（两城市直线距离）上有一作用力的转换点（作用的断裂点），对两者中任意一个城市来说，其作用的断裂点受两城市人口数及相互距离影响。公式为

$$D_i = D_{ij} / \left(1 + \sqrt{p_i/p_j}\right)$$

式中：D_i为i城向j城方向最大作用距离；D_{ij}为i，j两城间距离；P_i，P_j分别为两城人口数。据此公式可在图上确定两城市间相互作用线上的断裂点，

并根据此点做两城市相互作用分界线（两城直线距离连线的垂线），连接所有这些垂线，形成每个城市多边形功能区界线（图12-3A）。

在此基础上结合实际地形、地物、交通线、行政区划和历史沿革等因素，进行经验修正，最终确定一种近似的经验区界（图12-3B）。

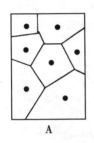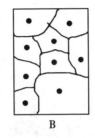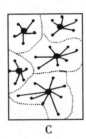

图12-3　城市一般职能区的划定

另一种方法是在大量实际调查基础上对城市职能区的划分。这可以有多种方法，但基本都与城市空间联系分析结合进行。如图12-3C所示，将各城市区域中某种或某几种主要职能影响涉及的下级城镇标出并用连线表明从属关系，再结合有关条件确定大致边界。此外，还有一种较现实的方法是通过确定多种职能作用影响"带"来划定城市职能区范围。首先在图上以某城市中心为原点按坐标划定16个城市作用方向（图12-4）。然后通过调查，测定该城几种主要职能沿16个方向作用的最远距离，在图上标出并连成不同职能的作用范围区界。将几种职能区界以原点对齐重叠，则得到一种多功能复合影响区界图。该图形最外边的界线虽表明该城市职能影响的最大范围，但实际上并不是同种职能作用界线，严格说应是一个多种职能混合影响"带"（即阴影部分所示）。这是比较符合实际情况的。如果将一个地区所有城市职能影响区范围都确定后，则可较明确地看出城市在该区实际影响情况及其分布情况，即该区域中哪里属于城市影响密集区，哪里属于稀疏区，哪里为空白区。如果再相应地计算影响程度，则可以为地区发展规划及确定重点开发区战略提供有效的帮助。

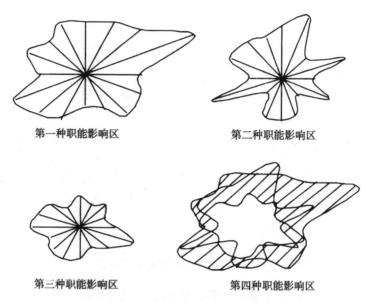

第一种职能影响区   第二种职能影响区

第三种职能影响区   第四种职能影响区

图12-4　综合职能影响区的确定

4. 城市地域的空间结构类型

城市地域空间结构形态主要由城市（点）的位置决定，同时也与规模结构和职能结构的特点紧密相关。根据城市地域的范围、城市数目和城市组成形态等特征，可将城市地域空间组合分成三种类型，即大城市连绵区、城市集聚区和中心城市地域。

大城市连绵区是由几个大城市或特大城市、一些中等城市及大量小城市组成的大小城镇连续密集分布的区域。由于其往往呈带状延伸，因此也称为大城市带。这是规模和范围最大的一种城市地域。其职能结构都很齐全，空间结构上则兼有集聚型和随机型两种类型，属于高度城市化的产物。其对外作用主要是通过几个特大或大城市以等级扩散形式影响全国或更大范围的地区。同时，通过大中小城市结合的综合功能以相邻扩散形式影响邻近地区。由于是带状地域，因此这种影响往往以一种"波浪式"推进的形式从该带向其相邻地区扩散。此外，由于该地域存在几个特大城市，因此其内部往往产生出小的地域分异，并各自对外发挥着独具特色的作用。目前世界上较为成型的这类城市地域以美国东海岸城市带和日本太平洋沿岸城市带较为典型。尤其是美国的城市带，绵延1000千米，宽约200千米，拥有波士顿、纽约、费城、巴尔的摩和华盛顿五大城市及大量中小城市，集中了美国总人口的1/5和全国70%的制造业生产能力。大城市带这一名称，最早即由此而来。

城市集聚区是由少数大城市或特大城市及一些中小城市较为集中分布组成的一种城市地域。其在地域规模上、城市分布密度和紧凑程度上都逊于城市连绵区。由于其城市在空间上往往呈集群式分布，因此也可称为城市群。这种城市地域在规模结构上基本为等级规模，在职能结构上则大都是职能分散型（如荷兰兰斯塔德城市群）和混合型（如辽中城市群和鲁尔城市群）。这种城市受其形成条件、结构和规模影响，对外作用往往是在少数几个方面（多为工业生产）具有一定的全国或更大范围意义，但对本地区发展来说则起着至关重要的作用。所以，就其影响看，其区域作用较之地域（国家范围）作用意义更大。这是它与大城市连绵区外向功能上的重要区别。而且，其影响的大小，一方面取决于城市自身职能和规模的发展，另一方面更依赖于各城市相互联系的加强及职能、规模、空间结构的合理调整。后者的实现往往可以大大提高其整体作用程度。

中心城市地域是一个特大城市、大城市或中等城市与其周围小城市共同组合而成的一种城市区域，是城市地域空间结构中范围最小的一种。其地域范围上的变化差异也较大，主要视中心城市的职能和规模而定。在规模结构上基本都为首位城市型，在职能结构上为集中型，中心城市集中体现着城市地域的基本特征。这类城市地域主要具有地方作用，以相邻扩散影响为主，其作用大小取决于中心城市自身的职能发展及内部空间结构的调整。这类城市地域即城市地域系统中的城市区组为城镇区组。

以上几种城市地域在空间组成特点及作用方面虽然存在较明显的差异，但从城市地域空间发展过程看，几个不同类型之间都存在着一种顺序演进关系。一般都是先由中小城市发展到大城市地域，然后邻近的几个大城市地域分别向外扩展，与其他各等级城市联系，形成城市集聚区即城市群。几个邻近的城市集聚区再逐渐扩大相连，最终则演变成大城市连绵区即城市带。

第四节　城市地域系统与区域经济地理学科

一、城市是众多学科的研究领域

工业化与城市化是20世纪人类社会经济发展的重要象征，信息化与进一步城市化将是未来世界社会经济发展的重要表现。可见，城市与城市发展是社会经济发展的重要内容。

随着城市不断发展，以城市为研究对象的专门学科陆续出现，并形成众多分支学科与相关学科，经济学、建筑学、生态学、人口学、社会学、规划战略学和地理学等，都把对城市的研究作为各自的重要研究领域。

地理学的两大分支——自然地理学与人文地理学都从各自的角度在研究城市；就人文地理学而言，城市地理学已成为其发展最快的重要分支，经济地理学已把城市经济地理作为重要的研究内容。

城市地域系统的研究是近些年来随着城市化进程的加快，城市群的大量涌现和城市地带的形成、发展而逐渐开展的新的研究领域。从事城市规划、城市地理和经济地理的研究人员都对这一问题给予了很大关注，取得了积极成果。但到目前为止，就研究内容而言，主要还停留在对城镇体系的职能结构、规模等级结构和空间结构的分析上；就研究方法来看，基本上还是就城市体系论城镇体系，与具体区域结合得不够紧密。

区域是城市的载体，城市与区域紧密相连、互为影响，城市地域系统与经济地域系统或区域系统相互影响、互为作用。城市地域系统的发展水平、结构状况与发展特点等，与其所在区域的社会经济发展水平与特点，资源分布状况，乃至与外区的联系程度均有密切关系，任何城市地域系统都深深地打上了区域的烙印。因此，深入研究与不断协调城市系统与区域系统即城市地域系统与社会经济地域系统的关系，促进区域可持续发展是区域经济地理学科的重要研究内容。

二、区域经济地理学如何研究城市地域系统

从区域经济地理学角度分析，城市是一种特殊的区域，又是不同区域的焦点与核心，因此，对城市的研究始终受到经济地理，尤其是区域经济地理的重视。区域经济地理学如何研究城市地域系统？

1．研究城市地域系统形成发展的区域环境条件与特点

城市地域系统的形成发展与区域的自然、社会、经济条件息息相关，与区内、区外的环境紧密相连。区域的条件与环境塑造城市地域系统的个性与形象。因此，可以说分析区域环境与条件是认识城市地域系统现状的基础，也是分析与规划、调整和完善城市体系的前提。对区域环境与条件的分析是地理学科的强项与优势，因此，一定要把城市地域系统的基础研究搞好。

2．研究城市地域系统的结构

关于城市地域系统结构的研究，在上一节已作了较为全面的阐述。但是，需要强调的是一般原理只具有指导意义，而具体地域的城市系统的结构则千差万别，丰富多样，存在的矛盾与问题也多种多样。因此，一定要具体问题具体分析，运用一般原理，从区域实际出发，有针对性地去解决城市中的职能结构、规模等级结构和空间结构问题。

3．研究各个层次的城市地域系统

笔者认为，在目前的世界范围内，存在着城市地带系统、城市群系

统、区域城市系统与地区城镇系统等四个层次。

（1）城市地带系统。它是城市地域系统中高级的地域组织形式，是工业化与城市化高度发达的产物，是在发达的交通通信信息网络与诸多城市群发展的基础上逐渐形成的发达的城市连绵带，它也是世界上发达的经济地带的网络和骨架。

由于生产力发展水平的限制，我国目前还未形成城市经济地带，它还处在逐步形成的过程中。我们对城市地带系统的研究，目的在于借鉴国外城市地带形成、发展的经验，遵循城市地域系统发展规律，促进我国城市地带的健康形成。

（2）城市群系统。城市地域系统中次高级的地域组织形式。它是在工业化与城市化发展到较高阶段，以一个或几个特大城市或大城市为核心，诸多中小城市相配合，以发达的网络为紧密联系的纽带所形成的诸城市职能分工明显、大中小城市密切配合、空间结构紧凑、联系密切的城市地域综合体。在我国经济发展水平较高的一些地域，城市群发展很快，并各具特色，有的还处在形成的过程中。研究城市群的目的在于：借鉴国内外的经验，探讨城市群形成发展规律，促进核心城市与其他城市的合理分工与协调发展，最终形成具有区域特色的城市群。

（3）区域城市系统。就城市化水平而言，区域城市系统属于城市地带、城市群之后，第三个层次的城市系统。就地域范围而言，相当于我国省级地域。其主要特点是：核心城市的地位突出，首位度高，受行政区划影响明显，行政区划体系与区域城市系统基本吻合。核心城市仍处于极化过程，扩散作用不强，城市群还处于形成过程之中。

对区域城市系统研究的目的：一是促进系统内的合理分工与联系，使其不断地协调发展；二是促进系统的升级，推动大城市或特大城市及其周围地域尽快地形成城市群；三是促进区域城市系统与省级经济区系统协调发展。

（4）地区城镇系统。这是城市化水平最低的城市地域类型，在我国相当于地区一级的经济地域，主要指中等发展水平或后进的经济地域。这类系统的核心城市一般说来实力不强、规模不大，对其他城镇的影响主要体现在行政隶属关系上，基本上是地区中心—县中心—乡镇的地域系统。其分布则是一种均质状态。体系内的分工与联系较弱。

对地区城镇系统研究的目的是：通过发展区域经济促进城市化水平的不断提高；不断加强核心地区的经济实力，促进城市分工与协作，带动区域经济的发展。

4.研究城市系统的区域类型

在一个城市地域系统内，由于各地的条件与资源组合状况不同，产业结构与内外经济联系的特点不同，往往形成几个类型区，如林矿型、加工型和农业工业型等城市类型区。各类型的特点是很不一样的，如林矿型地区缺少特大城市，多为中小工矿城镇；而加工型地域易于形成大城市和特大城市，也有利于形成城市群，甚至城市带。因此，对区域类型研究有助于因地制宜地促进城市地域系统的健康发展。

第十三章　规划区系统

第一节　规划区系统的特征与类型

一、规划区系统的基本特征

规划区系统是经济地域系统中具有许多独自特点的子系统，是为了进行区域开发、区域规划、国土整治和建设而重点选择并进行规划的区域体系。规划区系统在地域划分上具有很大的人为因素，地域选择有较大的灵活性，地域分布不连片、不全面覆盖，主要是为重点地区的开发服务的。

规划区系统虽然随机性较大，人为因素较多，但其地域分布仍然是有规律可循的。其基本特征可以概括为以下几个方面：

1. 规划区系统是指综合性的地域系统，而不是单项的规划地域

综合性的经济地域是所有经济地域系统的共同特征，规划区系统也不例外。任何规划区都包括工业、农业、交通运输业和第三产业及其地域上的合理组合，都具有综合性经济地域的基本特征。规划区不是指单项的经济地域，如纯工业区、农业区、林业区等。虽然规划区的类型很多，有的以工业基地规划为主，有的以农业基地规划为主，有的以城市规划为主，也有的以旅游区的规划为主，但是任何类型的规划区，不论突出什么规划重点，都要从综合角度对区域进行全面的系统的规划，因而不同于单项部门规划。

2．规划区是类型不同的诸资源富集区和重点开发区、治理区

规划区系统主要有几种地域类型，第一种是对诸种（自然、经济、社会）资源富集地域的开发规划；第二种是资源不一定富集，甚至经济贫困落后，为其脱贫致富而进行的开发规划；第三种是对环境问题严重、环保任务艰巨的地区进行综合治理的规划。在一些发展中国家更重视前一种地域的规划，一些发达国家往往把后两种规划放到相当地位。

任何国家和地区，由于受诸种条件因素的影响和制约，诸种资源（包括自然资源、经济资源和社会资源）的分布总是不平衡的，并呈现出相对集中分布的趋势。如自然资源在一个地区富集并匹配组合较好，这就为资源重点开发和形成规划区提供了条件。又如社会经济资源富集地区，工业集中、城市集中、农业条件优越、科技文教集中、第三产业或旅游资源集中等，为了进一步发展，都需要对这些地区进行重点开发、统筹规划。有的地区的位置优势（包括交通信息条件）明显，人文、社会条件优越（如我国，东南沿海距港、澳、台近，又多为华侨侨乡），均构成重点规划区的有利条件。总之，人们的经济活动是有选择的，那些诸资源富集、开发容易又效益大的地区，往往成为重点开发规划布局的选择对象。

一些少数民族地区和后进地区，有的资源不富集，开发的经济效益并不一定大，但从社会效益出发，也需进行规划，进行重点扶持，加快其经济发展进程。

3．规划区类型的多样性与各自主要功能的明显性

这主要是由诸规划区类型的复杂性和人们规划目的多样性所决定的。如能源和原材料富集地区，往往突出了以能源与原材料基地为主的规划区内容；有的是工业基础较好，以工业开发为主的规划区；有的是以农业基地建设为主或旅游资源开发为主的规划区；还有的以流域综合开发规划为主或以交通枢纽建设为主的规划区；也有相当一些地区则以对外开放为

主，进行特区、开放区、开发区和出口加工区的规划，等等。在这方面，它与上述三种地域系统有许多不同之处。就类型-功能而言，规划区系统比其他三种地域系统要复杂得多。

4．规划区地域范围的随机性和地域界线不全面覆盖

由于规划区多是不同类型的资源富集区或重点开发区，因而，它分布在少数地区，往往呈点块状分布于全国各地，地域分布不连片，对国土不全面覆盖。

规划区的地域范围有大有小，如能源开发区、原材料基地、农业基地和流域规划区等的地域范围可能较大，能达到1万平方千米以上；经济特区和经济技术开发区等的地域范围则较小，前者一般达几百平方公里，而后者仅几平方公里到十几平方公里。

5．政策和领导人的决策在规划区系统形成发展中的突出作用

规划区主要反映人们的宏观规划，直接体现所在地域或上一级决策人的意图，特区、出口加工区与技术开发区更是改革开放的直接产物。虽然规划区系统的形成发展也是有规律可循的，但领导人的行为因素往往起着重要的作用。如规划区选择与规划得当，就会促使其健康发展；否则，违背规律，不具备规划区的开发条件，其结果也不会达到规划所要求的目的。

二、规划区系统的地域类型

由于各个地区的区域特点及规划目的的多样性，规划区的类型是复杂多样的，划分的方法也是多种多样的。现以我国为例，大致可以做如下概括：

（一）以对外开放为主要目的的规划区

位置与交通条件对这类规划区的形成发挥着主导作用。依据位置与交通信息条件的不同，可以分为下述几种规划区类型：

1．沿海开放地域

（1）大范围的沿海对外开放地域，如珠江三角洲、闽南三角洲、海南岛、长江三角洲、山东半岛和辽东半岛等。

（2）沿海开放城市。

（3）经济特区与经济技术开发区。

（4）出口加工区。

2．边境对外开放地域

（1）大范围的边境开放地区。

（2）边境开放城市。

（3）边境地方贸易口岸。

（4）边境经济特区、实验区、经济技术开发区、边境经济合作区。

（5）边境出口加工区。

3．内陆开放地域

（1）大范围的内陆开放地域。

（2）内陆开放城市。

（3）内陆口岸。

（4）内陆出口加工区。

（二）以生产建设为中心的规划地域

1．各种工业规划地域

（1）工矿区。

（2）工业枢纽。

（3）工业城市。

（4）工业地区。

（5）工业地带。

2．各种农业基地

（1）商品粮基地。

（2）经济作物基地。

（3）各种出口农业基地。

（4）林业基地。

（5）生态农业基地。

3．能源与原材料基地

（1）各种能源基地。

（2）钢铁、有色金属、化工等原材料基地。

4．交通枢纽地域

（1）综合枢纽。

（2）铁路枢纽、海港、河港、空港等枢纽。

（三）以中心城市或城市建设为中心的规划地域

1．以大城市和特大城市为中心的规划地域

（1）以特大城市或大城市为中心的区域规划。

（2）城市地域系统规划。

（3）城市群规划。

2．城市总体规划

特大城市、大城市、中小城市。

3．乡镇规划

（四）以水域环境的治理保护与综合开发为中心的规划地域

（1）大流域综合开发地域。

（2）小流域综合开发地域。

（3）湖区综合开发地域。

（4）海岸带综合开发地域。

（5）海洋综合开发地域。

（五）老、少、边、穷地域的综合开发

（1）少数民族地区综合开发规划。

（2）贫困地区的脱贫致富的综合规划。

（3）边疆地区的综合规划地域。

（六）其他类型的规划地域

（1）科技园区规划。

（2）旅游疗养区规划。

（3）风景旅游区规划。

（4）消费区域规划。

（5）商品贸易区域规划。

（七）按行政单位所进行的综合规划地域

即按省、地区、县的行政地域范围而进行的综合性的发展国民经济的区域规划。

虽然规划区系统的类型多种多样，各自突出的重点又不尽相同，但是，其共同特点都是综合性规划，而不是单项的规划，因此，必须考虑区内各种因素，以求达到区域综合发展的目的。

第二节　区域规划的理论与实践

一、区域规划与国土规划

区域规划开始于20世纪20~30年代，美国的田纳西流域规划和原苏联的科拉半岛矿区规划与乌拉尔—库兹巴斯煤铁基地的规划等举世瞩目，并成功地进行了实践。第二次世界大战以后，随着国土开发热潮的兴起，国土规划在世界一些主要国家开展起来，其中以原苏联组建地域生产综合体和日本的几次全国综合开发计划取得的经验和成就最为明显。

区域规划与国土规划虽然在内涵上有一定的不同，但是，两者的基本内容大致相同。国土规划是区域规划的引申与发展，两者都是综合性的规划，都是对人为确定的地域以国民经济建设为中心的总体规划与部署。但是，具体进行分析，两者的含意与内容也有不尽相同之处。

区域规划是指对一定地域内的国民经济总体部署与综合规划，它为国民经济中长期计划和具体计划与布局提供科学依据。

国土规划是指对国土（陆、海、空）资源（自然、经济、社会）的开发、利用、治理与保护的全面规划。这是广义的国土规划含义。按此含义，国土规划与区域规划的内容是一致的。但狭义的国土规划内容则有些不同，仅限于对国土自然资源（包括自然条件）的合理开发、利用、改造与保护的规划，因而只能是区域规划的部分内容。

目前，在我国的区域开发实践中，广义的国土规划不仅包括区域规划内容，而且还包括前面已经论及的经济地带划分与经济区划的内容。最近一个时期，广泛开展的城市总体规划、城镇体系规划等，其实质也属于区域规划的内容。

国土规划与区域规划主要的共同点及其基本特征是：

1. 战略性、区域性与综合性

战略性：是指区域规划与国土规划主要不是为了解决局部的、具体的和眼前的问题，而是要解决区域国民经济发展中带有全局性的、长远的、宏观的战略问题，解决总体的战略部署任务。区域规划与国土规划正确与否，不只是具体项目的安排是否合理，而主要在于总体布置与宏观战略是否得当。因此，宏观性、战略性是区域规划与国土规划的重要特性。

区域性：是指任何区域规划与国土规划都是具体的，都与具体地域的诸条件紧密结合，具有明显的地域特点。只有深入认识区域个性，充分发挥区域优势，从区域的实际出发，才能搞好区域规划和国土规划。

综合性：包括三层含义。①规划区系统的规划区与国土区都是综合性的经济地域，包括各种条件因素和所有的产业部门。各种区域规划的侧重点虽有所不同，但都必须从诸部门的有机联系中去研究与解决问题，否则就是单项规划，就不属于区域规划与国土规划的研究范围。②影响区域规划与国土规划的因素很多，包括自然、社会、经济和技术等方面，一定要对诸因素进行综合分析，才能得出正确结论。③国土规划和区域规划包括的内容多，涉及面广，需要多部门、多学科共同参加，协同工作才能完成。经济地理学家可以发挥学科的优势，在国土规划与区域规划工作中发挥重要作用。

2．规划目的的多样性

规划目的多样性受制于规划区系统地域类型的多样性和国土规划与区域规划种类的多样性。由于地域类型各异，对各种类型区规划的目的和突出的重点不会是相同的。如对外开放地域的规划应突出开放内容，以开放促进综合开发；对工业地域的规划主要应突出工业的规划，并以工业带动全区的综合发展；对流域规划应突出流域的综合治理，用以带动区内诸经济部门的综合发展；对旅游区的规划应突出旅游资源的开发利用，用旅游业带动全区的发展；对贫困落后地区的规划应突出脱贫致富的内容，等等。虽然对规划区系统各种类型地域的规划都是综合规划，但各自规划的目的和应突出的重点是不一样的。只有目的明确、重点突出，才能达到国土规划与区域规划的要求并取得良好的效果。

3．各国情况的差别性与规划工作的阶段性

同样都是国土规划与区域规划，但各国的做法是不一样的，如法国称之为国土整治，英国进行标准区规划，原苏联开展区域规划与地域生产综合体规划，日本则开展国土综合开发规划，我国则称之为区域规划与国土规划。各国之间的规划，不只是名称不同，在具体做法上也有许多差别。

区域规划与国土规划工作具有明显的阶段性，与各国各地区的生产力发展水平相适应。日本于第二次世界大战后，为了推进工业化进程，从1962年开始，已先后5次制定与实施全国综合开发计划，每一次都针对当时生产力水平制定规划，提出推动社会经济发展的设想，一次比一次深入，规划的内容与重点也不同。例如，1987年制定的第四次全国综合开发计划，主要是为了解决日本进入工业化后期所面临的问题，提出科技立国、社会福利与多极分散开发模式等，这与前三次开发计划已有很大不同。

原苏联地大物博，处于工业化中期阶段，其区域规划与地域生产综合体规划仍以工业建设为中心，发展科技与社会福利还未提到重要日程。地域生产综合体规划实质上还是能源与原材料基地建设规划。

总之，各国各地区的国情与区情不同，生产力的发展水平也不同，因而国土规划或区域规划的内容与发展阶段也不会相同，一定要从具体情况出发，结合当地实际，开展各自的国土规划与区域规划工作。

二、地域生产综合体

地域生产综合体是原苏联国土规划与区域规划的一种重要的地域组织形式，也是一种重要的区域开发理论。该国在组织与实施地域生产综合体规划过程中，积累了许多成功经验，受到国际上的重视。

1．有关地域生产综合体的理论

"地域生产综合体"一词在国内外使用得很广泛，犹如自然地理学使用"自然景观"一词一样。

"地域生产综合体"一词出现于原苏联第一个五年计划期间，当考察与规划科拉半岛矿区和规划乌拉尔–库兹巴斯煤铁基地时，开始使用"地域生产综合体"这一名词概念。

"地域生产综合体"一词体现了一定地域的国民经济专门化与综合发展相结合这一思想。原苏联进行的区域规划，从一开始就以地域生产综合体理论为指导。

地域生产综合体的基本含义是指在一定地域内与当地条件因素紧密结合的国民经济诸部门的有机组合而形成的地域单元。这一名词概念使用得很广泛，既用于原苏联的经济区划网，也用于不同范围的区域规划地域，对城市综合经济的整体 表达往往也用这一概念。原苏联一些学者对地域生产综合体的共同认识有下列几个方面：

（1）地域生产综合体是社会主义计划经济的产物，是国民经济有计划、按比例发展，即综合发展思想在地域上的具体体现，强调社会主义国家对经济地域组织管理的作用。

（2）地域生产综合体（有的也称地域经济综合体）应以生产为主要内容，以工业为核心，以交通运输为保证，并要包括农业和其他服务性部门。

（3）每一个地域生产综合体都要有专门化部门，以其产品与其他地域生产综合体进行商品交换，并进行广泛的经济联系。此外，还要形成为专门化部门服务的辅助性部门和为地方生产生活服务的自给性与服务性部门。

（4）地域生产综合体之间及每个地域生产综合体内的部门与地域间，都相互联系、互为制约。地域生产综合体形成有机整体，促进区域的综合发展。

（5）"地域生产综合体"既是生产（经济）的地域实体，又是地域发展建设的基本指导思想。地域生产综合体思想（地域综合思想）不仅是认识各个经济地域的重要思想武器，同时也是进行经济区划、区域规划以及城市规划等的根本指导思想。

但是，由于研究的角度与侧重点不同，对地域生产综合体的理解，在原苏联学术界也存在一些不同的看法。

地理学家科洛索夫斯基（出身于工程师，曾参加原全苏经济区划网的制定）认为地域生产综合体是指一个工业点或整个地区的企业的生产有机组合，由于依据该地区的自然条件、经济条件、交通与经济地理位置的特点，恰当地有计划地选择企业而达到一定经济效果的企业组合。他对地域生产综合体的理解，强调了工业，尤其强调在自然条件与自然资源基础上所形成的生产技术联系，即动力生产循环思想。他认为，动力生产体系应当理解为原苏联的各个经济区依据动力和原料的结合顺序而展开的各种生产过程的总和（一直到当地能获得生产的各种制成品为止）。同时，要使生产靠近原料和动力产地，并合理利用原料和动力资源的所有要素。动力生产体系是逐渐扩展的历史范畴。依据这一理论，他认为原苏联存在着九大动力生产循环系统，即黑色冶金、有色冶金、石油动力化学、水力动能、森林工业、农产品加工工业、水利灌溉农业、金属加工工业和原子能等动力生产循环系统，并依此对原全苏联进行了地域划分。

经济地理学家萨乌什金认为，地域生产综合体与经济区是同义语，各级经济区都是具有不同水平和特点的专门化与综合发展相结合的地域单元，都是不同等级的地域生产综合体。

经济学家普洛勃斯特认为：地域生产综合体是在一定地区内各种生产企业在经济上相互联系、互为补充的合理组合。他强调生产经济联系，并认为地域生产综合体有两种：一种是中心地域工业综合体，即一个工业点、工业中心或工业枢纽；另一种是地域生产综合体，即原苏联的各级经济区。

近年来，有些经济学家（如阿·格·利斯）提出了"产业综合体"的概念。利斯认为，产业综合体是在一定地域内的生产力、人们的全部产业活动（包括生产的和非生产的）条件、关系的相互制约的有机组合，并认为地域产业综合体的地域范围有大有小，大到全国各大经济区，小到个别城市或生产中心。他强调了非生产内容在综合体中的重要作用。

区域经济学家、原苏联国家计委生产力委员会主席尼·尼·涅克拉索夫在总结大量实践经验的基础上提出，地域生产综合体分为两大类：一类是地区性的国民经济综合体；另一类为区域性生产综合体。涅克拉索夫认为，大范围的地区性的国民经济综合体应有新经营开发的大面积的领土，拥有高度集中的有价值的自然资源，并利用这些条件解决国家近期和远期经济发展的一些重大任务，不仅要建立专业化的经济中心，而且还必须建立整个生产的和社会的基础工程设施。而区域性生产综合体的地域范围比较小，是地区性国民经济综合体的子系统。涅克拉索夫的理论已用于指导组建原苏联地域生产综合体的实践。

2. 地域生产综合体实践

第二次世界大战以前，地域生产综合体的理论主要还停留在学术探讨上，作为一种区域理论力求与实践任务结合。第二次世界大战以后，随着原苏联对其东部能源和原材料基地建设的需要和区域经济学的形成与发展，对地域生产综合体的研究从一般理论探讨发展到指导和参加实践的新阶段。

从20世纪50年代开始，原苏联着手运用区域经济学家涅克拉索夫的地域生产综合体的理论，以原苏联国家计委生产力委员会为主体，开展了地域生产综合体的规划与组建工作，把地域生产综合体的理论与对原苏联东部地区的开发紧密结合起来。

20世纪50年代围绕安加拉–叶尼塞工程；60年代围绕秋明油气田（西西伯利亚油气田）的建设和中亚地区能源与原材料开发；70年代围绕贝加尔—阿穆尔铁路建设，相应地组建了大小不等的近20个地域生产综合体，并取得了明显的经济效果，具体做法是：

（1）规划建设的地域生产综合体的绝大多数都位于自然资源富集区，在单项或多项自然资源最富集并有一定开采条件的地域划定一定范围组建地域生产综合体，采取集中开发的办法，加强能源和原材料基地建设。例如，安加拉–叶尼塞工程中的地域生产综合体主要以水能开发与发展耗能工业为主；秋明油气田地区性地域生产综合体则以开采原油、天然气及发展石油化学工业为主；贝阿铁路建设带动几个地域生产综合体的形成，促进了森工、钢铁、有色金属等工业的发展；中亚地区组建的地域生产综合体主要是为了集中开采石油、有色金属和非金属矿及其相关产业的建设。总之，原苏联所规划和组建的地域生产综合体是进行新区开发及开展能源与原材料基地建设的有效的地域组织形式。

（2）采取中央与地方结合的办法，促进地域生产综合体的建设。原苏联国家计委将组建地域生产综合体纳入国家计划，由中央与地方结合成立相应的管理和协调机构，统一组织与管理地域生产综合体的建设，制定统一的地域生产综合体建设规划并限期付诸实施。在原苏联组建地域生产综合体的过程中，中央各部门、中央与地方之间和地方与地方之间相互推诿的现象时有发生。由于有了中央派出的并与地方结合的统一的组织协调机构，就能够及时、顺利地解决一系列矛盾。

（3）在地域生产综合体建设过程中，重视基础设施建设。在基础设施与生产建设过程中，强调搞好路网、居民点与商业服务网点的规划与配套建设。这比过去只强调生产建设为中心的区域规划已前进了一大步。

原苏联在新开发区组建的地域生产综合体，由于采取重点开发的战略，又进行统一规划并有组织上的保证，因而都取得了较为明显的效果。原苏联地域生产综合体的理论与实践为新区开发、能源基地与原材料基地建设提供了科学的理论与先进的地域组织形式。

原苏联的地域生产综合体的理论与实践，在世界地理学界引起广泛关注，其基本理论与方法具有广泛的借鉴意义，但是也有很大的局限性：一是计划经济体制的束缚，影响了其应用范围，在俄罗斯目前的体制下，有些做法就难以实施了；二是地域生产综合体的组建主要适合于资源富集地区的开发，对其他地区则适用意义不大。

第三节　区域规划的内容、步骤和方法 [①]

区域规划的目的，实质是从地域的角度，协调好自然、经济、社会的关系，从而建立起一个和谐的人地关系系统。广义的区域规划是对地区社会经济发展和建设进行部署（包括区际和区内）；狭义的区域规划主要指一定地区范围内与国土开发整治有关的建设布局总体规划。区域规划的主要任务是：有效地开发利用资源，合理布局生产力和城镇居民点体系，使各项建设在地域分布上相互协调配合，提高经济效益，保持良好的生态环境，顺利地进行地区的开发、整治和建设。区域规划的目的、任务决定了

---

① 本节由吴殿廷博士撰写。

区域规划的内容，进而决定了区域规划的过程程序和所使用的方法。

一、区域规划的主要内容

一般的区域规划，特别是对面积较大地区进行规划，都要涉及如下内容：

（1）全面分析评价区域资源特点和建设条件，明确区域经济发展方向和地域开发方向，扬长避短，发挥地区优势。

（2）改善工业布局，包括对基地的调整和改造，对新建骨干企业的迁址定点，新老企业在一定地域范围内的协调组合，正确处理工业布局的集中与分散的关系。

（3）合理安排农林牧副渔的用地和商品性农业生产基地的建设布局，妥善解决工农业和各项建设之间的用地矛盾。

（4）对区域内城镇人口的增长趋势进行预测，并在区域分析的基础上确定各主要城镇的性质、规模和布局，组织城乡居民点体系中各类城镇间和城乡间的合理分工与联系。

（5）使交通运输、能源、给排水、通信、生活服务等各项基础设施的布局同工农业生产和城镇居民点的布局相互协调配合。

（6）搞好环境整治，防止重要水源地、城镇、风景旅游区污染，对自然风景区和文化区及文物古迹严加保护，逐步恢复已被破坏的生态环境，使其向良性方向发展。

从规划种类看，广义的规划应包括：

（1）自然规划。土壤改良规划、水利建设和水能开发规划、动植物资源开发保护规划、矿物勘探和开发规划、环境保护规划。

（2）人口规划。出生率、结婚年龄、未来的人口数量规划，以及人才的需求、培养、引进和输送规划。

（3）社会规划。文化水平、教育水平、卫生、社会福利和政府管理机构设置规划。

（4）城市、乡镇规划。城市总体规划，具体用地规划，学校、医院、商店和市场、文化娱乐等规划。

（5）基础设施规划。水电系统、运输邮电通信系统、各种服务系统规划。

（6）经济规划。经济发展的模式、速度、规模、产业结构，资金的筹集与分配，经济的协调以及物资、能源、信息的供给，各种经济平衡和区位的配置，城市的规模、投资方向、方式与规模等规划。

（7）科技规划。发展的战略、发展的模式、科研、技术推广等规划。

上述内容是就一般情况而言的，对于不同的地区，由于资源条件和社会经济基础不同，面临的区域开发整治的具体任务不同，因而区域规划的内容也应不同。比如，对风景旅游区进行规划，就不能在老工业基地的调整改造上花费太多的精力，这是因为目的是开发利用风景旅游资源，并以此促进地区经济的发展，即使这些地区有什么老工业基地需要改造，那也不应成为规划的主要内容。这就是说，搞区域规划，一定要注意结合当地情况，突出重点，解决关键问题，避免面面俱到。为此，在规划内容的选择上应遵循全面考虑、综合权衡、重点落实的原则。

二、区域规划的一般步骤

不论何种区域规划，不论区域规划的重点是什么，从现代系统科学的角度看，区域规划的一般过程都可分成如下8个步骤（图13-1）。

1．明确问题

首先要明确所规划地区的边界及规划内容组成，其次要明确规划的性质、特长和要求，最后是规划的总目标。目标的明确可由主管领导直接规定，但多数情况下是在规划研制过程中逐渐明确的。明确问题是搞好规划的前提，而要确实完成这一点，需要与决策部门、实施部门多次"对话"，避免出现规划出来的东西不是决策部门所需要的，决策部门所需要的而又没有规划的现象。规划的目的在于实施，得不到决策部门首肯的规划，是难以付诸实施的。同时，也要避免规划与实施脱节，注意规划的实用性。

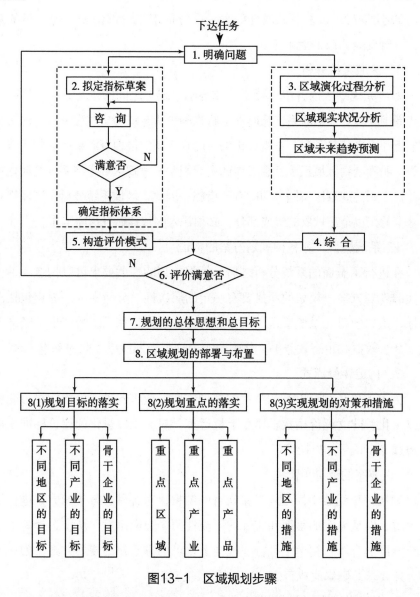

图13-1 区域规划步骤

2．设计评价指标体系

根据本次规划的性质、要求、目标，确定一系列区域规划好坏标准，如目标的先进性，实现目标的可能性，信息资料的可靠性，方针、政策、措施的合理性，规划方案的自调节性和自适性等。评价条目的确定，可由专门的小组（如专家组）拟定草案，广泛征求主管部门和其他人员的意见，进行反复修改而后确定。

3．区域系统分析

即研究规划区内各组成要素（或各子系统）之间的相互关系，研究区域与周围环境之间的联系。从时序上将这种分析分成历史过程分析、现实状况剖析和未来趋势预测。系统分析的目的在于确定区内资源和产业的优势与劣势，明确制约区域经济社会发展的主导因素，发现区域经济系统的演化规律，找出调控规划区不同方面的有效措施。因此，区域系统分析是区域规划最基本的，也是最重要的组成部分，必须深入细致地做好这项工作。

4．系统综合，即各种规划方案的构造

在进行了全面的系统分析之后，根据规划的性质要求可以构造各种可替代的规划方案。规划的项目要有一定的层次性，分清主次，内容包括总目标、重要项目、系统投入（人力、物力、财力）和系统的产出（经济效益、社会效益和生态效益），并阐明实现这个规划所应采取的基本方针。

5．构造评价模式

为了评价各种可以互相替代的规划方案，应将各种评价指标尽可能地加以量化，建立评价用数学模型上机运算。对于难以量化的评价标准，可以通过专家认可加以协调。

6．方案的评价（优先）

利用评价用数学模型或专家认可的结果，对各种可替代的方案进行综合评价，即从满意的程度和实现的可能性两个方面出发，从中选择一个或两个经济上合算、技术上可行、社会上认可的方案作为规划方案。如达不到上述要求，则修改或否定前述所构造的方案。

7．确定规划的总体思想和目标

根据上述优选结果将规划方案用高度凝练的语言概括成规划的指导思

想，用形象化的语言描述出规划方案的最主要特点，使决策部门一目了然地就能了解规划的基本想法，使社会能够方便地接受。规划目标的确定既不要太高，成为空头口号，也不要太低，没有实际意义，而应符合长远性原则、效益性原则、求实性原则和目的性原则。

8．具体规划的制定

根据实际需要和可能，并考虑到人力、财力、物力和时间等的合理性，尽量将总体目标和规划重点分解落实到不同的地域和产业部门，同时提出实施这个规划方案的对策和措施。

三、区域规划的方法

区域规划的研制是一项非常复杂的系统工程，涉及方方面面的问题，既要考虑决策者的主观意图，又要考虑经济效益、社会效益和生态效益；既涉及市场环境的变化，又要注意当地的资源特点；既要考虑当前利益、局部利益，又要兼顾长远利益、全局利益。这就要求参加区域规划的人员中，既有懂行政管理和了解当地情况的，又有懂区域规划的，即区域规划的队伍，应由决策部门、系统工程、区域规划专家和当地有实践经验、了解当地情况的人员共同组成。他们在区域规划中既有分工又有合作，相互衔接配合。只有这样，才能制定出科学合理的区域规划。不仅如此，制定区域规划，还要以科学的方法论，特别是现代的系统科学理论和方法为指导，在规划中自始至终遵循整体性原则、动态性原则、最优化原则和模型化原则。

整体性原则：规划区是一个复杂的物质系统，这个系统的内部诸要素及系统与外部环境之间始终保持着有机的联系。所以，在进行区域规划时，必须有全区一盘棋、全国一盘棋的思想。从目标的确定到决策、对策的选择及最后实施，都要注意配套协调，并与国家利益保持一致，尤其要注意经济效益、社会效益和生态效益的统一。

动态性原则：规划区是一个在空间中存在、在时间中变化的动态系统，这种变化不仅受内外环境的制约，而且有自身的相对稳定性和阶段性交替出现的规律。这就要求我们进行区域规划时，既要注意环境变化的影响，也要注意分析规划区自身不同发展阶段的特点，进而提出合理可行的规划目标和恰当的对策措施。

最优化原则：是从多种可能的规划方案中选择最优方案，使规划区处于最优化的状态，使区域规划获得最佳的效果。这里的最优化原则，是以系统的整体性为基础的，最优化归根结底是指系统整体的最优。为此，在对区域进行规划时，不应只着眼于个别部门、个别地区的利益，而要从全局出发，恰当地处理部门与部门、部门与地区、地区与地区，地区、部门与全区，以及全区与上级乃至全国的关系，使全区的整体利益和国家利益很好地结合起来。

作为一个工作准则，在规划中要求完全遵循最优化原则。但是，和其他社会科学研究一样，区域规划也存在一个"理论上存在最优解，而在具体情况下很难找到最优解"的问题。为此，近年来有人提出"满意性"的观点，即在规划中不一定追求真正的"最优"，只要这个规划大家认为满意就行了。这种寻找"满意性"的规划方案的方法，虽不像某些"最优性"方案方法那么严格、精确，但却有很大的灵活性和实用性。通过寻求满意解，逐渐逼近最优解，这是现代区域规划的一大特点。

严格地说，模型化原则是针对具体的区域规划方法提出来的要求。就是说，在对区域进行规划时，要尽量利用模型，包括实物模型、推理模型和数学模型，因为规划区是复杂的开放巨系统，在对其进行规划时，既不能直接进行实验，看哪个方案效果好，也不能将其完全肢解，以便掌握各部分的典型特点和不同部分之间的联系，更不能通过直接的观察来推断其变化规律，因为这需要几年、十几年、甚至几十年的时间。我们只能根据已掌握的信息，用恰当的模型来反映规划区的本质规律和内在联系。从某种意义上讲，区域规划就是一种模型操作，与建筑中的图纸设计不无相似之处，只是比建筑设计更复杂、更困难罢了。此外，区域系统复杂的非线性、动态性、多层次性、嵌套性、不确定性和区域规划目标的多样性，离开了模型分析法而只靠人本身的直接思维，是完不成区域规划任务的。区域规划中经常使用的模型见表13-1（林德金，1988）。

表13-1　区域规划中经常使用的模型

分类	模型的种类	注　释	建模方法与用途
模型形式	实物模型	城市规划实体模型	城市与区域规划中按比例缩小模型
	结构模型	区域规划中部门、模块之间结构关系	用线段表示之间的联系，如拓扑模型、框图
	逻辑模型	区域规划中的步骤、方法、次序有因果、时序、逻辑、思维的严密关系	仅指用箭头或其他的逻辑符号表示的图形，如逻辑框图、因果分析图
模型结构	数学模型	用数学公式表达、逻辑式表达	输入、输出微分/方程式、状态空间、传递函数
	图形模型	用图论法建立的模型	信息的链图、信号流、方框图、网络图
	仿真模型	用数学仿真语言表达	DYNAMO，GPSS，CSMP
	推理模型	用于逻辑、思维推理的模型	决策树、目的树、关联树、逻辑关系
模型用途	预测模型	预报区域未来情况的模型	时间序列模型
	计划模型	用于工作的规划、计划调度、进度安排	PERT（计划评审技术）、CPM（关键路线法）
	评价模型	用费用-效益、经济效果、经济效益表示的模型	用成本与效益、时间贴现表示

下面结合长白山区资源开发规划[①]实践说明区域规划中具体方法的使用，特别是定性分析与定量分析的结合问题。

这里的长白山区，是指吉林省东部的22个县（市），为典型的资源（动植物资源和非金属矿产资源）富集区。长白山区资源开发规划的队伍

---

① 该课题由东北师范大学杨秉赓教授主持，吴殿廷是主要参加者之一。

组成如下：总体协调组由系统工程专家和省主管部门的领导负责，市地组由当地主管部门的同志负责，专业组由各专业的科研、生产部门的人员负责。

总体组除负责地区组与专业组的协调外，还要制定一个资源开发总体规划。总体规划的研制过程及其使用的主要方法如下：

（1）在广泛调查研究和专业组、地区组工作的基础上，将长白山区资源开发方案概括成高经济效益型方案、高社会效益型方案、高生态效益型方案、趋势型方案和协调型方案五种典型开发方案。然后运用系统动力学的方法对五种开发方案进行动态仿真，发现协调型方案的效果最佳。

（2）根据协调型方案的仿真结果，提出了长白山区资源开发总体思想和指导方针，并用多种定量预测的方法，结合定性分析的结论，确定不同规划年度（1990年、1995年和2000年）的总休目标（社会经济目标和生态目标等）。

（3）对主要资源（人参、山葡萄、鹿茸等）生产进行了系统动态仿真和主要产品（医药、保健食品和山珍食品等）市场进行趋势预测、相关预测、状态转移预测等，建立线性规划模型，在灵敏度分析、对偶分析和专家咨询的基础上确定了不同资源开发的具体指标。

（4）根据上述结果，结合模糊评价、层次分析、价值分析等方法，提出了重点产业和产品系列开发的对策和主要基地建设的方针政策。

（5）在上述工作基础上，又结合实地调查、专家咨询等，用因子分析、聚类分析计算结果，将长白山区划分成3带8区，给出了各带资源开发（保护）的模式和各区产业开发与基地建设的对策措施，提出了适应外部环境变化的风险决策和保险对策。

这个例子说明，在区域规划过程中，既要坚持定性分析与定量分析的结合，也要注意多种定量方法的协调和配合。这里的定性与定量结合，既可以像钱学森先生倡导的"定性定量综合集成法"那样，两者在同一层次上（对同一问题的研究上）相互印证、反馈调整，也可以在不同层次上相互衔接，即定量分析是把定性分析的结论数量化、具体化，从而使区域规划不断地由粗到细、由宏观到微观、由软到硬地步步深入，定性分析则是定量分析结果的概括和综合，并用形象化语言表达出来，以便为社会所理解和接受。

强调多种定量方法结合的原因在于，区域是一个多要素、多随机性和多形态性的复杂的开放系统，任何一个数学模型都只能从某个或某些方面反映出这个系统的内在本质，过去没有、将来也不会有包医百病、到处适用的数学模型。为了避免片面性，增强适用性，除了注意定性分析与定量分析的结合外，还应注意多种定量方法的相互衔接和多个数学模型的相互校核与配合，这对于解决不同层次、不同深度的系列研究问题（如前述开发方案、规划目标和指标、产业和基地建设布局等）和求解同一问题的不同方案或不同情况下的解，都是有意义和必要的。

第十四章　地缘经济地域系统

第一节　概　　述

一、定义

地缘经济地域系统是在地缘政治影响下，在世界经济一体化与区域集团化的过程中，由地缘相近的国家和地区所采取的经济合作与联系的地域组织形式与体系。对这一定义内涵的理解为：

（1）地缘经济地域系统是继经济地带、经济区、城市地域系统与规划区系统之后，所形成的一种新型的经济地域系统。虽然以前也曾存在过贸易同盟和宗主国与殖民地的政治经济地域体系，但是与地缘经济地域系统的内涵截然不同。地缘经济地域系统作为全新地域组织形式，形成于第二次世界大战之后。

（2）世界经济一体化和区域集团化是地缘经济地域系统形成发展的内在规律性。这种地域组织形式的出现，必须在世界经济与区域经济发展到相当水平才有可能，是地域分工深化和商品经济发展的客观要求；与此同时，地缘经济地域系统的发展，会有力地推动世界经济一体化和区域集团化的进程。

（3）地缘经济地域系统以地域相近或相连的国家和地区为其地域表现形式，以加强内部分工与地域联系，增强区域的经济实力为其主要功能。参加地缘经济地域的各国各地区，各自发挥其优势，增强区域互补，加强区域内广泛的经济联系，从而增强其整体经济实力。例如，图们江地缘经济区以图们江下游中、俄、朝三国相邻的地域为基础，在东北亚各国经济合作的框架内向前发展。

（4）地缘政治对地缘经济地域的形成发展发挥着重要的作用。例如，欧洲联盟由最初的西欧煤钢联盟发展到欧洲共同体，进而发展到欧盟，是以参加国社会制度与意识形态一致以及北约的政治军事联盟为后盾，才得以发展的。图们江地缘经济区的形成则是以东北亚各国由政治对抗走向经济合作为前提，才得以实现。

二、地缘经济地域系统的特点

地缘经济地域系统与上述几种地域系统相比，有许多不同特点，主要有以下几个方面：

1．互补性

互补性是地缘经济地域形成发展的基础。构成为地缘经济地域要求有几个国家参加，乃至许多国家参加。各国参加的动力首要是经济利益，手段是各自发挥优势，通过垂直分工与水平分工来实现。没有互补性，没有相互间的深入而广泛的分工，就难以形成地缘经济区，即或形成了，也难以发展。

2．集团性

地缘经济地域一般有三四个国家或地区参加，有的以整个国家参加，如欧盟与东盟；有的是以国家的一部分参加，如图们江地区。但是，它们的后面都以国家作后盾，各自参与的部分代表各自国家。几个国家或多个国家参加，形成大小不等的区域经济集团，发挥群体效益，体现区域整体大于个体的明显经济效应。

3．层次性

地缘经济地域系统构成为一个系统，表现在层次性方面。就世界范围而言，明显地存在三个地域系统的层次。第一个层次是具有世界意义的，如欧盟、亚太经济合作组织和由美国、墨西哥、加拿大参加的北美自由贸易区，其中以欧盟的发展最为充分。第二个层次是大洲内一些国家和地区的经济联合体，其名目繁多，发展水平不一，以东盟发展得最为典型。第三个层次则为地区增长三角，主要分布在几国接壤与交界地区，如在欧洲，德国与法国和瑞士接壤地区，东南亚新加坡与马来西亚和印尼相邻的接界地域，以及毗邻图们江下游的中国、俄罗斯、朝鲜三国接壤的图们江地区等。

4．复杂性

其复杂性主要由于许多国家实体参加，各自的政治经济利益不同，发展水平不同。具体表现为：①地缘政治对地缘经济地域的影响十分明显，且时强时弱，但这种影响具有经常性；②各国之间的政治经济利益需不断协调，这样才能促进地缘经济地域不断地向前发展。

第二节　形成机制与结构功能

一、形成发展机制

1．地域分工与地域运动是地缘经济地域系统形成发展的总机制

地缘经济地域系统是经济地域巨系统的子系统，均属综合性的经济地域。商品经济的发展，地域分工的不断深化，地域运动的不断加强，区域

合作与区域联系的日渐加强，是地缘经济地域系统形成发展的根本原因。有的地缘经济地域在其形成初期，其地域分工可能还较弱，但各国之间有加强分工的基础，一旦形成地缘经济区，其地域分工与地域运动的发展将会是很迅速的。

2．地缘政治与地缘经济发展的需要

随着世界经济的发展，地缘政治与地缘经济也在发生深刻变化。20世纪50年代以前，地缘政治起决定性作用，大国争霸，争夺殖民地与战略要地，地区性战争与世界战争接连不断，在此情形下，地缘经济是难以发挥作用的。第二次世界大战后，美苏两霸，形成两大军事集团，地缘政治仍起主宰作用。在地缘政治的作用下，形成两大经济集团——欧洲经济共同体（简称欧共体）和经济互助委员会（简称经互会）。20世纪80年代以后，世界政治经济形势发生很大改变，军事对峙与冷战格局已发生明显变化，地缘政治逐渐让位于地缘经济，政治军事争夺已让位于经济实力与综合国力的竞争。在这样的形势下，就为地缘经济地域系统的形成与发展，创造了十分有利的国际环境。

3．世界经济一体化和区域集团化与地缘经济地域系统的互为作用

生产力的迅速发展和地域分工伸展到世界各个角落，促使世界经济一体化和区域集团化迅速发展，而地缘经济地域系统则是其重要的地域表现形式。区域经济集团化促进世界经济一体化；地缘经济区促进区域集团化，地缘经济地域系统的发展又必然推动世界经济一体化的进程。总之，两者是相互影响、互为促进的关系。

4．区域互补与规模经济的需要

区域互补包括资源（自然、社会、经济）互补、位置互补与时序互补等方面，有了区域互补的要求，才有形成地缘经济区的可能。

规模经济也是形成地缘经济区的重要动因。如欧洲多为小国，通过煤钢联盟—欧共体—欧洲联盟的途径，大大增加了规模经济效益，从而也为各国带来可观的社会经济实惠。

二、区域功能

促进社会经济快速协调发展是所有经济地域的首要功能，除此之外，地缘经济区还有特有的一些功能。

1．加强区域合作，促进区域经济一体化

由一些国家或地区所组成的特殊的经济地域，与各国国内的任何经济地域形式不同，是以各国各地区间的经济合作与共同发展作为自己的首要功能。其合作形式从低到高，由松散的合作走向联合，最终走向区域经济一体化。

2．协调地缘政治与地缘经济关系

地缘经济地域是在地缘政治的作用下逐渐形成的；地缘经济地域形成之后，又以地缘经济促进地缘政治向缓和与合作方向发展，从而有利于区域的和平发展与各国之间政治关系的不断改善。

3．不断协调各国各地区间的经济利益关系，促进地缘经济区协调发展

地缘经济区是由地域相连或相近的一些国家和地区组成的，在政治利益与经济利益等方面存在诸多矛盾，因此需要不断地进行利益协调，以促进区域经济协调持续发展。

4．带动外围地域的经济发展

地缘经济地域是所在国设想凭借各种优势和特殊的政策，尽快与国际经济接轨，加快经济发展。实践证明，各种地缘经济地域的经济发展速度均远远高于周围地域。正因如此，周围地域的国家和地区积极要求加入地缘经济地域组织，如欧盟与东盟。有的则不断加大对外辐射能力，带动周围地域的发展。

第三节 实例分析——以图们江地缘经济区为例

一、概况

图们江地缘经济区位于图们江下游中国、俄罗斯、朝鲜三国接壤地域，包括中国吉林省的珲春市，俄罗斯滨海边疆区的哈桑和朝鲜的罗津-先锋经济贸易区，面积约1万平方千米。

该地域位于东北亚地区中央的区位，有许多深水港分布于区内及其附近，其吞吐能力在1亿吨左右，是东北亚重要的物流中心。图们江地区也是东北亚地区实现水平分工与垂直分工的重要枢纽，日本的先进技术、设备、资金，韩国较为先进的技术、设备，俄罗斯远东与西伯利亚的能源、原材料与重工业产品，朝鲜的劳动力与金属原材料，中国东北的农产品与农产加工品、轻工业品与剩余劳动力，蒙古的畜产品与矿产品等，在实现分工过程中，这里则是重要的交汇点。正因如此，联合国专家经过调查分析之后，认为图们江地区是世界物流中心与未来工业化潜力最大的地区。

二、发展过程

图们江地缘经济区的形成与发展，地缘政治与地缘经济是决定性的因素。因此，称之为地缘经济区。

近代以来，东北亚地区就是大国争夺的重要场所，日本和俄罗斯两国争夺中国东北地区与朝鲜半岛是其主要内容。之后，又有两个阵营的对立以及朝美、朝韩与中苏等之间的矛盾与对抗，地缘政治在区域发展中起主导作用。

进入20世纪80年代以来，随着世界形势的变化，东北亚地区的政治形势也发生了明显变化。中国改革开放，中苏（俄）关系改善，中韩建交，中日关系的进一步改善；俄日、俄韩关系的改善，等等，使东北亚地区地缘政治关系发生很大变化。这样，就把东北亚地区经济合作提到日程，使地缘政治让位于地缘经济，后者则起主导作用。于是，才把图们江地区国际合作开发提到了日程。

20世纪80年代中期，我国专家学者经过对东北亚地区政治经济形势变化的认真分析，提出图们江地区国际合作开发的设想与建议，引起我国政府和国际社会的重视。80年代末我国已启动珲春—图们江地区开发项目，于1991年，联合国开发计划署在纽约正式宣布，将图们江地区开发列为其亚洲支持开发的首选项目，并提出20~30年的开发设想。我国先后成立了珲春开发区与珲春边境经济合作区，投资近40多亿元进行基础设施建设，大力进行招商引资，已有几十个外商与合资企业在边境经济合作区设厂并开工生产，珲春市的城市与口岸建设和工业生产已初具规模。2000年4月我国又批准在珲春设立出口加工区，为珲春的进一步发展创造了更为宽松的环境。目前，珲春市正依据江泽民主席题词"开发珲春，开发图们江，发展与东北亚的经济合作"的指示精神，积极推进图们江地区的国际合作开发事业。朝鲜设立了罗津-先锋自由贸易区，改造了罗津港，开辟中朝边境元町里为国家一类口岸，修筑两条由罗津到元町里的公路，中朝之间通过罗津港的货物运输正在积极发展。俄罗斯也在积极参加图们江地区国际合作开发事业，它开辟纳霍德卡自由经济贸易区，进行了大海参崴规划和扎鲁比诺港规划，拟建哈桑自由经济贸易区。中俄间建成了珲（春）—马（哈林诺）铁路，通向中俄边境的公路与口岸已经改造扩建，中国开始利用扎鲁比诺港与波谢特港。日本海地区各国之间定期与不定期航线已经或将要开通。总之，图们江地区国际合作开发正在不断地向前推进。

三、前景

如前所述，图们江地缘经济区属于地缘经济地域系统的第三个地域层次，属于增长三角类型。依据地缘经济地域的发展规律，图们江地区国际合作开发目前还处于第一阶段，即以中、俄、朝各自开发为主，双边合作开发为辅的阶段，毗邻三方在图们江地区开发方面都进行了大量工作；中俄与中朝之间在交通、通信、港口与口岸建设方面均进行了很好的合作，取得不少成绩。当开发进入到第二阶段，则将以双边与多边合作为主，各自开发为辅，各方的合作将更加密切。当进入第三阶段，则主要是多边合作开发，区域经济将走向一体化。最终将形成高水平的自由经济贸易区和东北亚地区另一个经济增长极，成为带动延边地区和新的亚欧大陆桥（由图们江口地区经长春、白城、阿尔山、蒙古乌兰巴托，进而经西伯利亚大铁路通向欧洲）与日本海沿岸地区经济发展的枢纽与桥梁。

第十五章　经济地域系统实证分析

　　经济地域系统是一种复杂的地域巨系统，是由经济地带系统、经济区系统、城市地域系统、规划区系统和地缘经济地域系统以及网络结构地域系统所组成的复合地域巨系统。未来随着社会经济的发展，还会有新的地域系统形式出现。过去认为只存在一种经济区系统的看法，显然不够全面。

　　经济地域系统是依据劳动地域分工规律和经济地域运动规律，又依据区域的条件特点而逐渐形成和发展起来的。吉林省的经济地域系统是全国，乃至世界经济地域巨系统的一个组成部分，也是经济地域系统的一个缩影，其形成发展则遵循共同规律；但是由于吉林省在区位条件与自然、社会、经济条件诸方面存在许多个性和特点，其经济地域系统也必然具有自己的特性。

第一节　吉林省经济地域系统的形成过程

一、概况

吉林省位于我国东北区的中部，西邻内蒙古自治区的兴安盟与通辽市，北为黑龙江省，南为辽宁省，东南以鸭绿江、图们江为界与朝鲜为邻，中朝边界有1200千米左右，东与俄罗斯滨海边疆区接壤，共同边界线为241.3千米，距日本海最近的直线距离为6千米，由中国、俄罗斯、朝鲜三国在图们江上的边界定位点至图们江出海口仅为15千米。因此，可以把吉林省定位为边疆近海省。

吉林省面积为18.74万平方千米，人口为2723万人（2006年），就面积与人口而言，是一个中等省份。就地貌条件而言，全省由东部长白山区、中部台地平原区和西部冲积平原区等三个地理单元所组成，也是省内形成三个地带的自然基础。

二、经济发展过程

吉林省的地域系统，是经历较长的历史过程，尤其是经历近现代的经济发展而逐渐形成的。有的地域系统则还处在形成过程之中。

长期以来，吉林省是我国少数民族居住的地方，以渔猎游牧经济为主，其东部长白山地区以渔猎经济为主，西部草原地区则以游牧经济为主，商品经济十分微弱。在古代，由于政治、军事需要，曾形成丸都山城（位于集安县）、渤海东京龙泉府（珲春八连城）、中京显德府（和龙西古城）、敖东城（渤海故国，位于敦化）、辽代黄龙府（农安）等古城。17世纪中叶，作为政治军事中心而形成的吉林乌拉城（今吉林市），对吉林省未来的社会经济发展有着重要影响。1860年清朝政府废除封禁政策之后，关内河北、山东乃至辽南的移民大量涌入，使吉林省的农业、手工业、商业开始发展起来。19世纪末20世纪初，中东铁路南满支线、四（平）洮（南），铁路和吉

（林）长（春）铁路建设，带动了吉林省中部地区的经济发展。日伪统治时期，由于政治军事的需要，加强了铁路与城市建设，形成了吉林省的铁路基本骨架，作为日伪首都——长春发展十分迅速，长春市和吉林市的外围城市（如延吉、通化、辽源、四平、白城等），作为地区级的政治经济中心已初步形成。新中国成立以后的半个世纪，是吉林省经济发展最快的时期。铁路与公路已形成网络体系，哈大高速公路与长（春）珲（春）高速与高等级公路的建设，为长（春）吉（林）城市群和哈大经济地带的形成提供了基础。商品性农业、汽车工业、石油开采与石油化工是吉林省最主要的产业优势与特点。由于各级城市的迅速发展，吉林省区域城市体系已初步形成。总之，吉林省经济还处于发展过程，其经济总量在全国处于中下等水平。但是，就经济地域系统而言，各种类型的经济地域均已具备，有的已经形成，有的还处于形成过程之中。

三、地域系统形成过程与现状

吉林省最早形成的是经济区系统，在地域分工与行政区划的作用下，已形成省级经济区、地区级经济区和县级经济区的三级经济区划体系。经济地带只是形成中、东、西三个地带的初步雏形。未来，随着工业化与城市化的不断进展，东北中部自齐齐哈尔—大庆—沿哈大高速公路与高速铁路沿线地区，将形成较为发达的经济地带，东西两侧随着东边道路与西边道（指铁路与公路）建设，将形成发展水平不等的东部经济地带与西部经济地带。吉林省现已形成区域城市系统，属于城市地域系统的第三个层次，城市群和城市带还未形成；特大城市——长春和吉林二市，仍处于以极化作用为主的集聚阶段，对外的扩散带动作用还不明显，下一步主要是促进长吉城市群的形成，实现长吉一体化，进而实现吉林省中部地区的城市连绵带，最终要促进东北中部城市地带与经济地带的形成。吉林省已拥有各种类型的规划区，如松花湖流域规划区、诸种开发开放规划区和城镇综合规划区等。图们江地缘经济区在本书第十四章已专门进行了论述。

第二节　吉林省经济地域系统的类型与功能

吉林省经济地域系统类型与功能的状况，如表15-1所示。通过表15-1，可以说明：

表15-1　吉林省经济地域系统类型与功能的状况

系统	层次与类型	区位与地域范围	形成发展机制	主要功能	发展态势
经济区系统	省级经济区地区（市）级经济区 县级经济区	吉林省全域各地（市）地域范围；各县地域范围	1. 劳动地域分工与经济地域运动规律的作用 2. 省域行政区划的作用 3. 各种资源条件的影响	1. 发挥区域优势，促进专门化部门发展 2. 发挥中心城市的作用	1. 各级经济区不断增加经济总量，促进区域创新 2. 以经济区为基础，不断通过分化组合，形成新的地域组织形式
经济地带系统	中部经济地带 东部经济地带 西部经济地带	中部台地平原区（哈大铁路与吉长铁路沿线）；吉长以东长白山地区；西部草原区	1. 经济技术梯度的地带差异 2. 三个地带的自然基础 3. 交通网络状况的地区差异	1. 充分发挥中部地带的优势 2. 带动东西部地带的发展 3. 长白山地区林业资源保护，西部生态环境的改善	1. 集中力量促进吉林省经济重心——中部地带的发展 2. 东部地带将以东边道为纽带，以珲春、丹东为窗口，带动其发展 3. 西部地带将以发展草原生态经济为突破口
城市地域系统	区域城市系统 地区城镇系统	以长吉二市为中心的大部分城镇；白城地区的城镇系统	1. 城市化与工业化发展水平 2. 行政区划网的作用	1. 促进以长吉为核心的中部城市群的形成 2. 协调城市之间、城市与区域之间的关系	1. 促进长吉城市群的形成发展 2. 进而形成东北中部城市带

系统	层次与类型	区位与地域范围	形成发展机制	主要功能	发展态势
规划区系统	开发区 高技术开发区 城市规划区 县镇规划区 工业集中区 流域规划区 生态经济规划区	长春经济技术开发区 长春、吉林高新技术开发区 珲春边境经济合作区 松源、临江、长白、集安、敦化与图们省级开发区等	1.地区已有的经济基础与发展条件 2.人为因素、政策决策的作用	1.加强重点地区建设 2.带动区域经济发展	1.重点发展高新技术开发区与经济技术开发区 2.重点促进长吉二市的发展和地（市）级城市的发展
地缘经济地域系统	图们江地缘经济区	包括中国珲春、朝鲜罗津-先锋经济贸易区和俄罗斯滨海边疆区的哈桑区	1.区位条件 2.地缘政治与地缘经济的作用	1.吉林省对外开放的窗口 2.带动延边外向型经济的发展	由初级发展阶段向中、俄、朝三者的区域一体化方向发展

（1）本书第三篇所阐述的经济地域系统的五种地域系统类型，在吉林省全都存在，有的已经成型，有的还是雏形。

（2）由于吉林省经济在全国还处于中下等水平，其经济地域系统的层次还比较低，如经济地带系统还只是雏形；在城市地域系统中还没有形成城市群，城市地带更需相当时日才会形成；图们江地缘经济区也还处于发展的初级阶段。只有通过大力发展商品经济，深化地域分工，迅速发展生产力，才能不断提高吉林省的经济地域系统层次。

（3）经济地域系统结构均具有区域性。吉林省中、东、西三大地理单元为经济地带的形成提供了地理基础，也为产业的发展提供了基础，如东部山区的林矿经济，中部地区的农业与加工业，西部地区的草原生态经济等。图们江三角洲三国毗邻，又面向日本海，从而为图们江地缘经济区的形成发展创造了条件。

（4）对吉林省经济地域系统研究的目的在于：①认识经济地域系统形成发展的内在规律及其复杂性，遵循各种地域系统类型形成发展的内在规律，使其健康地发展，因此不能以偏概全，用一种类型规律代替其他系统类型的规律；②运用地域综合思想，遵循经济地域系统的共性规律及各系统类型的个性规律，有针对性地促进吉林省经济地域系统（格局）的可持续发展，以推动吉林省社会经济的良性快速发展。

第三节　吉林省经济地域格局的发展态势

（1）吉林省是全国经济地域系统的子系统，在东北亚与东北区的区域经济中居于重要地位。从长远地域格局看，边疆近海、大通道与十字枢纽，则是其主要区位特点。

关于边疆近海的特点前已述及。大通道与十字枢纽则是指未来北起俄罗斯雅库茨克经黑河大桥直达大连，过海与山东半岛相连的南北铁路、公路大通道，以及东起图们江口，横穿吉林省，经蒙古与西伯利亚铁路衔接的东西向的新亚欧大陆桥（包括铁路与公路）。其南北、东西的交汇处则是长春。这样一种21世纪的区位态势，必将为吉林省经济的发展带来新的机遇与动力。

（2）中部地带是吉林省经济发展的重心，也是今后相当时期内全省发展的重点地区。首先，是促进长春市和吉林市的进一步发展，以此带动中部城市群的形成，进而带动东北中部城市地带和经济地带的出现。以优质、高效的生态农业与农产品加工业、汽车与零部件生产、石油化工与深加工和高新技术产业为今后的主要产业发展方向。加强中部地带内的产业关联，使中部地带形成网络发达、产业联系密切的发达的经济地域。

（3）东部地带是次于中部地带的发展中的经济地域。图们江地缘经济区的我国部分位于本地带内。这一地带是东北地区的生态屏障，是三江之源，应在森林资源与水源保护的前提下，发展林产经济、立体农业、中医药、食品加工业和旅游业。完善东边道路交通系统（指东部南北向的铁路与公路线）。用图们江地区的国际合作开发带动延边自治州外向型经济的发展，借助辽宁的丹东港，促进通化、白山地区的对外开放。

（4）吉林西部地带是全省较后进的地域，生态环境又比较脆弱，退耕还草还林，改善生态环境，发展草原经济，应是主要发展方向。发展草业、灌溉农业、农牧业、食品工业、轻工业和某些加工业与零部件产业，应是近期内的产业发展方向。

关于吉林省经济地域格局发展态势可见图15-1。

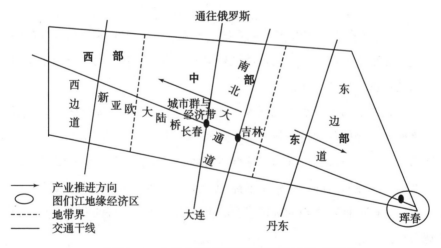

图15-1　吉林省经济地域格局发展态势示意图

第十六章　经济地域系统的协调与调控

区域是地理学研究的核心，是地理学理论的源泉，也是地理学实践的广阔空间。自从地理学诞生以来，人们始终围绕区域在探讨与发展理论，并围绕区域不断认识世界和适应与改造世界。例如，天人合一论、地理环境决定论、人地关系适应论和人地关系和谐论等，都是人们不断认识区域的理论概括。

区域关系是地理学理论与实践始终面临的主要课题，早期研究地理学，由于人们活动范围与认识能力有局限，只能对一定范围的区域关系进行认识和对比。但是，到了当今时代，由于科技革命和社会经济的迅猛发展，人们认识能力的不断提高，人们已经能够把世界作为一个有机整体去认识，并且能够认识其复杂的区域关系，对其进行宏观调控，使其和谐地可持续发展。

第一节　世界地域巨系统及其地域关联

当今世界已经形成十分复杂的地域巨系统，包括自然地域巨系统、经济地域巨系统和人文地域巨系统三大部分，各个巨系统还形成许多子系统，由于人类活动和社会经济的巨大作用，形成复杂的地域关联和诸多的区域关系。地域系统之间密切相连，相互交叉渗透，互为制约。世界地域巨系统及其系统关联与区域关系可见表16-1。

通过表16-1可以看到，世界是一个十分复杂的地域巨系统。

表16-1 世界地域巨系统及其系统关联与区域关系

世界地域巨系统	世界地域子系统	世界性的区域关系	世界主要区域问题
自然地域巨系统	海陆分布系统 自然景观带系统 自然生态地域系统 全球自然区划系统	世界大洲、大洋的分布关系 大地貌单元的区域关系 世界地下、地上资源的分布关系	世界环境问题 世界资源问题 世界粮食问题
经济地域巨系统	经济地带系统 经济区系统 城市地域系统 规划区系统 地缘经济地域系统 网络地域系统	经济地带间的区域关系 经济区系统的区域关系 城市地域系统间的区域关系 城乡关系 地缘经济地域系统的层次关系 网络中心与网络外围的地域关系	发达国家与发展中国家和后进国家发展差距不断拉大问题 发展中国家和后进国家城乡二元结构问题 世界经济一体化与区域集团化关系的问题
人文地域巨系统	政治区划系统 人口地域系统 民族地域系统 文化地域系统 宗教地域系统	世界各国、各集团间的政治关系 世界民族分布与区域关系 文化、宗教地域分布与区域关系 世界人口分布与区域人口容量的关系	世界多极化发展趋势问题 民族问题、宗教问题与文化差异问题 世界人口问题

主要遵循自然规律所形成的自然地域巨系统，包括地质结构系统、地貌结构系统、大气环流系统、海洋与陆地水文系统、世界生态系统和世界综合自然区系统等。对人类影响较大的区域关系则有海陆分布关系、自然景观带的地域分布关系、自然生态地域系统关系和综合自然地域系统关系等。

主要遵循经济规律所形成的经济地域巨系统，包括全球一体化与区域集团化地域系统（即世界地缘经济地域系统）、全球性的经济地带系统、世界城市地域系统和国家级的经济区系统等；其主要区域关系有发达国家与发展中国家和后进国家的区域关系、世界核心区域与外围区域的关系以及世界性大经济地带之间的关系等。

主要遵循社会规律所形成的社会人文地域巨系统，也即人地关系巨系统，主要包括全球性的国家政治与军事系统、国家政区系统、世界文化与宗教系统等，其主要区域关系表现为国际关系与国家之间的关系等。

由于上述系统与地域诸关系的综合作用，出现了目前世界诸多的区域问题。主要有世界环境问题、资源问题、粮食问题与人口问题；就经济问题而言，主要是世界经济发展不平衡与二元结构问题；就社会人文领域而言，主要是单极与多极的矛盾、民族与宗教问题及文化的差异等。

上述三个地域巨系统彼此联系、互为制约，构成了十分复杂的世界人地关系地域巨系统，这种区域关系由于世界各国各地区的复杂性，其表现形式也有所不同。

第二节　我国的地域系统与区域关系

反映我国区域关系的地域系统是世界地域巨系统的一部分，但是，由于我国自然、经济、社会的差异性，我国的地域系统与在世界地域巨系统中具有明显的区域特点，其主要特点是：

（1）三大地貌单元构成我国社会经济发展的自然基础，三大经济地带与主体功能区的划分，都是以我国的地域系统为自然基础的。

我国的北部沙漠和几大草原地区是全国重要的生态屏障；耕地主要集中在东部沿海与中部平原地区；几大河流域的中下游是我国人口与城市最

为集中的地区。

（2）三大经济地带反映了我国主要的区域关系。经济梯度东高西低，资源梯度西高东低，形成了重要的区域互补关系。东部是我国改革开放的前沿，是承接与推进产业转移的主要基地；中部将是未来重点发展的地区，也是保证我国粮食安全的稳压器；西部的资源有待开发，是我国现在和未来的能源与原材料基地，其生态环境有待改善，向西开放与承接产业转移过程中其经济也将得到快速发展。

（3）城镇体系的快速发展反映了我国区域关系的新特点。随着我国工业化与城市化的迅猛发展，城市人口快速增长，特大城市与大中城市不断涌现，其规模不断扩大，由此而带来的区域关系问题表现在：一是多数核心城市无限扩张，向外扩展"摊大饼"，不断增强其经济实力，但是对其周围城市和地区带动作用不大；二是形成了畸形的区域城镇体系关系，特大城市、大城市与其他城镇的差距与矛盾越来越大，城乡之间二元结构的矛盾日益突出；三是我国绝大多数城市分布在东部与中部平原地区，我国的城市群与未来的工业地带与城市带也将位于这一地区。与此同时，这里又是我国主要农业地区，城市用地无限扩张与我国农业用地的不断减少，形成了尖锐矛盾，从而严重影响了我国的粮食安全。

（4）行政区划系统发挥新的作用。我国的行政区划体制延续了几千年，对维护我国的独立、发展与社会稳定，发挥了独特的作用。虽然新中国成立后，我国政权的性质发生了变化，但是，行政区划体系的功能基本上是相同的。行政区划所反映的区域关系是各级政权的垂直关系与水平关系。在新的形势下，各级政权的职能已经由政治管理，转向服务人民、发展经济和建立和谐社会的新职能。目前，在实践过程中反映出来的主要问题是行政区划的管理体系与发展社会主义市场经济的不适应。主要表现是以行政区划为单元的地方保护主义，阻碍区域经济关系的正常和健康地发展。从而，进一步扩大了区域之间经济发展的差距，十分不利于和谐社会的建设。

（5）我国区域关系发展的基础与背景及其特殊性。我国是世界上的人口大国，人口密度为世界平均水平的3倍多，又是人均资源量较为贫乏的国家，尤其是耕地资源仅为世界人均水平的40%。16亿亩[①]耕地养活13亿人口，这在世界上也是奇迹。与此同时，我国又是发展中国家，正处在工业化与城市化的发展势头上。工业、城市与人口又主要集中在平原农业地区，城市的无限发展与扩充和耕地面积的不断缩小，尤其是基本农田的不断缩小，构成我国当前十分突出的矛盾与问题。随着国际粮价的不断上涨，粮食已成为国际性的战略物资，是国际政治的重要内容。因此，保护耕地和保证我国的粮食安全，已成为我国社会经济发展战略的首要内容。

我国区域关系的基本特点，可以用图16-1进行表述。

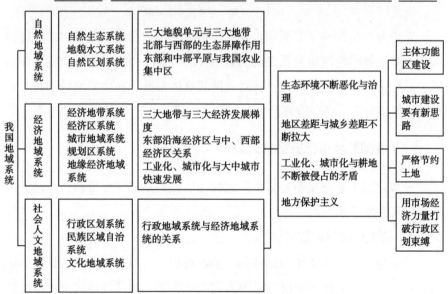

图16-1　我国地域关系的基本特点

通过图16-1可以看到，我国区域关系存在突出矛盾：一是由海陆相关位置和人为因素造成的生态环境不断恶化和北部与西部生态屏障作用的日

――――――
① 1亩 =667 平方米。

益突出；二是区域差距与城乡差距进一步拉大；三是在世界经济发展的浪潮中，随着我国工业化与城市化的迅猛发展，核心农业区域不断被缩小，被侵占；四是上述问题的产生与进一步发展，也与地方保护主义、体制、机制和思路、观念有关。从而，形成城市化与工业化→生态环境恶化→区域间、城乡间差距拉大→基本农田不断缩小的恶性循环局面。

第三节　我国地域系统与区域关系的调控与对策

党中央提出的科学发展观、建立和谐社会和社会主义新农村建设等决策，为解决我国的区域关系提出了努力方向与奋斗目标，主体功能区建设等也提出了具体做法。但是，针对我国的具体情况，在协调地域系统与解决区域关系方面，还应有新的思路和新的举措。

一、我国的城市化道路怎么走

城市化与工业化是新形势下形成我国区际关系的主要机制，也是产生矛盾与问题的重要方面。

1．关于集聚与扩散规律

产业与中心城市集聚与扩散是一条客观规律，以现代工业为代表的第二、第三产业采取集中紧凑布局的形式不断集聚，而其载体城市也不断扩展，当其集聚到一定程度，开始走向扩散，在新的扩散点又会走向新的集聚，这是工业社会产业与城市发展的一条客观规律。

但是，城市扩展，尤其是大城市的扩展是否应有个"度"？我国许多大城市、特大城市无限向外扩展"摊大饼"，是否符合城市发展的客观规律是值得商榷的。我国行政管理体制与区域界限的作用，直接推动了大城市和特大城市的无限扩展，相反的却阻碍了对其周围城市的带动，并造成了城市关系的不协调和城乡二元结构。

2．关于城市郊区化问题

一些发达国家的大城市和特大城市均经历了郊区化过程，别墅和其他高档生活娱乐设施的兴建，高收入人群由城市中心区纷纷移往生活条件优越的郊区。那么，针对我国土地与耕地都十分紧张的局面，郊区化的道路该怎么走是值得认真研究的课题。有一点是可以肯定的，那就是我们不能按西方郊区化的模式去发展我国的郊区经济。

3．关于我国城镇体系建设与城市规划

人口众多与耕地较少的我国与美国等一些发达国家不同，但与日本有相似之处。因此，其城镇体系建设与城市规划思路与一些发达国家有很大的不同。最大限度地节约城市用地与农业用地应是我国城镇体系建设与城市规划的总原则与根本指导思想。为此，一是我国大城市与特大城市不能走无限扩张的老路，要有一个适度的发展规模，并且要支持带动周围地域中小城市的发展；二是不能走西方发达国家郊区化的路子，要严格节约郊区每一寸农业用地，也不能发展占地面积过多的豪华别墅。因此，我国的城乡规划法也应进行适当的修改。

二、关于我国的区域土地关系

从总体上看，我国地势西高东低呈阶梯状，山地约占全国陆地面积的2/3，平地不足1/3。西部山地、东南沿海与东北东部山地和北部高草原地区是我国的生态屏障。位于几大河流域中下游的平原地区是我国基本农田的主要分布区域，可以说，这里是保证我国粮食安全的基本核心地区。但是，这里又是我国工业、城市与人口分布最集中的地区。随着工业化与城市化的迅猛发展，产业与人口不断向这一地区集聚，大城市与特大城市不断扩展，新的城市又不断涌现，城市群在不断发展，城市连绵带也在形成过程中。从而，土地（主要是耕地）与城市发展的矛盾日益突出。

除1949～1957年国家大规模垦荒致使耕地面积有所增加外，我国耕地面积迅速减少，1957～2005年共减少22650万亩，其中建设占用耕地5352.85万亩。今后，城市用地的扩展和侵占农田的现象将有增无减。在此期间，我国已大规模开垦新土地，适当缓解工业、城市用地与农业用地的矛盾。但是，耕地的质量将有所下降。与此同时，我国耕地开发的潜力已很有限，现有耕地数量、质量与我国日益增长的社会经济和城市用地的要求，形成十分尖锐的矛盾。如何在促进工业化与城市化过程中，保护好我国耕地资源，确保我国粮食安全，实为今后长时期内我国社会经济发展的重要战略任务。

（1）控制耕地的数量与规模、严格保护基本农田，是解决土地关系与城乡关系的根本，是我国的基本国策。

（2）严格控制工业用地与城市用地，严格控制与限制各类开发区用地。工业与城市的发展应采取紧凑布局的方针，充分挖掘城市内的土地资源，大城市应向高层与地下扩展。城市的扩展、城市群与城市连绵带的发展，要严格绕开基本农田，不占或少占农田，多利用各类荒坡地。

（3）为了严格管理好我国的国土资源（尤其是农业土地资源），结合我国国情有序地进行城市建设，应实行大部委制，将国土资源部与城乡建设部合并，这有利于协调解决土地关系与城乡关系和城市建设与保护农业用地关系。

三、关于我国生态环境建设

1．生态环境建设的地理背景

我国周围地区的中亚、蒙古高原与东西伯利亚高原均为半干旱少雨地区，是主要的风沙源与寒流来源地。

我国的三大地貌单元是我国生态环境的地理基础，西北各省区、北部的广域沙漠与几大草原和东北平原两侧的山地，构成为我国的生态屏障，保护着我国中部和东部地带的工农业和城市的发展。

新中国成立以来，几期的"三北"防护林建设、全国开展的植树造林活动和草原建设，均发挥了积极作用，对于改善西部地区生态环境，保护中、东部地区基本农田，乃至保护中、东部地区工业与城市发展均发挥了重大作用。

但是，由于世界气候变化，尤其是人为地对沙漠地区的开发与破坏、在草原地区的过度放牧与开垦已造成了严重后果，如沙尘暴天气增多、沙漠化与草原退化加剧，一些地区林业资源枯竭，等等。至于一些工业地区，以煤为能源和重化工业发展所造成的大气污染与水污染的形势也十分严重。

2．生态环境建设的主要举措

（1）西部大开发是积极的生态环境建设

我国自实施西部大开发战略以来，对西部地区的基础设施建设和生态环境建设进行了大量的投入，取得了明显成效，如内蒙古大通道建设及各省区高等级、高速公路建设进展明显；三江源的治理、治沙、遏制草原退化工作成绩显著。生态环境建设仍将是西部大开发的重点工作。

（2）"三北"防护林建设

"三北"防护林建设对于保护东北、华北、西北地区农田，防风、防沙、固沙，使农田稳产高产发挥了十分重要的作用，现已完成了三期工程，正在开展第四期建设。

（3）绿色生态屏障建设

东北的长白山山脉、大兴安岭山脉、华北与内蒙古的部分山脉，均具有极其重要的生态屏障作用。大力发展林业与保护林业，封山育林、退耕还林、发展林下产业，可促进林区可持续发展，并能充分发挥其生态屏障作用。

（4）草原生态建设

我国北方的几大草原世界闻名，但是近年来，草原沙化、盐碱化与退化严重，必须大力进行整治。一是要严格禁止散牧，实行圈养或者围栏放牧；二是要减少草原牧区人口，使人口向村镇集中；三是要积极治沙，防止草原沙化。

（5）主体功能区建设

主体功能区建设是科学发展观和可持续发展思想的具体落实，是三个地带思想的发展。主体功能区划覆盖全国各地，各个地区只要遵循主体功能区划的原则和要求，就有利于生态环境建设与可持续发展。各种保护区均属禁止开发区；对生态脆弱地区划为限制开发区，其一切活动应以保护生态环境为重点；在生态环境和经济基础较好的地区确定为积极开发区与重点开发区，其经济发展必须贯彻节能减排、规模经济、循环经济与可持续发展的要求，不能走先污染、后治理的老路。

四、体制、机制与我国区域关系的协调

我国区域关系的形成直接与其自然、经济、社会人文基础有关，也与我国的体制、机制相关联，而且作用十分明显。

1．我国的人地关系系统与可持续发展的体制、机制

我国的海陆分布形势、三大地貌单元与北部、西部和山地的生态屏障作用，对我国社会经济发展影响很大。新中国成立以来，先后提出正确处理沿海与内地关系、三大经济地带和主体功能区建设，反映了人们对我国区域关系认识的不断深化和体制的不断完善。

主体功能区建设将为我国生态环境建设与可持续发展作出贡献，但是，由于体制、机制的不完善，在实施过程中还会出现诸多问题。因此，还需要一系列解决区域关系的新机制。

2．关于城市管理与土地管理的体制与机制

城市发展与农业用地的矛盾，主要是由于工业化与城市化所引起的，而工业化与城市化进程还会加速。但是，体制、机制也是使矛盾加剧的一个重要原因。

体制、机制上的主要问题是管理体制上的条块分割，城乡建设部只管

城市建设，不过问土地使用，而国土资源部虽然强调保护农业用地，但对城市建设用地无权直接控制。建立大部委制，使城乡建设部与国土资源部合并为一个大部委，有利于从管理体制上理顺关系。

为严格节约城市用地与保护基本农田，应在体制、机制上有所创新。我国的城市建设不能再走一些发达国家的城市无限扩张和郊区无限扩展、侵占农田的老路。因此，城市建设应有新思路，城市用地管理应有新的体制、机制作保证。

在土地管理方面，严禁开发区与工业集中区占用基本农田，并用制度与法律来保证。我国的城乡规划法也应进行适当的修改与补充。

3．我国行政区划与行政管理的体制与机制

我国的行政区划体系与世界许多国家不同，其管理体制与发达国家很不一样。我国的行政区划体系延续了几千年，新中国成立以后，行政区划的调整与改革，使行政区划体系更加完善。我国的行政区划体系与行政管理制度，对保证与维护我国的集中统一领导，促进民族团结，集中全国力量保证重大任务的完成和促进社会经济的快速发展，均发挥了重大的保证作用，体现了社会主义制度的优越性。

但是随着社会主义市场经济的不断发展，行政区划体系与经济区划体系和城镇地域体系之间（即区域关系之间）的矛盾与不适应越来越突出。主要表现在：

（1）现有城镇地域体系内，大城市、特大城市与中、小城市的矛盾与差距加大，目前的管理体制只会使大城市和特大城市自我不断扩大，实力不断增强。相反的，市管县的体制阻碍了县域经济发展，更加剧了矛盾，并扩大了差距。

（2）现有的行政区划体制助长了地方保护主义的盛行。①现有的行政区划体制阻碍了要素与产业的合理流动，妨碍社会主义市场经济的健康发展；②各个地域单元都在谋求自己的快速发展，有水快流，不惜牺牲资源与环境代价，加剧了区域竞争；③为了做大做强城市和区域经济，变相

地占用大量耕地，尤其是基本农田，这种状况今后还会不断恶化。

上述状况的改变，必须经过体制、机制的改革与创新，不断地促其实现。主要有以下几方面：

一是要靠市场经济的力量和区域竞争的机制，冲破地方保护主义，在经济一体化与区域集团化的过程中，通过加强区域合作与产业对接，使行政区划体系与管理制度成为搞活区域经济的动力。

二是改变现有的市管县管理体制，大量向县级放权，形成省管县的管理体制，激活县域经济。

三是对各级行政部门的考察。重视国内生产总值（GDP），更要重视绿色GDP，重视可持续发展；同时，各级地域单元应有长远的发展战略规划，并应通过立法来保证，使其不受领导人的频繁更选所左右。

主要参考文献

［1］阿尔夫雷德·赫特纳. 地理学——它的历史、性质和方法［M］. 北京：商务印书馆，1986.

［2］阿瑟·刘易斯. 劳动力无限供给条件下的经济发展：二元经济论（中文版）［M］. 北京：北京经济学院出版社，1989.

［3］艾伦 W 伊文. 城市经济学［M］. 甘世杰等译. 上海：上海远东出版社，1992.

［4］艾萨德. 区域科学导论［M］. 陈宗兴等译. 北京：高等教育出版社，1990.

［5］巴朗斯基. 论地理分工. 见：杨郁华译. 经济地理学论文集［C］. 北京：科学出版社，1958.

［6］波德纳尔斯基. 古代的地理学［M］. 杨昭锡译. 北京：商务印书馆，1986.

［7］曹廷藩，张同铸，杨万钟等. 经济地理学原理［M］：北京：科学出版社，1991.

［8］陈才，李广全，杨晓慧等. 东北老工业基地新型工业化之路［M］. 长春：东北师范大学出版社，2004.

［9］陈才，李文华. 世界经济地理［M］. 北京：北京师范大学出版社，1999.

[10] 陈才，刘曙光．面向21世纪的我国区域经济地理学科理论体系建设 [J]．地理科学，1998（5）：393～400．

[11] 陈才，毛汉英．苏联经济地理（下册）[M]．北京：科学出版社，1985．

[12] 陈才，修春亮．对东北区经济地域系统形成发展机制的再认识 [J]．地理科学，1995（3）：217～225．

[13] 陈才，袁树人．东北亚经济合作与图们江地区开发 [M]．长春：东北师范大学出版社，1997．

[14] 陈才．试论经济地理学的发展趋向 [J]．地理学报，1962（4）：7～15．

[15] 陈才．区域经济地理学基本理论问题研究 [M]．长春：东北师范大学出版社，1987．

[16] 陈才．我国社会主义市场经济与经济地理学科的发展 [J]．地理学报，1995（3）：185～191．

[17] 陈才．世纪之交东北亚经济格局的变化 [J]．世界地理研究，2000（3）：319～325．

[18] 陈才．区域经济地理学 [M]．北京：科学出版社，2001．

[19] 陈才．区域经济地理学原理 [M]．北京：中国科学技术出版社，1991．

[20] 陈栋生．经济布局的理论与实践 [M]．沈阳：辽宁大学出版社，1989．

[21] 陈宗兴等．经济活动的空间分析 [M]．西安：陕西人民出版社，1989．

[22] 崔功豪等．区域分析与规划 [M]．北京：高等教育出版社，1999．

[23] 大卫·李嘉图．政治经济学及赋税原理 [M]．郭大力，王亚南译．北京：商务印书馆，1997．

［24］迪维诺 P．生态学概论［M］．北京：科学出版社，1987.

［25］丁四保，王力等．内陆边境地区对外开放的区域模式研究［M］．长春：东北师范大学出版社，1994.

［26］丁四保．马恩列斯论劳动分工．见：陈才．区域经济地理学基本理论问题研究［M］．长春：东北师范大学出版社，1987.

［27］董锁成．经济地域运动论：区域经济发展的时空规律研究［M］．北京：科学出版社，1994.

［28］董锁成．21世纪中国可持续发展新论：人口·资源·环境与发展问题模式对策［M］．西安：陕西人民出版社，1998.

［29］俄林．地区问题与国际贸易［M］．王继祖等译．北京：商务印书馆，1986.

［30］恩格斯．英国工人阶级状况．见：马克思，恩格斯．马克思恩格斯全集（第二卷）［M］．北京：人民出版社，1972.

［31］恩格斯．自然辩证法［M］．北京：人民出版社，1971.

［32］方甲．产业结构问题研究［M］．北京：中国人民大学出版社，1997.

［33］封志明，王勤学．资源科学论纲［M］．北京：地震出版社，1994.

［34］顾朝林．中国城镇体系［M］．北京：商务印书馆，1996.

［35］何伟．新经济地理学研究文献综述［J］．经济学动态，2004（7）：100～105.

［36］河南大学地理系．区域可持续发展理论、方法与应用研究［M］．开封：河南大学出版社，1997.

［37］胡兆量，陈宗兴，张乐育．地理环境概述［M］．北京：科学出版社，1994.

［38］胡兆量等．经济地理学导论［M］．北京：商务印书馆，1986.

［39］湟克拉索夫ＨＨ．区域经济学：理论、问题、方法［Ｍ］．许维新译．北京：东方出版社，1987．

［40］克尔日查诺夫 斯基．苏联经济区划论文集（1917～1927）［Ｍ］．王守礼译．北京：商务印书馆，1961．

［41］克拉克ＧＬ，费尔德曼 ＭＰ，格特勒 ＭＳ．牛津新经济地理学手册［Ｍ］．北京：商务印书馆，2005．

［42］李小建．经济地理学［Ｍ］．北京：高等教育出版社，1999．

［43］李晓帆．生产力流动论［Ｍ］．北京：人民出版社，1993．

［44］李振泉，李祯，王本琳等．吉林省地理［Ｍ］．长春：吉林文史出版社，1991．

［45］李振泉，石庆武．东北区经济地理总论［Ｍ］．长春：东北师范大学出版社，1989．

［46］理查德·哈特向．地理学的性质——当前地理学思想述评［Ｍ］．北京：商务印书馆，1996．

［47］列宁．俄国资本主义的发展．见：列宁．列宁全集（第八卷）［Ｍ］．北京：人民出版社，1984．

［48］林德金．实用省市地县现代规划［Ｍ］．北京：光明日报出版社，1988．

［49］刘盛佳．地理学思想史［Ｍ］．武汉：华中师范大学出版社，1990．

［50］刘曙光，陈才．条件要素研究与区域经济地理学建设［Ｊ］．世界地理研究，1998（2）：1～7．

［51］刘伟，黄达．工业化进程中的产业结构研究［Ｍ］．北京：中国人民大学出版社，1995．

［52］陆大道．西方"主流经济地理学"发展基本议题演变的评述——为"牛津经济地理学手册"中译本所作序言［Ｊ］．地理科学进展，2005（3）：1～7．

［53］陆大道．区位论及区域研究方法［M］．北京：科学出版社，1988．

［54］罗伯特·迪金森．近代地理学创建人［M］．葛以德译．北京：商务印书馆，1980．

［55］马洪，房维中．中国地区发展与产业政策［M］．北京：中国人民大学出版社，1994．

［56］马克·波拉特．信息经济论［M］．李必祥等译．长沙：湖南人民出版社，1987．

［57］马克思，恩格斯．马克思恩格斯全集（第四卷）［M］．北京：人民出版社，1975．

［58］马润潮．人文主义与后现代化主义之兴起及西方新区域地理学之发展［J］．地理学报，1999（4）：365～372．

［59］钱纳里，鲁宾逊，塞尔奈因．工业化和经济增长比较研究［M］．吴奇，王松宝等译．上海：生活·读书·新知三联书店，1996．

［60］钱纳里．结构变化与发展政策［M］．朱东海，黄钟译，北京：经济科学出版社，1991．

［61］钱学森．一个科学新领域——开放的复杂巨系统及其方法论［J］．城市发展研究，2005（5）：1～8．

［62］钱学森等．论地理科学［M］．杭州：浙江教育出版社，1994．

［63］萨乌什金．苏联经济区划的理论与方法［M］．杨郁华等译．北京：科学出版社，1963．

［64］萨乌什金．经济地理学——历史、理论、方法和实践［M］．毛汉英等译．北京：商务印书馆，1987．

［65］塞风，陈淮，李洪．生产率与支柱产业的发展［M］．北京：中国人民大学出版社，1994．

［66］索洛．经济增长理论：一种解说［M］．胡汝银译．上海：上

海人民出版社，1994.

　　［67］田雨丰等. 吉林经济科技社会发展战略（1988～2000）
［M］. 长春：吉林人民出版社，1991.

　　［68］万本太. 中国经济地域发展战略的理论研究［M］. 长春：吉
林文史出版社，1986.

　　［69］王恩涌，王正毅，楼耀亮等. 政治地理学：时空中的政治格局
［M］. 北京：高等教育出版社，1999.

　　［70］吴传钧，侯锋. 国土开发整治与规划［M］. 南京：江苏教育
出版社，1990.

　　［71］吴传钧，刘建一，甘国辉. 现代经济地理学［M］. 南京：江
苏教育出版社，1997.

　　［72］吴殿廷. 区域分析与规划［M］. 北京：北京师范大学出版
社，1999.

　　［73］吴殿廷. 区域分析与规划高级教程［M］. 北京：高等教育出
版社，2004.

　　［74］夏禹龙，冯之浚. 梯度理论和区域经济［J］. 研究与建议，
1982（8）：15～16.

　　［75］小岛清. 对外贸易论［M］. 周宝廉译. 天津：南开大学出版
社，1986.

　　［76］熊彼特. 经济发展理论：对于利润、资本、信贷和经济周期的
考察［M］. 何畏等译. 北京：商务印书馆，1991.

　　［77］亚当·斯密. 国民财富的性质和原因的研究（国富论）
［M］. 郭大力，王亚南译. 北京：商务印书馆，1997.

　　［78］杨公朴，夏大慰. 产业经济学［M］. 上海：上海财经大学出
版社，1988.

　　［79］杨公朴，夏大慰. 现代产业经济学［M］. 上海：上海财经大
学出版社，1999.

［80］杨开忠. 中国区域发展研究［M］. 北京：海洋出版社，1989.

［81］杨树珍. 中国经济区划研究［M］. 北京：中国展望出版社，1990.

［82］杨万钟. 经济地理学导论［M］. 上海：华东师范大学出版社，1992.

［83］詹姆斯·威勒，彼得·穆特. 空间经济分析［M］. 王兴中，李晓宝译. 乌鲁木齐：新疆人民出版社，1988.

［84］张超，沈建法. 区域科学论［M］. 武汉：华中理工大学出版社，1991.

［85］张万清，杨树珍. 区域合作与经济网络［M］. 北京：经济科学出版社，1987.

［86］张文忠. 区位论［M］. 北京：科学出版社，2000.

［87］周一星. 城市地理学［M］. 北京：商务印书馆，1997.

后　记

地理科学是一门历史悠久的学科，与人类文明史同步成长。经历了长时期的地理描述与知识积累阶段，又经历了近代的学科分化与理论辉煌时期，进入现代，地理科学站在了参与解决诸多区域问题的前沿。随着时代的变化和需要，地理科学不断推陈出新，经久不衰。

地理科学作为一门基础学科，能在世界科学体系中占有重要的地位，就在于其固定的、特殊的研究领域——地球表层空间，学科的特有属性——地域性与综合性，以及传统的思维与研究方法——地理思维、区域研究与地域综合思想与方法。

经济地理学与区域经济地理学是地理学科体系中年轻的重要分支学科，自诞生到现在已有200多年的历史，发展十分迅速，在理论建设和参与解决诸多的社会经济问题与区域问题方面，发挥了学科优长，促进了学科的发展。

但是，在参与解决诸多的世界性与地域性的区域问题的同时，地理科学理论发展滞后已显现得十分突出，从而削弱了地理学科的地位与学科方法手段的进一步革新和研究领域的进一步拓宽。学科的理论贫困在呼唤着地理哲学的革命与创新。

与地理学整体状况相适应的经济地理学与区域经济地理学，同样面临着理论建设滞后、实践领域有待拓宽和方法手段有待创新的局面。在学科交叉渗透的过程中，又面临着经济学与区域经济学的挑战。因此，要进一步发展经济地理学与区域经济地理学，必须处理好下述几个关系：

（1）传统与创新的关系。具有悠久历史的地理学有其深厚的历史传统。这个传统就是对客观事物进行地理研究，区域是研究问题的基本框架，整体性、差异性与地域性、综合性是地理学的基本属性，地理思维与地域综合思想是地理学思索一切问题的根本出发点与基本指导思想。经济地理学与区域经济地理学始终沿着这一历史传统向前发展。目前，学科发展过程中存在的问题，说明学科在理论与方法论以及在方法手段诸方面都需要创新，但是这种创新应该是在发扬学科历史传统基础上的创新，这样才能增强学科的实力，更突出地理学科的特色，否则将偏离地理科学的研究方向。

（2）区域经济地理学与区域经济学的关系。这两个学科联系十分密切，相互配合、发挥学科互补，共同参与解决诸多的区域问题，又都以经济理论为指导，因此，两者是相邻学科。但是，区域经济地理学与区域经济学之间，有许多明显的不同之处。①两者的学科属性不同，虽然两者相互交叉，但是前者是地理学，后者为经济学；②两者的基础理论（或称理论基础）不同，前者为劳动地域分工与经济地域运动理论，后者则以区位论为指导；③研究的客体不同，前者研究经济地域及其系统，后者研究区域经济及其运行；④两者的主要研究内容不同，前者主要研究区域条件环境、以生产布局为基础的产业结构和经济地域的系统与类型，后者主要研究要素与区域网络空间结构；⑤两者的思维方式与研究路线不同，前者主要运用地理思维，重视实证分析，在一般原理指导下，侧重总结具体区域的发展规律，而后者主要运用经济思维，注重抽象思维，总结一般的经济运行规律。显然，两个学科的传统与优势是各不相同的。为了发展学科，必须各自发扬其传统，发挥其优势，并能吸收对方的优长，才能促进各自学科的理论发展，在实践领域中发挥更大作用。

（3）理论与实践的关系。与近代地理学相比，现代地理学阶段是伟大的参与实践的时代，全球性或地域性诸多的区域问题，需要广大地理学家，尤其是经济地理学家参与解决，处于由工业化初期向中期阶段发展的我国，更是如此。广泛参与社会经济实践，为我国的社会主义市场经济服务，是我国广大地理工作者（包括经济地理和区域经济地理工作者）义不容辞的责任。但是，需要强调的是，重实践、忽视理论总结与理论建设是当前地理学界，尤其经济地理学界的重要危险倾向，如此发展下去，学科的理论建设与学科的地位必将受到严重影响。为此，地理学在广泛参与解决社会经济实际问题过程中，必须不断进行理论总结，加强理论建设。在学科建设过程中，始终把理论建设摆到第一位。可以预见，在不远的将来，随着地理哲学研究的不断深入，各分支地理学科（包括经济地理学和区域经济地理学）在理论上必将有新的突破。

（4）传统研究方法与现代研究方法的关系。随着科技革命的不断深入，地理学的研究方法不断创新，卫星遥感、航片、计算机和地理信息系统广泛的应用，极大地增强了地理科学研究的科学性与应用性。但是地理学的传统方法不能丢，如野外考察法、对比分析法、地图法和地域综合分析法等，是现代方法的重要补充。因此，在分析复杂的地理事物时，必须坚持现代方法与传统方法的结合，定性与定量的结合。

实践证明，经济地理学，尤其是区域经济地理学是具有广阔发展前景的基础应用学科。只要正确处理好上述几个关系，不但学科理论建设会有长足进展、不断深化，其实践领域也会越来越宽广，必将在世界科学之林发挥其独特的重要作用。

读者须知

　　本书已接入版权链正版图书查证溯源交易平台，"一本一码、一码一证"。扫描上方二维码，您将可以：

　　1.查验此书是否为正版图书，完成图书记名，领取正版图书证书。

　　2.领取吉林人民出版社赠送的购书券，可用于在版权链书城购买吉林人民出版社其他书籍。

　　3.领取数字会员卡，成为吉林人民出版社读者俱乐部会员。

　　4.加入本书读者社群，有机会和本书作者、责任编辑进行交流。还有机会受邀参加本社举办的读书活动，以书会友。

　　5.享受吉林人民出版社赠予的其他权益（通过读者俱乐部进行公示）。

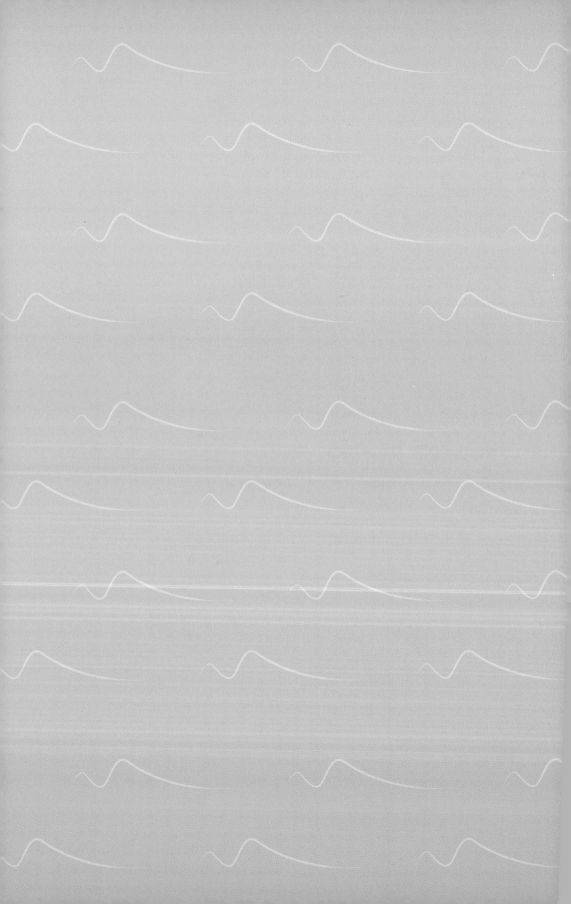